产业发展、技术创新与制度变迁

卢现祥 著

中国财经出版传媒集团
经济科学出版社
Economic Science Press

图书在版编目（CIP）数据

产业发展、技术创新与制度变迁／卢现祥著．—北京：经济科学出版社，2021.9
ISBN 978 - 7 - 5218 - 2764 - 4

Ⅰ.①产… Ⅱ.①卢… Ⅲ.①产业发展-研究-中国 ②技术革新-研究-中国 ③经济制度-研究-中国 Ⅳ.①F269.2 ②F124.3 ③F121

中国版本图书馆 CIP 数据核字（2021）第 162694 号

责任编辑：杨晓莹
责任校对：王苗苗
责任印制：范　艳　张佳裕

产业发展、技术创新与制度变迁
卢现祥　著
经济科学出版社出版、发行　新华书店经销
社址：北京市海淀区阜成路甲 28 号　邮编：100142
教材分社电话：010 - 88191309　发行部电话：010 - 88191522
网址：www.esp.com.cn
电子邮箱：bailiujie518@126.com
天猫网店：经济科学出版社旗舰店
网址：http://jjkxcbs.tmall.com
北京密兴印刷有限公司印装
710×1000　16 开　18.75 印张　330 000 字
2021 年 9 月第 1 版　2021 年 9 月第 1 次印刷
ISBN 978 - 7 - 5218 - 2764 - 4　定价：75.00 元
(图书出现印装问题，本社负责调换。电话：010 - 88191510)
(版权所有　侵权必究　打击盗版　举报热线：010 - 88191661
QQ：2242791300　营销中心电话：010 - 88191537
电子邮箱：dbts@esp.com.cn)

前　言

在我国从高速增长阶段转向高质量发展的过程中，我一直在关注产业发展、技术创新与制度变迁的问题，也断断续续地把一些想法写成论文发表在刊物上。经过这些年的研究，我现在把这些研究归纳成三个方面，一是制度变迁的理论逻辑，二是产业发展与制度变迁，三是技术创新与制度变迁。我想把这些问题理论化，尽管还不系统，但内在逻辑却越来越清晰。产业发展与制度变迁的关系、技术创新与制度变迁的关系是本书研究的主线。

一、制度变迁的理论逻辑

本篇主要是探讨中国制度变迁的理论逻辑：我国供给侧结构性改革从发展方式方面看，就是要从资源重新配置追赶型经济转向创新型经济，从制度层面看，从特殊制度转向普遍制度，降低制度性交易成本。普遍制度是指制度规则统一适用于整个社会每个成员的制度，而不管这些社会成员是否属于某类特殊群体，如法治水平达到某种程度的国家、允许自由进入的竞争性市场等。特殊制度，指那些有利于特定阶层、团体或行会的制度，包括农奴制和奴隶制等。[1] 开放准入秩序和包容性制度是普遍制度，而有限准入秩序和汲取性制度是特殊制度。人格化交易是特殊制度，非人格化交易是普遍制度。

资源重新配置追赶型经济实质上是传统体制和制度并没有做重大改革条件下的一种经济，从形式上看，是一种市场经济，但实质上仍然是在计划经济的框架下，在某些方面模拟了市场经济，根据追赶目标的需要重新配置资源，并且是以政府为主体对资源的行政性重新配置。本书以资源重新配置追

---

[1] 菲利普·阿吉翁，史蒂文·杜尔劳夫. 增长经济学手册（第2A卷），经济科学出版社，2019：442.

赶型经济概括我国经济运行特征，从资源配置方式、国民收入再分配、产权及中央与地方的关系等方面对资源重新配置追赶型经济的特征进行了分析。我国供给侧结构性改革的实质就是降低制度性交易成本。为什么我国一方面改革一方面制度性交易成本还呈上升态势？我国基于部委供给制度的有限准入秩序、资源重新配置追赶型经济模式及政府与市场关系的非制度化等经济制度特征都会导致制度性交易成本的上升。在经济体制改革还没有到位的情况下，经济下行与制度性交易成本上升是一种互动关系：经济下行导致制度性交易成本的上升，而制度性交易成本的上升又导致经济下行。

我国经济从高速增长阶段转向高质量发展阶段的关键是从要素的行政化配置转向要素的市场化配置。高质量发展必须从完善要素市场入手，通过要素市场化配置解决要素错配与扭曲的问题，通过要素市场化配置解决创新不足的问题，通过要素市场化配置降低制度性交易成本。我国要素市场化配置改革进展如何？在要素市场化配置程度测度、区域差异分解与动态演进中构建了基于市场化配置程度、市场化运作程度以及市场准入程度三大子系统52个具体指标的中国要素市场化配置程度综合评价指标体系。利用熵值法测算出2005~2018年中国及三个子系统要素市场化配置程度指数，并运用Dagum基尼系数和Kernel密度估计方法揭示要素市场化配置程度的区域差异及演进趋势。

产权保护是经济增长的一个关键因素，也是长期高质量发展的动力源。一般认为产权保护等制度性因素是经济长期增长的主要源泉和引致各国经济社会发展差距的主要因素。但是，中国在较低产权保护水平下却取得了长期快速的经济增长，由此形成了"中国之谜"这一命题。在这一现实背景下，充分认识产权保护与实现经济增长关系的内在机制具有重要意义。我国要素市场化配置改革还伴随着中国自然资源产权制度的演变。自然资源资产产权制度起源的理论主要有基于界定产权成本收益分析的自然资源资产排他性产权起源论、阿姆拜克的自然资源资产强力产权论、奥斯特罗姆的自然资源资产共有产权起源论。中国特色自然资源资产产权制度体系构建与要素市场化配置体制机制的形成相互促进。自然资源资产产权由于其特殊性，可以产生市场化效应、资源配置效应、资本化效应与生态化效应。

二、产业发展与制度变迁的关系

本篇主要探讨产业发展与制度变迁的关系。分析产业发展必须在制度框架中进行。产业发展过程是一个基于特定制度基础而被"组织"起来的要素累积过程,只有将要素的异质性、要素之间的匹配、制度结构和组织能力等更加丰富的因素纳入分析框架中来,才能更准确地理解结构变迁和产业发展的真实过程。①

我国第一产业发展与制度变迁的关系还没有引起理论界的足够重视。解决中国"三农"问题政策建议的文献非常多,但有价值的建议并不多。导致这种现象的原因在于对于产生"三农"问题的原因认知还不够。"三农"问题是我国城镇化滞后造成的,而农村土地产权制度与户籍制度是我国城镇化滞后的主要原因。解决"三农"问题必须解决两大问题,一是让过剩农民进城并实施人的城镇化还是让过剩农民留置在农村。二是仅仅扩大农业投资还是给农民赋权。从制度层面看,城乡分割发展一直制约着我国农村发展,我国第一产业发展是建立在有限准入秩序基础上的。现在中央提出建立健全城乡融合发展体制机制就是要打破发展第一产业的有限准入秩序。产业发展本身是有规律的,我国产业发展的最大问题是,政府过多的参与和干预,使产业规律难以发挥作用。我们可以把产业做大,但是做不强。这里的"大"是一个数量概念,这里的"强"是一个质量概念,它包括生产率、核心技术、在国际市场上的竞争力以及产业的适应性效率。以政府主导的产业发展体制可以把产业做大,而只有建立以市场主导的产业发展体制才能把产业做强。产业发展方式的变革又是建立有效的产业组织的重中之重,即我国供给侧结构性改革的一个重要任务就是要把政府主导的产业发展体制转向以市场主导的产业发展体制。

政府主导的产业发展体制主要体现在两个方面,一是政府的产业补贴是产业发展中最有争议的问题之一。在中国人际关系化产业补贴的有效性分析中针对当前国内财政补贴现状,把我国政府对产业发展的补贴分为人际关系化产业补贴和非人际关系化产业补贴,运用诺思的国家理论建立了一个分析框架,旨在阐明人际关系化的补贴制度有碍国家实现社会总产值最大化的目标,并根据理论分析框架建立了具有无效率影响因素的随机前沿模型,实证结果证明:间接补贴比直接补贴好;非人际关系化的补贴比人际关系化补贴好。二是从宏观层面看,主要有两种创新组织模式,即自上而下的创新组织模式和自下而上的创新组织模式。这两种创新组织模式可以从创新的来源、

---

① 贺俊、吕铁. 从产业结构到现代产业体系:继承、批判与拓展. 中国人民大学学报,2015(2).

创新的投资主体及创新的导向机制三个方面去比较。我国自上而下的创新组织模式在我国技术追赶时期发挥了重要作用，但这种创新组织模式与我国建立市场决定资源配置体制，与企业为主体、市场为导向及产学研结合的创新体系改革及高质量发展是不相适应的。因此，我国高质量发展中的创新组织模式转型是我国创新驱动机制建立的关键。

经济学家思拉恩·埃格特森认为国家的人均产出取决于国家有效使用两种相辅相成的技术（社会技术和生产技术）的能力。马克思生产力（生产技术）与生产关系（社会技术）相互作用的原理既可用来解释长期的变迁和制度变革，也可用来分析短期的经济结构变化和产业发展。从社会秩序、产权保护、市场规模及分配资源的组织方式等社会技术层面分析我国产业升级中面临的问题具有重要的现实意义。一方面，从三大产业的秩序来看，这些年我国第二产业发展比较好，得益于开放准入秩序，而第一产业和第三产业发展受制于有限准入秩序。尽管我国第二产业是开放准入秩序，但是产权保护和市场规模方面的社会技术不足仍然是制约我国产业升级的重要因素。另一方面，现阶段中国制造业仍呈现出"大而不强、聚而不集"的特征，低端产业产能过剩，关键核心技术缺乏，并且推动制造业转型升级的动力尚不明显。根据经济学家埃格特森提出的社会技术与生产技术范畴，中国制造业转型升级的最大问题在于组织方式、研发活动和市场分割（社会技术），以及创新方式（生产技术）等因素的路径依赖所带来的制度障碍，并且这四个方面路径依赖并非相互独立，而是一个相互联系的完整系统，形成了制造业转型升级的网络结构，不仅每一个单一路径都会影响制造业转型升级，而且更重要的是，在网络结构内部各路径依赖之间还存在多层次递进，相互之间的作用关系共同影响制造业转型升级。

三、技术创新与制度变迁的关系

本篇主要是探讨技术创新与制度变迁的关系。正如拉坦所言："对于技术创新与制度创新之间相互关系的明确理解一直是那些对发展的历史和制度方面感兴趣的经济学家和其他社会科学家所感到困惑的。"[①] 在经济发展过程

---

① 拉坦. 诱致性制度变迁理论//[M] 科斯等. 财产权利与制度变迁. 上海：上海三联书店，1994：329.

中，技术创新与制度变迁具有同样的功效，但是各自又有相对的独立性。创新是一个复杂的系统，而技术创新和制度创新是它的两个不可或缺的组成部分，双方共同构成互相联系、互相推进的有机整体，唯有它们整合在一起，才能形成推动经济增长的现实力量。一般来讲，制度变迁的滞后会导致技术创新的不足。在人类历史上，并不是所有国家都能建立起技术创新与制度创新的有效互动机制。在近代，英国之所以超过法国等竞争者，就在于制度创新和组织创新，就在于首创了专利法等知识产权制度来保护知识的所有权，使创新的私人收益率接近社会收益率，从而形成了有利于创新的激励机制。技术创新需要一系列诱导机制，这些诱导力量则来自制度创新，从而形成了技术创新与制度创新的互动机制。

本书所说的技术创新更多是从产业层面所讲的创新。改革开放以来，我国产业技术创新有什么特点？如今，中国是世界上唯一拥有联合国产业分类中全部工业门类（39个大类，191个中类，525个小类）的国家。对于中国制造业的现状，低端产能过剩和关键核心技术缺乏是两个突出的问题。到目前为止，我们明显高于发展中国家的平均水平，接近高收入国家的边界。制造业的转型升级除了前面所讲的路径依赖外，还存在转型升级中的内卷化陷阱。内卷化是指一种社会或文化模式在某一发展阶段达到一种确定的形式后，便停滞不前或无法转化为另一种高级模式的现象。中国经济的快速发展得益于这种全球化过程。但我们大多数是引进可复制、可模仿的技术，结果我们产业基础能力很多都是属于模仿型的。而原创型的、核心关键的技术能力，其实是并不具备的。

以前中国产业发展在从1到N的创新是不错的。可是想要进入从0到1的创新，所需要的条件和从1到N的创新所需要的条件是不一样的。前者所需要的更多的是一种制度条件。作为技术创新重要组成部分的研发投入如何从政府导向转移到市场导向是健全技术创新市场导向机制的关键。研发投入的绩效取决于研发投入的运行机制及相关的制度安排。政府主导的研发投入机制可以把发明搞上去，但无法搞出创新。市场导向机制的独特之处在于创新而非发明。自主创新中的研发投入的市场导向比政府导向更有效率。

本篇还以低碳经济和共享经济为背景对技术创新与制度创新的关系进行研究。碳达峰、碳中和对很多产业来说是非常大的挑战。尤其是能源行业面临着一场转型、一场革命。只有加快这种转型和革命，才能保障碳达峰、碳中和目标的如期实现。实现这个目标的关键是要通过技术创新去适应这种绿色化的发展要求。发展低碳经济的关键是技术与制度的协同创新。低碳技术的创新与使用需要相应的组织创新、需要相应的外在激励因素和制度环境、需要相应的制度创新来降低低碳产业的高风险。创新低碳技术、解除碳锁定的过程是提高一个社会应对环境危害的社会能力和制度能力的过程。共享经济的本质，在于降低交易成本，使原来不可交易的资源进入可交易的范围。共享经济不仅是通过共享平台来匹配供求双方从而降低交易成本、实现资源的最佳配置，而且是一场认知盈余的革命。共享经济的运行特征与制度特征的相互促进对共享经济的制度变革至关重要。有了互联网及移动互联网并不会自然而然地产生共享经济。历史上的重大商业模式变革或重大技术创新的使用都需要相应的制度供给。互联网技术、产能过剩、对共享平台的需求等都是客观存在的，能不能把这些转变成共享经济，关键在于制度供给。

  本书部分章节内容曾经在一些刊物上发表，成书时做了修改。部分章节是我与我的博士生合作的产物。王素素参与了第四章的撰写，滕宇法参与了第五章的撰写，李慧参与了第六章的撰写，尹玉婷参与了第九章的撰写。段扬睿同学为本书的格式及校对做了不少工作。提升产业链供应链现代化水平是我国高质量发展的必然要求。期盼本书的一些分析建议能为提升我国产业链供应链现代化水平作出自己的贡献。

卢现祥

2021 年 5 月 1 日

目　　录

第一篇　制度变迁的理论逻辑

第一章　供给侧结构性改革 …………………………………………… 3
　　第一节　到底什么是供给侧结构性改革 ………………………… 3
　　第二节　从资源重新配置的追赶型经济转向创新型经济 ……… 5
　　第三节　推进三个层面的供给侧结构性改革 …………………… 10
第二章　制度性交易成本 ……………………………………………… 14
　　第一节　制度性交易成本的实质 ………………………………… 14
　　第二节　制度供给方式与制度性交易成本 ……………………… 15
　　第三节　降低制度性交易成本 …………………………………… 20
第三章　产权制度与要素市场 ………………………………………… 22
　　第一节　高质量发展必须从建立和完善要素市场入手 ………… 22
　　第二节　现代产权制度是建立要素市场的前提 ………………… 25
第四章　要素市场化配置程度测度、区域差异分解与动态演进 …… 32
　　第一节　要素市场化配置程度测度的意义 ……………………… 32
　　第二节　要素市场化配置程度指标体系的建立 ………………… 34
　　第三节　要素市场化配置程度测算结果分析 …………………… 40
　　第四节　要素市场化配置程度的区域差异分析 ………………… 49
　　第五节　要素市场化配置程度的分布动态及演进 ……………… 61
第五章　产权保护与中国奇迹之谜的解释 …………………………… 67
　　第一节　产权保护的价值 ………………………………………… 67
　　第二节　产权保护理论框架及其概念界定 ……………………… 68

第三节　产权保护量化的演变和局限 …………………………… 75
　　第四节　"中国之谜"命题的实质 …………………………………… 81

第六章　中国自然资源产权制度的演变 ……………………………… 90
　　第一节　自然资源资产产权制度变革的理论解释 ……………… 90
　　第二节　我国自然资源资产产权制度改革的历程与基本特征 …… 92
　　第三节　自然资源资产产权制度改革的制度效应 ……………… 98
　　第四节　深化我国自然资源资产产权制度改革 ………………… 110

第二篇　产业发展与制度变迁

第七章　为什么"三农"问题还是问题 ……………………………… 115
　　第一节　"三农"问题是我国城镇化滞后造成的 ……………… 115
　　第二节　是把过剩农民留置在农村还是进城 …………………… 118
　　第三节　是加大对农业的投入重要还是给农民赋权重要 ……… 122
　　第四节　是有限准入秩序还是开放准入秩序 …………………… 125

第八章　产业发展中的组织与制度 …………………………………… 129
　　第一节　产业发展的制度环境 …………………………………… 129
　　第二节　产业发展的市场结构 …………………………………… 132
　　第三节　以政府为主导的产业发展方式 ………………………… 135
　　第四节　产业发展资金使用效率 ………………………………… 138

第九章　中国人际关系化产业补贴的有效性分析 …………………… 142
　　第一节　产业补贴及争议 ………………………………………… 142
　　第二节　理论基础与研究假设 …………………………………… 146
　　第三节　实证研究 ………………………………………………… 149
　　第四节　改革产业补贴制度 ……………………………………… 159

第十章　产业创新组织模式转型 ……………………………………… 161
　　第一节　组织创新比技术创新更重要 …………………………… 161
　　第二节　两种创新组织模式的比较 ……………………………… 163
　　第三节　为什么我国创新组织模式要转变 ……………………… 168
　　第四节　我国创新组织模式转变的难点 ………………………… 172

第十一章　生产技术、社会技术与中国产业升级 …… 177
第一节　为什么提出生产技术和社会技术 …… 177
第二节　经济增长与产业发展的动力 …… 180
第三节　我国产业升级中的生产技术与社会技术 …… 185
第四节　协同推进生产技术与社会技术创新 …… 193

第十二章　中国制造业升级中的路径依赖 …… 198
第一节　制造业转型升级的必要性与路径依赖 …… 198
第二节　创新方式的路径依赖 …… 203
第三节　组织方式的路径依赖 …… 207
第四节　市场分割的路径依赖 …… 211
第五节　研发活动的路径依赖 …… 215
第六节　破解中国制造业转型升级的路径依赖 …… 221

第三篇　技术创新与制度变迁

第十三章　我国研发投入的导向机制：从政府到市场 …… 229
第一节　研发投入制度决定着研发的绩效 …… 229
第二节　两种研发投入导向机制的比较 …… 232
第三节　我国研发投入要从以政府为主转向以市场为主 …… 237

第十四章　发展低碳经济的技术创新与制度创新 …… 241
第一节　发展低碳经济的关键是技术与制度的协同创新 …… 241
第二节　低碳技术与解除碳锁定的最优路径选择 …… 243
第三节　解除碳锁定的技术创新障碍 …… 247
第四节　发展低碳经济的技术创新和制度创新的双轮驱动 …… 253

第十五章　共享经济 …… 257
第一节　共享经济的实质 …… 257
第二节　共享经济是一场重大的制度变革 …… 263
第三节　共享经济形成的关键是制度供给 …… 270

参考文献 …… 276

第一篇

制度变迁的理论逻辑

第一章　供给侧结构性改革

第一节　到底什么是供给侧结构性改革

经济下行考验着我们的智慧，是继续通过刺激政策和通过宏观调控来保增长，还是顺势而为调结构、促改革，真正让市场决定资源配置。前者可能带来短期的增长，但深层次矛盾并没有解决，后者短期经济可能继续下行，但通过改革解决了我国深层次的问题，为长期的可持续发展打下基础。

供给侧结构性改革，并不仅仅限于对应于需求侧的改革，而应该是我国经济体制改革的全面深化。而我国经济体制改革的核心就是要处理好政府与市场的关系。如果离开中国市场化改革谈供给侧改革和需求侧改革则是无源之水。一个最基本的问题是，我国经济体制当前的运行特征是什么？就宏观经济谈宏观经济问题是我国学术界的通行做法，这不利于我国理论的提升。本章借用阿西莫格鲁的说法，以资源重新配置追赶型经济概括我国经济运行特征，分析资源重新配置追赶型经济的特点及对我国经济的影响，揭示我国改革与发展中的深层次矛盾和问题，并且提出从扩大内需、建立共享式增长及包容性制度三个方面入手实行从资源重新配置追赶型经济向创新型经济的转型。

资源重新配置追赶型经济不同于计划经济，但它与计划经济有许多方面的共性，可以把它看作我国从计划经济转向市场经济中的一种过渡形式，这与我国渐进式改革有关。而创新驱动型经济是以市场经济为基础、企业为主体并以创新作为内在动力的经济。这里的创新并不是狭义的创新，而是一种包括行业、技术、产品、原料、技术模式、经济制度等方面的广义创新。

资源重新配置追赶型经济实质上是传统体制和制度并没有做重大改革条件下的一种经济，从形式上看，是一种市场经济，但实质上仍然是在计划经济的框架下，在某些方面模拟了市场经济，根据追赶目标的需要重新配置资源，并且是以政府为主体对资源的行政性重新配置。我们初步建立了市场经济的框架，但与此相适应的制度体系并没有建立起来。我们试图把价格搞对，以为价格改革了，市场经济改革就完成了。不从制度层面入手，仅仅想把价格搞对是非常困难的。这也是杨小凯所讲的后发劣势，我们只学技术、管理等层面的东西，而不学制度、体制层面的东西。缺乏制度变革的强制性增长会带来许多社会经济矛盾和问题，财富再分配式增长是不可持久的。

国内理论界对此问题的看法共识越来越多。供给侧的问题，主要是市场在资源配置中所起的作用被打了折扣。各级政府在直接用行政手段配置资源，在很多方面替代了市场。投资过度、产能过剩、房地产库存过大、杠杆率过高，都与此有关（王小鲁，2016）。调结构，实现资源的优化配置有两种不同的途径。一种是按照政策计划、政府的规划、政府政策要求，通过行政命令来调整。另外一种是在反映资源相对稀缺程度的价格信号的引导下，通过市场交换来实现资源的优化配置。我们在过去相当长的时期是用第一种办法解决问题的，但是，历史的实践证明这个方法几乎是无效的，甚至是有反效果的（吴敬琏，2016）。这里所说的第一种办法就是资源重新配置追赶型经济。

供给侧结构性改革的实质是什么？目前有不同的表述。我们认为供给侧结构性改革的实质就是从资源重新配置追赶型经济转向创新型经济。去产能、去库存、去杠杆、降成本、补短板只是供给侧结构性改革的阶段性目标，改革的目标是建立和完善社会主义市场经济体制。改革开放以来，尽管我国改革的目标是建立社会主义市场经济体制，但是资源重新配置追赶型经济一直支配着我国经济社会的发展。不改变资源重新配置追赶型经济的理念、做法及相关的政策很难建立起市场经济和创新驱动型经济。资源重新配置的追赶型经济是特定历史时期的产物。它是计划经济体制的一种表现形式，我们早就提出了要从计划经济转型到社会主义市场经济，但是还没有认识到资源重新配置的追赶型经济在我国经济生活中依然存在。从形式看，我国已经取消了"计划"，但是政府以各种形式操控经济、并实现政府各种追赶目标。

第二节 从资源重新配置的追赶型经济转向创新型经济

资源重新配置的追赶型经济主要表现在四个方面，一是政府的经济政策及产业政策在资源配置方面还发挥着较大的作用（西方国家政府也有政策，但我们与他们还是存在较大差异），如政府出台种种发展战略以及对地区战略的定位，市场在资源配置中还没有起决定性作用；二是从物质基础上讲，政府占有或控制的资源还比较多，如国有经济的比重、生产性资源的国家占比都比较高；三是从国民收入分配上讲，政府的财税占比较高，再分配在经济中发挥着较大的作用；四是从组织方式看，资源重新配置的追赶型经济是一种自上而下的资源配置方式占主导地位的经济，这主要表现为各个部委手中还掌握着制定本行业的政策、项目及补贴等权力。如我国负面清单管理推出困难重重，一些行业进入存在许多障碍，生产要素市场发展缓慢等，这些都与资源重新配置追赶型经济有内在联系。对生产要素（土地、资金等）自上而下的操控使生产要素市场难以形成。

一、我国达到中等收入阶段后，经济增长的动力机制必须换挡

从低收入国家达到中等收入水平国家的方式和体制是不一样的，我国是通过资源重新配置追赶型经济达到中等收入国家阵营的。这种经济发展模式在我国计划经济年代就已产生，那时为了实现追赶目标实施过资源重新配置。改革开放后，政府也一直在追赶的目标驱使上发展经济（包括五年规划、小康建设、翻番计划、追求 GDP 等），政府为了实现目标，资源重新配置是不得不进行的选择，这种模式似乎比市场要来得"快"一些。市场在我国只是一种手段，还没有真正作为一种体制建立起来。这种追赶型经济必然导致非均衡增长模式。政府集中的资源多一些，市场配置的资源就少一些。在计划经济年代，我们的追赶是以产业失衡发展为代价的，如为了重化工业而牺牲了农业和轻工业的发展。改革后的追赶的失衡表现为为了 GDP 的追赶而忽视了改革；硬实力进步了但软实力进步缓慢；要素投入上去了但全要素生产率提高缓慢；有利于粗放型增长但不利于集约型增长；重视了政府的作用而忽

视了市场的作用。一旦确立发展的目标后政府就会向这些领域倾斜，这就必然导致新一轮的资源的重新配置。但达到中等收入水平以后，现在中国增长面临的约束条件发生了变化，已经没有成本优势了。达到中等收入后我们需要的是独到性优势（在产业、核心技术等），而这些是难以用资源重新配置追赶型经济模式达到的。经济下行表明我国必须转变经济发展方式，即从资源重新配置的追赶型经济转向创新型经济，否则就有可能陷入世界银行所说的"中等收入陷阱"中。所谓"中等收入陷阱"就是达到中等收入水平国家后既没有成本优势，也没有在科技或产业上的独到性优势，与其说是中等收入陷阱，倒不如说是中等收入国家的制度陷阱。也就是讲，一些国家达到中等收入国家水平后，其制度、体制、机制不适合从中等收入国家向高收入国家迈进。

　　面对中国经济的高速增长，欧美学者有所谓"中国奇迹论"。在他们看来，中国没有采取所谓的欧美经济模式也实现了高速增长。其实我们就是建立在资源重新配置追赶型经济模式基础上的。这种模式在短期内、在一定的条件下保持高速增长是没有问题的，一旦增长速度降下来，隐藏在经济社会中的矛盾和问题就会显现出来。如帕金斯教授认为，中国经济这种高速增长是在政府的激励下保持的。这种激励的特征就是政府确定追赶目标各级政府为实现这个目标而竞争，是在维持政治集中的前提下有效地解决政府的行为动力、行为激励、信誉、市场化和市场秩序的扩展和经济的发展。但帕金斯所说的市场化和市场秩序的扩展与欧美国家的市场经济是有差别的。问题在于，资源重新配置的追赶型经济模式只能作为一个过渡模式，当外部条件变化时，这种模式的问题越来越明显。当前此种模式的经济发展面临着一个重大的挑战：一方面市场决定资源配置的基本制度框架还没有建立起来，另一方面，随着反腐败的深入，重新配置资源的追赶型经济的许多做法已经不可行了，诸如"僵尸"企业、"僵尸"贷款、"僵尸"项目的不断出现。在一定程度上讲，我国现在经济运行出现了"真空"。一些政府官员的不作为，加上原有的制度障碍，市场不能发挥作用。从深层次看，一个经济体在不讲效率、不讲创新的基础上可以维持短期的经济增长，但是不可持续的。资源重新配置的追赶型经济可以得到强化贸易中所得的大部分收入，但并没有实现专业化和贸易中所能得到的最大收入。因为政府主导的资源配置机制在效率上是比不过市场主导的资源配置机制的。在缺乏公正执行合同的制度和缺乏保护产权的制度下，这种经济体得不到需要从第三方强制交易中所能得到的收益的大部分和从资本密集产品中所能得到的收益的大部分。更严重的是，"这些社会中的产品和贸易进一步被错误的经济政策以及个人的、公共的掠夺行为所阻碍"。（奥尔森，2005）总之，资源重新配置追赶型经济能带来一定时期的快速增长，但这是以经济的次优为代价的。

二、创新悖论表明我国必须放弃资源重新配置的追赶型经济

这些年来我国在科技追赶上基本上采用了重新配置的方式。在科技的数量上增长很快，但缺乏真正有意义的创新。对中国创新高低有不同的评价。但我国存在创新悖论是不容忽视的现象：中国一直强调创新和科技在经济发展的重要作用，科技经费投入不断增长，总量已经超过欧洲；中国在世界发表的论文数量、每年培养博士人数及科技人员绝对数都是世界第一；中国拥有世界上最庞大的官方智库体系，但为什么没有引领世界的科技发明和人文贡献，为什么创新一直是中国最短板呢？在强大的投入下，我国也有数量上的大量产出，但这种产出质量不高，数量与质量严重偏离，我们可以把许多产业做大但不能做强。这就是创新悖论。这种创新悖论与资源重新配置的追赶型经济是有关系的。越接近科技前沿，就越需要改变制度，因为那些可以促进资源重新配置，甚至为其提供便利的制度，并不能帮助国家转向"创造性破坏"，转向创造新产品、新流程这样的创新经济。虽然中国有很多科技创新，但中国的制度并不够开放，不足以将创新转化为生产力，并使得组织和社会产生革命性的变革。[1]

资源重新配置追赶型经济下的创新是由这种模式的特点决定的，其特点是引进技术和技术转移。我国制造业关键技术、核心技术受制于人的局面未有根本性改观。受制于追赶目标的驱使，我国产业只重视技术引进而不注重自主创新。这种技术发展模式在工资及成本比较低的时候还有优势，但一旦成本优势没有了，这种模式就行不通了。对技术引进及模仿的依赖，严重地制约了我国产业自主创新能力的提高。我国汽车产业就是这方面的一个典型。

追赶型经济只能是从 1~N 而不可能是从 0~1 的创新。中国在专利总量

---

[1] 达龙·阿西莫格鲁. 制度视角下的中国未来经济增长 [J]. 比较，2014 (5)：58–66.

上并不比美国、日本少，有时超过它们，但在反映专利质量水平的三方专利上差距比较大。模仿式经济不利于创新。创新是内在于企业在竞争过程中追求利益最大化的结果，而资源重新配置追赶型经济的创新是外生的，是政府让其创新，因此企业只有引进技术的积极性，没有动力去搞实质性的创新。政府为了实现追赶性增长的目标也不重视知识产权的保护，这更使企业只追求数量上、形式上的创新。

三、资源重新配置的追赶型经济以数量取胜，而不利于经济增长质量的提高

中国经济面临下行压力主要根源于经济增长质量过差，主要表现为结构失衡。美、德、日等国的 GDP 增长建立在产业及创新的基础上，而我国近些年的增长就是建立在钢筋水泥加钞票的基础上。政府的投资和过多的介入，会扭曲创新的激励机制。如在动漫产业扶持政策刺激下，我国动漫年产量超过日本，成为世界第一，但总体质量和影响却并不高。这种数量型扩大，并不仅限于动漫产业。我国许多产业就是在这种产业扶持政策下成为世界产量第一。不仅仅是质量问题，可能会导致有增长无发展的问题。这里的质量不仅仅是指单个产业、产品的质量，而且还包括整体经济的质量。真正的经济发展是一个经济结构的变化或提高价值创造能力的过程。资源重新配置的追赶型经济在集中精力发展某些产业或重大项目上有优势，但是调整经济结构和提高价值创造能力不足。完整的发展内涵不仅包括提高新投资，而且还包括建立部门间和产业间的互相关联、提高生产效率以及提高商品生产的附加值。[①]资源重新配置追赶型经济有利于前者，而不利于后者。

四、资源重新配置的追赶型经济的边际效率不断递减

资源重新配置的追赶型经济在一国发展的初期或者实现某一种战略目标而采用，它只适应粗放发展阶段。这种经济的局限性表现在，（1）政府主导，从而大大地抑制了市场功能的发挥，不利于市场决定资源配置；（2）过多的再分配破坏了生产性利益机制，并且容易导致寻租；（3）不利于创新。

---

① 戴维·瓦尔德纳. 国家建构与后发展 [M]. 刘娟凤，包刚升译. 长春：吉林出版集团有限责任公司，2011：8.

这些都是导致资源重新配置的追赶型经济边际效率不断递减的内在原因。

资源重新配置的追赶型经济的边际效率递减比市场经济中的边际效率递减还要早、还要大。这是因为资源重新配置追赶型经济最大的特点是政府主导的投资大，并且这种投资只强调技术、资金层面，而不重视组织及制度层面的创新。国际金融危机后，我国随着投资规模大幅扩张，投资边际产出效率趋于下降。任何经济体只要不断投资都面临着投资边际产出递减规律的制约。只有在众多受到抑制的因素被释放出来的初期，资源的重新配置才能产生高速的增长。随着更多的资源得到重新配置，投资拉动型增长的收益也将迅速降低[①]。从2008年起，每新增1元GDP需要增加的投资已显著上升。过去一个时期，我国全要素生产率对经济增长的贡献也呈现下降趋势。现在的资本生产率和2000年相比，只有那个时候的三分之一。那时用一元钱可以带来的对增长的贡献，现在要投入三元钱（王小鲁，2016）。中国的投资率自2000年以来已经大幅上涨，可每单位投资的产出却持续下落。[②] 1978年改革开放以来，平均每年有2.3个百分点的全要素生产率增长。但最近一个时期，全要素生产率由正转负，变成了负增长（王小鲁，2016）。

资源重新配置的追赶型经济的适应性效率比较低。这是因为适应性效率源于分散决策。所谓适应性效率就是经济和社会面对各种冲击、战争、危机等变化能作出制度性调整，通过改变自身的制度结构实现长期持续增长。[③] 市场化程度越高的国家，其适应性效率就越高。用行政方式把资源重新配置与通过市场方式让资源按规律流动效果是不一样的。适应性效率的高低主要取决于决策的分散度，资源重新配置追赶型经济更多的是集中决策，这大大地降低了适应性效率。2008年金融危机后，以美国为代表的市场主导型国家比中国为代表的政府主导型国家的适应性效率要高。资源重新配置追赶型经济在经济上升时没有什么问题，但一旦遇到本身经济条件的变化（如从低收入到了中等收入）和外部冲击（如2008年危机），应该讲我国面临这两种因素的叠加，其深层次矛盾就会显露出来，现在是继续强刺激还是改革这种体制？这些年来以多种行政策略和手段对经济运行的刺激效应呈"正弦递减"特征，即随着刺激力度的加大产生的效果"幅度和周期"同步衰减。经济刺

---

① 达龙·阿西莫格鲁. 制度视角下的中国未来经济增长［J］. 比较，2014（5）：58-66.
② 德怀特·珀金斯. 东亚发展：基础与战略［M］. 颜超凡译. 北京：中信出版社，2015：158.
③ 道格拉斯·C. 诺思. 理解经济变迁的过程［J］. 胡志敏译. 经济社会体制比较，2004（1）：1-7.

激手段是非常规举措,若反复过度使用,就会深层弱化市场经济循环的自身能力。改革我国经济体制就是要从资源重新配置追赶型经济向创新型经济转型,用改革的红利来减少经济下行带来的负面效应。

第三节　推进三个层面的供给侧结构性改革

推进我国供给侧结构性改革,必须从三个层面进行,一是经济运行层面,二是财富增长层面,三是制度转型层面。这三个层面是相互联系、相互制约的。只要找准了这三个层面的着力点,一步一步地推进,中国的改革目标就能实现。

一、我国经济运行层面:从外需转为内需

我国现在经济增长疲软,其实关键的问题是结构失衡,特别突出的问题就是投资过度而消费不足(王小鲁,2016)。我们一度靠20%多的出口增长率来解决需求拉动的问题。我们现在必须从外需转为内需。经济增长理论中的"资本积累的黄金率"表明,过高和过低的储蓄率,或过高和过低的投资率,都不利于资源的最优配置,都会劣化资源配置,都会影响经济的长期增长和社会的福利水平。

为什么我国内需建立不起来?国民收入分配的失衡,政府及企业占国民收入比重较高,而劳动报酬占国民收入比重低,导致总需求中的"三驾马车"的失衡,投资和出口占比过高,而消费占比过低。为什么会形成这种格局?一是资源重新配置追赶型经济是导致这种总需求格局的重要原因;二是我国与市场经济相关的财富分配格局没有形成,而是一种资源重新配置追赶型经济主导下的财富再分配式增长。从20世纪90年代中期到最近有一个变化趋势,政府收入的比重在上升,企业收入的比重在上升,而居民收入的比重在下降。2008年的金融危机,使我国建立在投资和出口上的经济格局难以支撑。当时也有主张从外需转为内需的呼声,但是要在短期内改变利益格局很难,当时在不改变利益格局的条件下降低政府收入和企业收入不可能,于是政府不得不出台刺激政策。因此,必须从体制和制度层面去寻找深层次原因。

二、我国财富增长方式层面：从财富再分配式增长转向共享式增长

由于制度改革的滞后，我国并没有转向共享式增长，而是一种财富再分配式增长。由于资源重新配置追赶型经济作用的结果，总的来讲，政府与国有企业控制的资源比重过高，这样结果就是市场难以发挥作用。政府在追赶目标条件下，经济运行层面表现为投资比重高挤占消费不得不靠出口来拉动，当出口不顺利时就表现为产能过剩，库存增加，杠杆率也增加，从分配和财富层面来看，在这种体制上，寻租和机会主义行为盛行。历史上欧美国家很长时期也是财富再分配式增长，如诺思在《西方世界的兴起》一书中指出，有效率的经济组织才使西方逐步建立起共享式增长模式。再如图洛克讲的，西方国家在没有建立起法治和议会制时，也是财富再分配式的。财富再分配式增长往往会形成较大的收入差距和贫富分化并导致寻租与腐败盛行。

我国供给侧结构性改革就是要从财富再分配式增长转向共享式增长。创业者通过开辟技术的或者商业的机会，使社会获益并使自己致富。从财富再分配增长转向共享式增长必须要建立在包容式政治制度的基础上。如何实现共享式增长？就是要防止国家和利益集团通过各种途径实现自己的目的。共享式增长体制建立的基础是建立在产权明晰的制度基础上的。限制政府权力、保护个人权利是共享式增长的制度基础。繁荣的市场不仅需要合适的产权体系、自由的价格机制以及一部合同法，同样也需要一个安全的政治基础来限制国家通过改变这些权利和体系而征用财富的能力。[①] 这就是科斯所说的，不仅要把价格搞对，而且还要把制度搞对。

三、我国制度转型的层面：从汲取型制度转向包容型制度

从深层次看，财富再分配式增长是建立在汲取型制度基础上的。资源重新配置追赶型经济就是汲取型制度的表现形式。我国从计划经济体制转向市场经济体制的过程中选择了渐进式改革。资源重新配置追赶型经济的形成与这种渐进式改革有关。渐进式改革的最大问题是，在改革的初期，改革在一

---

① 道格拉斯·C. 诺思. 交易费用政治学 [M]. 刘亚平译. 北京：中国人民大学出版社，2013：99.

些领域推进取得的成效使人们认为这种改革比激进式改革要好，但由于把一些深层次的、难以改革的问题向后推了，到改革的后期多种利益集团形成，加上缺乏抵御利益集团对经济社会负面影响的制度体系，此时要设计出解决深层次及矛盾问题的制度非常难了。

从制度层面看，我国改革就是要从汲取型制度转向包容型制度。我国采取了渐进式改革，先是从汲取型经济制度转向了包容型经济制度。包容型经济制度的主要特点是：保障私有财产、创造公平竞争环境、鼓励投资和创新等。

从制度转型层面来讲，我国面临几大障碍：

第一，信念和意识形态。举国体制的思维及追赶型冲动是我国全面深化改革的深层次障碍，而追赶型思维一直影响着我们的决策，我们必须摈弃追赶型思维。我们现在还没有充分认识到资源重要配置追赶型经济对我国经济社会发展的负面影响。因此，必须从认知层面充分认识到在我国改革资源重新配置追赶型经济的必要性和重要性。莫基尔（2008）详细地描述了知识积累如何促进西方国家转变为现代经济体制。然而，如果没有鼓励知识积累和知识应用的制度，这种转变就不可能发生。

第二，利益集团的阻碍。中国渐进式改革从某种角度为利益集团的形成留下了空间。由于缺乏抵御利益集团对经济负面影响的制度体系，利益集团的阻碍使我国制度设计和转型面临一些困境。这包括集体行动问题、协调问题和分配冲突。[①] 根据瓦尔德纳的分析，由于多种利益集团的博弈难以达到均衡，好的制度设计及其推行阻力会非常大。在这种情况下，政治制度决定了改革的支持者和反对者之间的斗争态势，从而影响了一国技术革新和应用的能力。[②] 当"创造性破坏"创新的重要性日益增大时，新的利益对制度变革的要求增大，资源重新配置追赶型经济面对的变革压力也将加大。

第三，政府的权力缺乏制约。中国经济体制改革的核心是要处理好政府与市场的关系，而处理好这两者关系的重点就在于要制约政府权力。现在我国两大改革还没有到位，一个是产权及司法体制改革没有到位，大量的资源配置权力还是由政府在操控，政府与市场的边界还不清楚；二是财税体制改

---

① 戴维·瓦尔德纳. 国家建构与后发展［M］. 刘娟凤，包刚升译. 长春：吉林出版集团有限责任公司，2011：299.

② E. 赫尔普曼. 经济增长的秘密［M］. 王世华，吴筱译. 北京：中国人民大学出版社，2004：102.

革没有到位，使政府再分配有点任性。我国资源重新配置追赶型经济就是建立在这些前提基础上的。政府控制资源多少并不是问题的关键，关键在于是否建立了法治化国家。工业转型时代，政府控制大部分资源也未尝不可，如日本明治维新时代，但底线是法治化。如果不能进入法治社会，政府掌握资源就是一场可怕的灾难。

第二章 制度性交易成本

第一节 制度性交易成本的实质

科斯所定义的交易成本是正常市场运行（或制度环境既定）中搜集信息和签订及履行合约的成本。但制度性交易成本是指因体制或制度构建不到位而引起的社会运行成本增加。这是转型国家都要面对的成本问题。制度性交易成本是由于制度性因素而产生的企业成本，主要是指企业因遵循政府制定的各种制度、规章、政策而需要付出的成本。本章所讲的制度性交易成本不是指遵循合理的制度的成本，而是指为了应对不合理的制度而引起的成本。

我国供给侧结构性改革的实质就是降低制度性交易成本。不合理的制度安排（供给）—制度性交易成本上升—经济下行。不合理的制度安排并不是认知上的问题，而是根源于制度供给方式本身有问题。外部冲击（2008年金融危机）加剧了我国制度供给方式的局限性，从而使我国制度性交易成本上升。对我国经济下行原因的分析，目前主要有周期论和结构论的观点，那么我国经济下行与制度是什么关系？对此，笔者认为，我国经济体制改革的核心就是处理好政府与市场的关系，这两者的界定、权力的划分还没有制度化，还是处于不确定性、不稳定状态之中，一旦经济出现问题或冲击就会使这两者关系有所变化。2008年金融危机，使我国这种不稳定的关系加剧，政府的作用就在这种条件下被加强，这就使有利于政府管制的规则等容易出台。

经济下行是宏观上的资源配置出现了问题，也就是经济结构和动力出现问题。新古典经济学关注的核心问题是制度（组织）给定下的资源配置问题；交易成本经济学则是研究制度结构与资源配置（技术结构）之间的互动关系、合约和权利问题。不同的制度结构下，资源配置方式及绩效是不一样的。我国处于转型期，制度结构对经济运行及资源配置的影响很大，我国现在关于宏观经济的判断大多从政策和调控层面谈到较多。我们采取交易成本理论"可操作化"的研究思路，一是将制度的选择与一些可观测的交易属性联系起来，这使得理论具有了可证伪性。可以采用科斯所说的范围广泛地包括案例研究、历史的和商业记录的分析、合同实践的分析、真实市场、企业、产业和政府代理的分析等来探讨制度性交易成本。二是"将经济体系的特征纳入我们的经济学分析"（科斯）。我国经济体系的特征是基于部委供给制度的权利限制秩序、资源重新配置追赶型经济模式及政府与市场关系的非制度化等经济制度特征都会导致制度性交易成本的上升。制度性交易成本上升的最大问题并不仅仅是经济下行，更重要的是使我国转型升级、创新驱动等新动力无法形成。权利限制秩序、资源重新配置追赶型经济模式及政府主导经济所引起的制度性交易成本上升不利于创新。

第二节 制度供给方式与制度性交易成本

一方面我国在进行简政放权、下放行政审批事项、优化程序等方面做了大量的工作，我国企业现在拿到营业执照，前置审批还有34项，后置审批大类接近300项。世界银行每年对营商环境有一个评估体系，分9项指标，第一项是企业市场主体进入市场的便利化程度。商事制度改革3年，每年提高6位，提高了18位，但是我们仍在世界189个经济体当中处在中游位置。[①]另一方面，我国的制度性交易成本还呈上升态势。这与我国制度供给方式有关，我国政府部门（部委）代表国家制定制度，从表面上看是为了改革在制定法律、规则及政策等，这些制度不少是从本部门考虑，并且还把部门视角考虑的东西上升到国家层面。这种制度供给方式会导致制度的过剩与短缺。如我国的财税改革或方案由财政部和国家税务总局来制定，教育制度或规则由教育部牵头来制定。政府部委对资源的配置及对经济的干预主要是通过公共产品、国有经济及政府事业单位等组织形式来实施的，所以尽管我国已经强调公有制经济非公有制经济同等对待，但是实际上是有较大差异的。

---

① 央视. 世界银行商业环境排名中国三年提高了18位 但仍处世界中游 [EB/OL], http://finance.sina.com.cn/roll/2017-03-10/doc-ifychihc6135261.shtml.

以下三大因素会导致制度性交易成本的上升：

一、部委制度供给的方式会导致有限准入秩序

为什么改革开放多年我国还是一个有限准入秩序？这与部委制度供给方式是有关的。诺思把人类社会所经历的社会秩序划分为三种，一是原始社会秩序，即狩猎采集社会秩序；二是有限准入秩序，即通过限制进入产生租金，以此来维持社会秩序；三是开放准入秩序，即通过政治和经济上的相互竞争而非创设租金来维持社会秩序。[①] 有限准入秩序的特征表现为人格化交易的制度设计，存在特权，限制贸易准入，产权保护不完全等。我国有限准入秩序的特点，是对关系到国计民生的产业有准入限制，对公有制和非公有制企业理论上是平等对待但实际上是有差异甚至歧视的；我国公有制企业所获得的资源投入与产出是不对称的，政府过多的干预及对资源的控制产生了大量的租金等。总之，围绕限制与反限制、设租与寻租必然导致制度性交易成本的上升。尤其是这种高的交易成本使许多潜在的交易不能转化成现实的交易。权利限制秩序下的制度性交易成本远远高于权力开放秩序下的制度性交易成本。

我国有限准入秩序可从营商环境看，世界银行《2016 年营商环境报告》表明，在 189 个经济体中，我国营商环境仅排在第 84 位。与此同时，国务院还在不断取消和下放行政审批事项。为什么我们一方面取消和下放行政审批事项，而另一方面我国营商环境并没有大的改善？导致这种矛盾现象的重要原因是政府的审批和收费是减少了，但有不少改头换面成为事业单位、中介的审批和收费。小型企业是创新重要的来源，这在美国、德国、日本体现得非常明显，选择生产组织方式的权利、获得资源的权利以及使用它们的权利，这三个因素决定着自由创新者和小企业产生的数量。

由于部委制定规则存在难以克服的两个目标之间的矛盾，即本部门利益最大化与社会产出最大化。这就可以发现我国不少制度是妥协的产物，并且可以发现我国一些规则或政策总是带有利益集团的痕迹，从而会大大地降低制度供给的质量。我国现行的制度供给方式也可以解释为什么这些

---

① 道格拉斯·C. 诺思，约翰·约瑟夫·瓦利斯，巴里·R. 温格斯特. 暴力与社会秩序——诠释有文字记载的人类历史的一个概念性框架 [M]. 杭行，王亮译. 上海：格致出版社，上海三联书店，上海人民出版社，2013：152.

年我们不断地简政放权但是管制并没有减少的原因。权力和特权被看成获得财富的手段，获得财富欲望成为这些决策者采取行动的动机。思拉恩·埃格特森认为，个人既可以在现有的制度框架内从事经济活动，也可以通过政府相关部门争取法律或规则的有利变动，以实现个人利益最大化，是前者还是后者就取决于改变权利结构的相对成本。我国部委制定规则的模式为后者提供了机会，也大大地降低了改变权利结构的相对成本。这就使我国的制度供给难以摆脱利益集团的阻碍。韩国成功之处是在转型初期有效的、相对独立的顶层设计避免了利益集团对制度构建的干扰。如土耳其、叙利亚等国由于在制度转型时期受多种利益集团的影响而难以建立解决集体行动困境的制度体系①。

二、部委制度供给方式会导致资源重新配置的追赶型经济

为什么我国市场决定资源配置的体制难以落到实处？这与我国部委制度供给方式有关，部委制度供给方式使我国难以改革资源重新配置追赶型经济模式。资源重新配置追赶型经济从形式上看似乎存在市场经济，但实际上政府在操控了主要经济（国有经济加宏观调控）资源的基础上按追赶目标在配置资源，即以政府为主体对资源的行政型重新配置。现代经济增长可以分为启动经济增长与维持经济增长两个阶段。资源重新配置追赶型经济模式有利于启动经济增长，但不适于维持经济增长。启动经济增长与维持经济增长对制度的要求是不一样的，后者对制度能力的要求远远高于前者。维持经济增长需要建立起一个健全的制度基础，并且具有制度适应性效率，从而具有能抗御各种冲击的能力，并保持生产的活力。② 我国在2008年金融危机之前可以说是启动经济增长的阶段，之后使我国进入维持经济增长阶段，这对制度能力提出了更高的要求，但稳增长与改革之间是存在矛盾的，稳增长的压力不仅不利于改革，甚至在一些地方出现倒退。2008年金融危机后我国资源重新配置追赶型经济得到强化，从而使我国制度性交易成本上升。

---

① 戴维·瓦尔德纳. 国家建构与后发展 [M]. 刘娟凤，包刚升译. 长春：吉林出版集团有限责任公司，2011：35.

② 丹尼·罗德里克. 一种经济学，多种药方 [M]. 张军扩，侯永志译. 北京：中信出版社，2016：45.

（一）在我国经济下行过程中，资源重新配置追赶型经济模式又发挥着极为重要的作用

我国 4 万亿元投资项目及地方政府的配套投资是资源重新配置追赶型经济模式的典型表现。2008 年后外来的冲击强化了现行制度和体制的负面功能，从而增加了制度性交易成本。这个经济模式在 2008 年金融危机之前就存在，但 2008 年后这种模式被加剧，如政府收入占 GDP 的比重，政府汲取的资源更多了，地方债和土地财政增长快等。政府一方面通过税收、收费、基金及直接经营企业占有过多的资源，从而使市场决定资源配置缺乏"物质基础"，另一方面，政府各部门又通过项目、补贴、支持及直接投入等方式把这些集中上来的资源分配下去，这会极大地扭曲市场要素价格，这种再分配式的增长有利于实现特定的目标，有利于经济增长中数量的扩张，但不利于经济增长质量的提高。我国的再分配式增长已经超出了财政学所讲再分配的范围。

（二）我国现在三重的再分配使市场决定资源配置的空间越来越小

一是财税再分配，我国分税制改革的最大局限性是形成了中央与地方的再分配关系，由于地方政府财力与事权不匹配，当前地方政府开支占全国总支出的大部分，但是其收入却不到全国政府总收入的一半。一旦中央转移支付无法应对地方需求，土地财政和地方债务规模必然增加。二是财富再分配，这些年金融与房地产也成为政府集中和再分配财富的工具。我国过高的房地产价格与政府部门追求自身利益最大化是有内在联系的。政府部门是从房地产涨价中获利最大的部门。我国几家大银行持有股份最多的也是政府部门，他们凭借垄断地位和制定规则的权力从实体经济部门汲取了过多的利润。三是资源再分配（要素市场）。我国各部委控制和配置的资源大大地缩小了市场决定资源配置的空间。现在我国土地、资金及劳动力等还是由政府所控制，市场化的阻力主要是来自各部委及政府部门。

（三）再分配式增长和高水平的转移支付及其后果

2008 年金融危机后，为了应对经济下行，我们强化了政府对经济的干预，从而导致了更大规模的再分配式增长。利益集团想要政府根据它们的利益重新分配财富的要求在中央集权的体制下最容易达成此目标，因为成本可

以转嫁出去。① 在这种体制下，决策者可以不对自己的决策后果负责，决策错误导致的损失可以转嫁。值得注意的是，我国制度供给与财力分配往往是联系在一起的，这两者的相互强化大大地增加了政府再分配的能力。再分配式增长和高水平的转移支付的后果表现为三种效应：一是挤占效应，即政府占有的资源实际是对民间资源的占用，这种再分配抑制了个人消费及内需的形成，挤占了民间投资。二是低配效应，政府使用资源是用张三的钱为李四办事的模式其效果远远低于自己为自己办事的自主模式的效果。通过政府配置的资源的效率呈递减的态势，并且抑制了市场机制对产业发展的优化功能。这些都成为我国经济下行的原因。三是腐败效应，政府主导的一些资源配置不可避免地会存在寻租和腐败之类的现象。这种再分配式增长还会导致非生产性或寻租活动，出现资源配置的低效和错配。高水平转移支付是再分配式增长的重要特征。当前，我国经济面临两大高水平转移支付的困境。一方面源于我国再分配式增长中的高水平转移支付。另一方面对2008年金融危机后我国出台强刺激政策，这些强刺激又不得不加大政府的再分配能力，进而导致更高的转移支付。

三、部委制度供给方式会导致政府与市场关系的不确定

政府与市场的边界的不确定引起制度性交易成本的上升。我国政府与市场的关系还没有处理好，边界没有划清楚，也没有制度化。是政府管得多一点还是市场管得多一点在我国是不确定的，这种体制一旦遇到外部因素冲击会出现体制性倒退。我国民间力量还不足以制约政府的权力。政府权力的扩张和政府管理范围的扩大会导致制度性交易成本的上升。经济下行给政府部门扩张自己的权力提供了理由，我国各部委控制和配置的资源（包括制度供给）大大地缩小了市场决定资源配置的空间。一是政府部门可以通过制度、规则及政策来限制市场对资源的决定作用。市场经济不仅仅是一个使价格正确运转的事情，如科斯所说，这个价格体系包含一系列制度，那么，问题可能是一个使制度正确运转的问题。我国市场化改革没有按市场＋制度的方式去推进，而是市场＋政策。这就导致我国许多市场变成了"政策市"。二是

---

① 迈克尔·S. 格雷弗. 真正的联邦主义[M]. 王冬芳，王巧玲译. 西安：陕西人民出版社，2011：9.

第三章 产权制度与要素市场

第一节 高质量发展必须从建立和完善要素市场入手

要从高速增长转向高质量发展，必须从政府主导资源配置转向市场决定资源配置，主要是要素（土地、劳动力、资金及技术等）的市场化配置，而要素市场化又取决于产权的明晰及产权保护。我国要高质量发展必须要在完善产权制度及要素市场化配置上重点突破。只有完善产权制度和要素配置市场化我国高质量发展的制度基础才能建立起来。中国经济的高速增长主要是建立在要素配置行政化运行基础上的，行政对要素市场的干预发挥了极为重要的作用，但同时也带来了经济发展中的三大问题，这三大问题是我国高质量发展中必须要解决的问题，而要解决这些问题必须从要素市场化配置入手。

一、通过要素市场化配置解决要素错配与扭曲的问题

我国高速增长阶段也出现了要素错配与扭曲的问题。若考虑到产权和要素市场，由于我国要素市场的缺乏及产权制度的不完善，导致资源在城乡之间、行业之间、地区之间的错配与扭曲。因此，减少要素错配与扭曲的问题必须从完善产权制度和要素市场化配置入手。以下重点分析我国资源的错配与扭曲的两个方面：

首先，城乡之间的资源的错配与扭曲，具体表现为：（1）"建设用地指标"制度与人口流动不一致的矛盾引起的错配。在 2003 年之后，为追求平衡发展，我国的建设用地指标大量倾向于给中西部和中小城市，但恰恰在中西部、中小城市存在人口流出情况。相反，在人口流入地、尤其是东南沿海地区，土地供应在建设用地指标制度之下是相应收紧的。这样一来，就出现人口流动方向和

土地建设用地指标的配置方向在空间上的错配,从而导致一方面人口流入地的土地价格和住房价格高企,另一方面大量建设用地指标在中西部、中小城市用来建设工业园和新城,结果工业园过剩、新城空置,地方政府用来搞建设的债务最后也成为巨额财政负担。这些现象在要素市场化配置后是可以大大减少或避免的。(2)由于土地制度和户籍制度的原因,我国不少农民进城了,但村庄占地面积并没有减少。1990~2016 年,全国乡村人口大量向城镇转移,其中一部分转移人口已在城镇定居,农村已经有相当数量的宅基地和建设用地长期闲置。在城市化进展过程中,农村人口的大量减少有利于实现农业规模经营和农业现代化。(3)从劳动力的流动来看,由于受户籍制度及社会保障等的制约,如与户籍绑定的教育医疗和社会保障导致城乡分隔严重,城市内部"二元劳动力市场"格局长期存在,城乡流动放缓,城市间劳动力流动受限,阻碍了城市化进程和经济集聚效应的发挥。从土地要素市场来看,我国广东省集体土地直接入市做得好,大大地降低了人均土地成本负担,成为我国人口净流入最多的地方。

其次,金融对实体经济的资源的错配与扭曲,一是国有企业的金融资源占有量与其产值贡献不成比例。如果进一步把金融资源向非国有部门释放,将会有很多的空间。二是资本市场扭曲是中国要素市场扭曲的最大构成,资本市场的严重扭曲造成全要素生产率损失。

二、通过要素市场化配置解决创新不足的问题

高质量发展要解决我国自主创新不足的问题。这里的创新不足不是指数量上的,而是指质量上的。在我国高速增长时期,我们完成了模仿追赶创新,在许多方面缩小了与发达国家的差距。进入高质量发展阶段后,中国面临着从模仿追赶到自主创新的转变、从制造大国转变为制造强国,要完成这些转变,需要两个方面的重大制度创新:

(一)完善知识产权制度和建立技术要素市场

一是我国企业基础研究不足与知识产权保护不够密切相关。中国的 R&D 投入中基础研究、应用研究与试验发展经费长年维持在 5%:10%:85% 左右的比例上,[①] 尤其是试验发展经费多年居高不下。产权保护不够研发投资就

---

① 前瞻经济学人.一文带你了解 2018 年全国科技经费投入发展现状 [EB/OL]. https://xueqiu.com/8302426719/138382882.

不愿意进行基础性、原创性研究的投资。产权保护不力模仿追赶是可以的，但自主创新必须要建立在产权保护严格的基础上，否则谁也不愿意把自己投资的研发费打水漂。二是政府自上而下的研发投资方式在我国模仿追赶中发挥了极为重要的作用，但是进入自主创新为主的高质量发展阶段，必须强调知识产权制度和要素市场的作用。

（二）构建有利于企业自主创新的制度体系

这主要有两个方面：一是有利于创新的不仅仅限于专利制度，还有自由企业制度。英国、美国等都有自由企业制度，这是创新的微观基础。二是19世纪各国出现的旨在鼓励和促进创新的新制度，"如设计专利和版权保护体系，还拥有其他旨在鼓励参与者承受探索未来不确定性的制度，有限责任制度在企业失败时对债权人和所有人的保护，以及保护经理人免受股东诉讼的制度等"。[①] 这些制度在我国都有待建立和完善。

三、通过要素市场化配置降低基础性成本

供给侧结构性改革的一个重要方面是降成本。基础性成本高是这些年我国经济下行的重要原因之一。我国的基础性成本（土地、能源、通信、物流、融资）比美国等发达国家都要高，这大大地增加了实体经济的成本。这些年我国的环境、资源、土地（招商引资无偿划拨）和劳动力成本还在上升。为什么基础性成本在不断上升？基础性成本高是要素行政化配置的必然结果。这些年我国土地价格不断上涨、土地资源大量浪费和土地资源配置严重不合理都与行政配置土地资源体制有关。能源及通信成本的上升也与行政垄断有关。又如我国融资成本为什么高？这与我国金融抑制有关，金融体系一方面是庞大的国有商业银行，尽管这些年在不断进行商业化、市场化改革，但政府干预还是大量存在；另一方面是以私有企业为主体的市场，由于产权制度方面的原因，国有商业银行偏向于把资金贷给国有企业，这里面就有较大的套利机会，一些国有企业甚至再转手把资金贷给中小企业，赚取差价。由于监管不严，利用国有的身份，能享受的各种资源和优惠，到市场上套利。如果私营企业家通过市场正常的方式拿到融资，就不会有这种寻租空间。改

---

① 埃德蒙·费尔普斯. 大繁荣 [M]. 余江译. 北京：中信出版社，2013：211.

革我国金融领域里的产权制度和开放金融市场可以大大地降低融资成本。

要素市场化配置是降低基础性成本的治本方法。要素的行政性配置导致垄断、竞争不足、效率不高是基础性成本上升的重要原因。党的十九大报告提出要素市场化配置的转型是降低基础性成本的治本之策。打破行政性垄断，防止市场垄断，加快要素价格市场化改革。

第二节 现代产权制度是建立要素市场的前提

完善产权制度和要素市场化配置是高质量发展的体制保障。完善产权制度和产权保护严格又是建立要素市场的前提。如党的十九大报告所指出的，经济体制改革必须以完善产权制度和要素市场化配置为重点，而这两者又是相互联系、相互制约的。

一、高质量发展必须把资源的最优配置与经济社会的激励结构结合起来，而制度及产权决定激励结构

我国要素的行政性配置导致的资源错配、低效配置、结构性扭曲及创新不足等问题必须通过要素市场化配置来解决。从表面来看，这是行政权在配置资源带来的问题，但从深层次来看，我国现有的产权制度与经济的生产潜力之间是存在冲突的。这种冲突根源于现代产权制度的缺失。"传统社会主义计划经济体制的人造市场行不通的一个理由正是因为社会主义经济财货的转让不能与市场经济的财货的转让相同：在传统社会主义经济中，转让的不是完整的产权；相应的，价格与激励是扭曲的。"[1] 为什么党的十九大报告把完善产权制度作为我国经济体制改革的重点？这是因为权利和权力配置问题对于像中国这样一个从中央计划经济走向市场经济的经济来说，远比单纯的资源配置问题更为基本，更为重要。这些年我们重视政策调控在资源配置中的作用，而对通过产权制度提高资源配置效率做得不够。产权的功能是多方面的，明晰的产权既能有效分配资源，又能建立有效的激励机制。财产权为创造、创新、保持和保护财产提供了积极的动机。如诺思所说"对经济最重

---

[1] 路德维希·冯·米塞斯. 社会主义：经济与社会学的分析 [M]. 韩光明等译. 北京：中国社会科学出版社，2016：67.

要是产权（制度）资产的激励，而更重要的是维持激励"。①

从土地要素的配置来看，由于缺乏明晰的土地产权制度，土地要素出现了低效配置。农业技术、资金等并不是制约我国农业发展的主要因素，根本的原因在于我国土地产权制度不利于现代农业产业体系和现代农业制度的建立。不从改革农村财产权制度入手，是不可能提高我国农业劳动生产率的。党的十八届三中全会提出建立城乡统一的建设用地市场，实现农村集体经营性建设用地入市。通过市场流转，节约出来的土地资源才能得到有效利用。金融体系的供给侧结构性改革就是要解决金融供给制度与实体经济制度的冲突问题。解决这种冲突的关键在于产权及制度的改革。现在研究中国金融问题谈技术层面的比较多，而分析产权及制度的比较少。产权与金融的发展是密切相关的。像拉丁美洲或印度，土地都很难被用作抵押品，无法被证券化。而在美国，居民可以用住房做抵押获得按揭贷款，银行将许多按揭贷款打包在一起作抵押，作为基础资产，发行抵押贷款支持证券。没有现代产权制度作基础，现代金融体制是难以建立的。

二、产权保护是经济增长的一个关键因素，也是长期高质量发展的动力源

产权和政府行为是诺思研究经济历史中的核心问题，而中国的经济快速增长也与这两点关系很大。诺思认为中国在转型中许多制度安排会有特殊性，但是他始终问一个最终问题："如果没有正式的、基于法治的合同和制度安排，没有独立的司法体系，长期来看产权在中国是安全的吗？如果没有安全的产权，中国经济增长能够长期持续吗？"② 通过 GDP 这些指标在短期内激励官员去搞经济是可以的，在追赶阶段也是可以的，但是从长远来看，尤其是从创新方面来看，这种资源重新配置追赶型经济模式就不可取了。但现在的问题是，我们对这种模式形成路径依赖了。一个是观念上的路径依赖；二是理论上的路径依赖，我们一些学者把所谓"中国奇迹"归结为对地方政府的激励与竞争；三是政策上的路径依赖。

从高速增长转向高质量发展的一个关键问题是发展方式和动力机制的转

---

① 道格拉斯·C. 诺思. 制度、制度变迁与经济绩效 [M]. 杭行译. 上海：格致出版社，2008：95.
② 钱颖一. 现代经济学与中国经济 [M]. 北京：中信出版社，2017：87.

变。制度塑造了市场，影响着所有参与者的行为。因此，经济学必须将制度视为其模型的核心部分。我国从高速增长转向高质量发展必须制度层面去探讨。过去四十年的高速增长建立在要素行政性配置为主的基础上，市场在资源配置方面还不是起决定作用的。其要素市场的产权行政性决定作用还比较大（如资金、土地、劳动力等）。因此，高质量发展必须转到产权明晰、产权保护及市场决定要素市场的配置上来。行政性配置资源最大的问题是扭曲要素市场的价格，导致资源的错配。更重要的是，行政性配置资源不利于实质性创新。行政性配置资源在给我国带来经济总量增长的同时也带来了许多新的问题，包括结构问题。

产权保护程度与经济发展水平是相匹配的。撒哈拉以南非洲国家作为世界上最贫穷的地区，在 2006 年拥有人均 GDP 为 1984 美元。这种平均收入水平是美洲及欧洲国家的 1/10。撒哈拉以南非洲国家在产权保护上平均分为 34，与此同时欧洲国家平均分为 61.7，美洲国家为 4.5。在产权保护上，撒哈拉以南非洲地区没有一个国家得分高于 70，且半数的国家的得分仅有 30。得分最低的国家是津巴布韦，2007 年在产权保护上得分仅有 10。由于受到种种在产权保护、政府在提供安全及维护权益能力上的限制，撒哈拉以南非洲国家的人民面临着越来越衰弱的贸易约束。

产权保护的价值是多方面的，主要表现在三个方面：

一是没有产权，人们不会有对实物或人力资源投资或采纳更先进的技术的动机。产权通过把投资和其他努力与回报捆绑在一起，提供了这样的激励机制。意义重大的技术进步一般都发生在产权保护较好的国家。产权保护不够，会导致民间和企业投资不足，于是不得不加大政府投资来弥补民间投资不足。这就会弱化市场决定资源配置。"财产权的真正目的，并不是使拥有这种权利的个人或集体受益，而是使他们产生更大的动力进行投资，从而更大规模的生产、发明和创造，或把自己的财产与其他资源有效地结合起来，进一步增加他们财产的价值，从某种意义上来说，这就给整个社会带来更多的盈利。"[1]

二是产权无形的价值。产权保护价值是无法计量的。亚当·斯密强调保护私人契约是自愿和互利交易的关键前提条件之一。哈耶克认为保护产权对阻止强制、保障自由和促进个人福利是至关重要的。人类繁荣依赖于赋予每

---

[1] 赫尔南多·德·索托. 另一条道路 [M]. 于海生译. 北京：华夏出版社，2007：188.

个个体决定如何最佳实现其独特能力的权利。如果我们相信每个人都有权过上想要的美好生活，那么我们必须认识到，缺少财产权是无法实现这样的愿望的。因为产权制度为商业交易和市场提供了基础，它成为脱贫运动中的关键因素。企业自有知识产权的收益，在企业总资产和利润中占多大比例，比例越大，自有知识产权的收益就越大。据《日本经济新闻》报道，10年前全球企业的净利润中，美国约占25%，而现在这个比例已大幅度上升到39%。其原因是，美国已经形成了由知识产权等"无形资产"创造利润的产业结构。通过调查美国企业持有的资产可以看出，代表技术实力的专利及代表品牌影响力的商标权等无形资产已达到4.4万亿美元，超过了工厂及店铺等有形资产；美国企业无形资产占企业总资产的比例已达到26%，是10年前的2倍以上，而日本的这个比例还只有6.4%。①

三是产权有形的价值。在知识产权保护严格的美国，研发投资的私人回报率是物质资本投资回报率的2倍多。研发的私人回报率的高低取决于专利保护的时间长度、商标保护的范围、司法系统的效力、企业运营监管制度等。研究文献表明，一国私有产权的保护程度和该国的经济发展正相关。"通过对150个国家的经验分析表明，总体上说，产权保护最好的国家的人均收入（按购买力平价）是保护较好国家的人均收入的两倍。"②

综上所述，产权保护是经济增长的一个关键因素，那么如何实现了产权保护呢？从历史看，1688年英国的光荣革命使得国王对产权保护的承诺为经济发展提供了制度基础。诺思等的研究表明，一定的制度设计和制度安排是可信承诺的前提和基础。可信承诺约束了国家机会主义和国家掠夺的行为，从而创造了安全的投资环境。建立可信的承诺要求建立一种能够改变对政治官员激励机制的政治制度，使得他们能把维护公民的相关权利变成自己的利益。产权保护是有成本的。人们对资产的权利（包括他们自己的和他人的）不是永久不变的，在富裕的国家更容易进行产权的公共执行，因为人们愿意负担执行的成本。完善产权执行能够加快经济增长，这样可以让人们愿意长期地实施产权保护。"为了有效生产，他们需要一些可以保护财产权的制度安排。为了从相互贸易中获得利益，还需要一个第三方的执行机构，因为社

---

① 王宇. 那些你不知道的科技创新数字——中美对比[EB/OL]. [2019-05-17]. https://www.sohu.com/a/314640323_358040.

② E. 赫尔普曼. 经济增长的秘密[M]. 王世华, 吴筱译. 北京：中国人民大学出版社, 2004: 40.

会中的个人需要确立制度安排以确保合约的执行。因此，界定和保护财产权，以及执行合约和解决纠纷的机制就成为大家的共同利益。"[1]

中国共产党坚持平等保护产权，这是中国经济社会可持续发展的制度保障。中共中央、国务院发布了《关于完善产权保护制度依法保护产权的意见》就是我国产权制度改革中政府的可信承诺。这些可信承诺包括：坚持平等保护、坚持全面保护、坚持依法保护、坚持共同参与、坚持标本兼治。大力推进法治政府和政务诚信建设，地方各级政府及有关部门要严格兑现向社会及行政相对人依法作出的政策承诺，认真履行在招商引资、政府与社会资本合作等活动中与投资主体依法签订的各类合同，不得以政府换届、领导人员更替等理由违约毁约，因违约毁约侵犯合法权益的，要承担法律和经济责任。[2]

三、要素市场化配置的核心是必须建立现代产权制度

（一）现代产权制度要求产权明晰

产权明晰主要包括三个方面的含义：一是产权必须是明确的。如土地产权是明确的、商业银行的产权是明确的，技术要素的产权是明确的。二是产权必须是可自由交易的。三是产权必须是有保障的。产权的清晰界定是市场交易的前提。市场只有在稀有资源的产权得到明确规定时才是有效率的。由此可知，产权明晰对市场有两大作用：一是产权制度是自由市场的基石。产权的存在是产生成本、价格、生产、分工、交换、储蓄、投资等一系列经济行为的前提。在米塞斯看来，市场价格是人们以能够获得满足的方式进行财产贸易的结果，如果没有私有财产，那就不存在反映个人评估意见的市场价格，如果没有市场价格，也就不存在合理的经济计算。[3] 诺思认为，"产权导致有效的价格体系，因此建立产权是必需的一步"，这样一种产权体系的主要特征是能在产品和劳务生产和交换中降低交易成本。我国要素配置出现大量的扭曲、错配及低效要素市场产权缺失密切相关。

---

[1] 曼瑟·奥尔森. 权力与繁荣 [M]. 苏长和译. 上海：上海人民出版社，2005：29.
[2] 中共中央 国务院关于完善产权保护制度依法保护产权的意见 [N]. 人民日报，2016-11-28.
[3] 卡伦·沃恩. 奥地利学派经济学在美国 [M]. 朱全红等译. 杭州：浙江大学出版社，2008：47.

(二) 现代产权制度就是建立正规所有权制度

正规所有权制度包括以下几个方面。第一，土地、建筑物、设备及存货都在所有权文件中得到表述。"仔细描述资产在经济和社会中最有利用价值的方面，使它们在记录系统中得到确认，然后极富有成效地对其进行组织，并收录在所有权凭证中。这些资产就能产生出与它们的物质存在相平行的一种不可见的存在方式"。[①] 在发展中国家，资产大多主要用于这些物质方面的用途。国家还用一套详细而精确的法律条文来管理这个过程。产权的界定、转让及保护过程实际上是经济权利与法律权利结合的过程。"如果资产的经济和社会性质没有在正规所有权制度中得到确认，资产就很难在市场中运动。"[②]

第二，这些资产能作抵押物、发行有价证券的基础等，"由于这一潜在的、不可见的联系过程，西方国家能为资产注入活力，使之成为通用的资本。然而，在西方国家，同样的这些资产还可以产生与其物质存在相平行的一种存在方式，即资本"。[③]而发展中国家往往缺乏把资产转化为资本的这个阶段。

第三，正规的所有权制度的五种效应："确定资产中的经济潜能；把分散的信息综合融入一个制度；建立责任制度；使资产能够互换；建立人际关系网络；保护交易。正规的所有权制度的作用不仅仅在于保护所有权，而且还保护了交易的安全，鼓励国民去遵守所有权凭证、兑现合同和遵守法律。"[④]秘鲁经济学家索托发现某些贫穷的第三世界国家和地区所缺少的不是财富和企业，而是没有建立起把资产转换成为资本的所有权法律制度。

现代产权制度中的产权保护是基于非人格化交易的保护。对非人格化交易的产权保护就是对所有产权（公有产权与私有产权）同样保护。我国对公有产权的保护比较严格，但以私有产权保护还需要完善。市场机制与竞争机制的建立关键也在于有利于非人格化交易制度的建立，这其中最重要的就是产权保护的非人格化保护。自主交易、充分竞争、自由流动和机会均等是非人格化交易制度的基本特征。

(三) 建立要素市场化配置及产权制度的难点及对策思考

要素市场化配置的改革实质是产权制度的改革。这些年来我国要素的行

[①②③④] 赫尔南多·德·索托. 资本的秘密 [M]. 王晓冬译. 南京：江苏人民出版社，2001：20，38，29，47.

政配置与产权制度改革的滞后有关,从深层次来看,推进产权制度改革在我国还存在一些阻力。这些阻力主要来自,第一,认知上的,如对土地产权、金融产权、知识产权等,无论是理论上还是实践上,我们都对这些产权研究不够,还有对这些产权认知思想上的偏差。第二,2008年美国次贷危机后,由于一直强调稳增长,所以在政府与市场的关系上,我们更多地强调政府的作用,而对市场决定资源配置还是强调不够,因此这也不利于产权制度和要素市场化配置的改革,总有人认为用政府这只有形之手要比市场这只无形之手来得快。第三,在理论上强调市场决定资源配置但在实践中政府在一些领域主导资源配置还难以退出来。我们要避免苏联在改革中的两个教训,一是各部门在市场化改革中不愿意放权,因此要素市场化配置难以推进。二是理论上支持非公有制经济发展,但实际上、行动上甚至一些政策上又不利于非公有制经济发展。因此,要把竞争中性作为优化我国所有制结构的基本原则。

第四章 要素市场化配置程度测度、区域差异分解与动态演进

第一节 要素市场化配置程度测度的意义

党的十九大报告提出，经济体制改革必须以完善产权制度和要素市场化配置为重点。一方面，随着我国经济从高速增长阶段转向高质量发展阶段，产能过剩、收入差距扩大、经济结构不合理、绿色全要素生产率低下、产权不明晰、创新力不足等问题逐渐凸显出来，要素市场化配置水平的提高可以有效地解决产能过剩问题，有利于技术进步、产业转型升级以及经济结构合理化，进一步提高经济高质量发展水平。另一方面，我国经济从高速增长转向高质量发展不只是全要素生产率提高、产业转型升级以及技术进步，关键还在于要素配置从行政化转向市场化。经济高质量发展必须从完善要素市场入手，通过要素市场化配置解决要素错配与扭曲和创新不足问题、降低基础性成本。如若发挥要素市场化配置在经济高质量发展中的作用，首先应了解目前我国要素市场化水平，因此，科学构建要素市场化配置的评价指标体系，测度当前各地区要素市场化配置的真实水平，找出各地区要素市场化配置中的优势和劣势，指出其配置水平不高的原因，是当前提高要素市场化配置水平亟待解决的问题。

目前对要素市场化配置的研究主要集中在三个方面：第一，要素市场化理论分析。对于要素市场化的理论分析主要是围绕要素市场化内涵、要素市场化障碍、意义以及推进要素市场化的建议（洪银兴，2020；卢现祥，2020；陈彦斌，2020；韩磊，2020；荣晨，2019；刘志成，2019；刘翔峰，2019；洪银兴，2018）等方面展开的。第二，要素市场化对经济发展的影响。要素市场化对经济发展的影响主要从经济增长、全要素生产率增长、产业结构优

化以及城乡收入等方面展开。首先，要素市场化对经济增长的影响，哈弗里林等（Havrylyshyn et al.，1998）通过研究发现市场化改革能够促进经济增长，后我国学者樊纲等（2011）通过实证研究得出相同结论。其次，随着全要素生产率逐渐被大众关注，众多学者开始研究要素市场化对不同行业全要素生产率的关系，武鹏等（2010）、吕健（2013）、姜旭等（2019）、杨勇和李忠民（2017）、陈诗一和徐颜玉（2017）、谢和彼得（Hsieh & Peter，2009）、谢和克伦诺（Hsieh & Klenow，2009）通过研究分别发现市场化水平对高技术产业 R&D 全要素生产率、金融业全要素生产率、生产效率、全要素生产率提升具有促进作用；但对于要素市场化的测算不同，以陈诗一和徐颜玉（2017）、杨勇和李忠民（2017）的研究为例，陈的文章中主要用劳动、资本、能源和土地相关数据测算要素市场化，杨的文章中主要通过构造基于金融业市场竞争力、信贷资金市场化分配程度、吸引外资水平、劳动力流动性与技术成果流动性的指标体系运用主成分分析方法测算出要素市场化指数。最后，一些学者分析了要素市场化对于其他方面的影响，比如市场化对于城乡收入差距（钱龙等，2017；Razin & Yuen，1997）、产业结构优化（张琳等，2018）、费用黏性（孙嘉舸和王满，2019）等方面影响，得出要素市场化对费用黏性具有抑制作用，工业用地市场化能够促进工业结构优化度、金融市场化水平提升会导致城乡收入差距的扩大，而土地市场化有利于城乡收入差距缩小的结论；徐朝阳等（2020）则通过分析得出要素市场化低下导致供需结构的错配，影响经济发展。第三，市场化指数的测算。樊纲等（2003）对中国各地区市场化进程相对指数进行测算，该指数以 5 个方面、23 个分指标为基础，运用因素分析法方法构造而成。邓晰隆等（2008）对我国农村生产要素市场化进行测度，得出我国农村生产要素市场化水平较低的结论。鄢杰（2007）则通过构建包括农业、工业和服务业三部门市场化综合指标对市场化程度进行测度。

纵观已有文献，对中国要素市场化配置的研究积累了一定的研究成果，然而存在局限性。要想提高要素市场化配置水平，首先要对当前要素市场化配置水平有一个全面的了解和认识，在此基础上制定政策提高要素市场化配置水平，实现经济的高质量发展。本章要素市场化配置程度与樊纲（2003）的市场化指数存在异同，相同点在于：均使用指标合成的方法将一系列指标按照一定的规则合成市场化指数；不同点在于：（1）视角不同。樊纲等（2003）从政府与市场的关系、非国有经济的发展、产品市场的发育程度、要素市场的发育程度、市场中介组织发育和法律制度环境5个方面对市场化进行度量，而本章主要从要素市场化配置程度、市场化运作程度以及市场准入程度3个方面对要素市场化配置程度进行度量。（2）指标测算方法不同。樊纲等（2003）运用主因素分析法对市场化相对指数进行测算，本章运用熵值法对要素市场化配置水平进行测算，熵值法是一种通过各个指标变异程度确定该指标得分权重，能够避免由于人为因素产生偏差的客观赋权法。（3）指标选取不同。樊纲等（2003）选取25个具体指标，本章选取52个具体指标对要素市场化配置程度进行测算，使得测算指标更加符合中国市场化的实际情况。本章将从以下三个方面展开研究：第一，构建基于市场化配置程度、市场化运作程度以及市场准入程度三个子系统的中国要素市场化配置水平综合指标体系，用熵值法进行测算；第二，运用Dagum基尼系数分解方法分析中国要素市场化配置水平的区域差异及其来源，利用Kernel核密度估计方法分析中国要素市场化配置水平的分布动态以及演变规律；第三，在总结分析结果的基础上提出提高要素市场化配置水平的政策建议。

第二节 要素市场化配置程度指标体系的建立

一、指标体系的建立

《中共中央国务院关于构建更加完善的要素市场化配置体制机制的意见》（以下简称《意见》）明确提出，充分发挥市场配置资源的决定性作用，进一步减少政府对要素的直接配置。要素市场化配置是相对于政府配置、行政化配置而言的，是同时打破行政壁垒和市场壁垒，使得市场在资源配置中起到决定性作用的配置形式。目前我国商品和服务的价格97%以上由市场定价，但土地、劳动力、资本、技术等要素市场发育相对滞后，市场决定要素配置范围有限、要素流动存在体制机制障碍、新型要素市场规则建立相对滞后。因此，在推进要素市场化配置进程中，要素配置需从行政、政府配置为主转变成市场、非公有制企业配置为主，并做好政府作用方式的转变。

推进要素市场化配置，应完善产权制度，加快技术市场的发展。要素市场化配置的前提是建立明确的产权保护制度，产权保护能够促进投资（彭衡，2019）、创新（李蕊和巩师恩，2013；顾振华和沈瑶，2015；王华，

2011；Marta 等，2003)、对外开放（李平等，2013；张晓冬等，2019）、创造价值（周宏和胡亚权，2010）等。本章测算产权保护水平所用的四级指标包括：产权侵犯保护度（专利侵权结案数与专利侵权受理数比重）、政府治理水平（政府行政收入与罚没收入之和占地方财政收入的比值）、企业产权保护（当地人口密度）、企业劳动争议案结案率（劳动争议结案数与受案数之比）、专利授权水平（专利授权数与受理数的比重），以上指标体现了当地法治水平；公检法司获得经费比例（公检法司支出占总财政支出的比例）、律师规模（每万人就业人数中律师人数）反映了地方法治投入水平。

  推进要素市场化配置，应实现市场决定价格、流动自主有序、配置高效公平。马克思在《资本论》中提到当利润达到平均化时劳动力和资本能够自由流动，劳动力和资本可以在部门、区域中迅速流转。要素市场化的关键是保证要素在市场中自由流动，包括劳动力、资金、技术和土地的流动。户籍制度是城乡劳动力流动最大的阻碍，农村居民居住于城市却无法享受城市就业、教育、社会保障和其他公共服务方面的权利，但"人"的城镇化能够促进经济发展和经济结构转换（王阳，2020；蔡阳，2014；杜小敏和陈建宝，2010；彭连清，2008；曹芳芳等，2020；刘新争，2012；郭文杰和李泽红，2009）等。本章用第一产业就业人数（第一产业就业人数与就业总人数之比）、流动人口（第二产业与第三产业就业人数之和）、农村劳动人数（农村就业人数与城镇就业人员之比）来衡量劳动人口的流动。第一产业就业人数和农村就业人数越高，劳动力流动水平越低；资金流动被国有银行所垄断，导致国有控股企业能够以低廉的价格索取资金，非国有企业难得机会，竞争力弱，发展受阻。本章用政府对国有企业的投资（国有企业固定资产投资与全国固定资产投资的比重）、金融机构贷款程度（金融机构各项贷款余额与国内生产总值比重）、金融机构吸收存款程度（金融机构各项存款余额与国内生产总值比重）来测算资金流动水平，政府固定资产投资向国有企业倾斜，导致非国有企业难获得投资，发展受阻。技术流动是指技术作为商品区域间进行买卖流通，使得技术研发落后的地区可以通过购买引入技术用于生产与生活。本章用购买技术支出、交易合同金额以及技术净流入测算技术流动，三者水平高说明技术流动性强。土地流动目前主要存在农用地与城用地不能进行流通转让，且城市土地归政府所有、农村土地集体所有的问题，导致土地市场化较为缓慢。用土地出让价格衡量土地流动，土地出让收入高，土地流动性强。

要素市场化的目的是通过市场化运作促进创新、产业结构优化升级以及生产率提高，从创新性、协调性、效率性以及开放性4个角度进行测算。创新性从研发投入与研发支出角度衡量，测算研发投入的指标包括：研发经费投入水平、基础研究投入水平、应用研究投入水平、实验发展经费投入水平，研发人员投入以及受教育水平，其中基础研究投入水平和应用研究投入水平越高，说明人们愿意对基础性、原创性研究进行投资，有利于创新；研发支出的指标包括：人均专利数量、技术市场成交额、发表论文数、新产品销售收入。协调性划分为区域协调，城乡协调以及产业协调，主要借鉴了陈景华（2020）的划分方法。效率性用劳动生产率、资本生产率以及全要素生产率测算。开放性测算指标包括外商直接投资水平、直接对外直接投资、外企数量以及外企规模，其中外商直接投资水平和直接对外直接投资测算外资水平，外企数量和外企规模测算外企规模。

推进要素市场化配置，应坚持市场竞争中性，建立市场准入秩序。本章从政治与经济协调发展，市场竞争中性，政府行为规范三个方面测算市场准入程度，其中政府与经济协调发展用财政支出和财政收入分别占国内生产总值的比例来衡量，其中财政收入水平越高，越不利于政府与经济协调发展；财政支出中经济财政支出和维持性政府支出占比越高，越不利于经济社会发展，相反社会性财政支出的增加，激励创新与技术开发，有利于政府和经济协调发展。市场竞争中性用非公有制经济发展水平衡量，非公有制经济发展水平高，公有制经济与非公有制经济进行有序竞争，促进市场经济的发展。政府规模越小，数量越多，政府越规范，越有利于政府在市场化配置中作用的转换。

基于以上对要素市场化配置的阐述，同时遵循全面、科学以及可行性原则，本章构建了包括市场化配置程度、市场化运作程度以及市场准入程度三个子系统，共包含52个具体指标的中国要素市场化配置程度评价指标体系（见表4-1）。

表4-1　　　　　　中国要素市场化配置程度的指标体系

一级	二级	三级	四级	代理变量		
市场化配置程度	产权保护	法治水平	产权侵犯保护度	专利侵权结案数/专利侵权受理数	正	1
			政府治理水平	（政府行政收入＋罚没收入）/地方政府财政收入	正	2
			企业产权保护	当地人口密度	正	3

续表

一级	二级	三级	四级	代理变量		
市场化配置程度	产权保护	法治水平	企业劳动争议案结案率	劳动争议结案数/受案数	正	4
			专利授权水平	专利授权数/受理数	正	5
		法治投入	公检法司获得经费比例	公检法司支出/总财政支出	正	6
			律师规模	每万人就业人数中律师人数	正	7
	要素流动	劳动力流动	第一产业就业人数	第一产业就业人数/总就业人数	负	8
			流动人口	第二产业就业人数+第三产业就业人数	正	9
			农村劳动力人数	农村就业人数/城镇就业人员	负	10
		资金流动	政府对国有企业的投资	国有企业FI/FI	负	11
			金融机构贷款程度	金融机构各项贷款余额/国内生产总值	正	12
			金融机构吸收存款水平	金融机构各项存款余额/国内生产总值	正	13
		技术流动	购买技术支出	规模以上工业企业购买国内技术经费支出	正	14
			交易合同金额	技术市场技术流向地域合同金额	正	15
			技术净流入	技术市场技术流向地域合同金额和技术市场技术输出地域合同金额的差额	正	16
		土地流动	土地出让价格	土地出让收入	正	17
	价格稳定	消费者	消费者物价指数	CPI	负	18
		生产者	生产者物价价格指数	PPI	负	19
市场化运作程度	创新性	研发投入	研发经费投入水平	研究与开发机构R&D经费支出/财政支出	正	20
			基础研究投入水平	基础研究/R&D	正	21
			应用研究投入水平	应用研究/R&D	正	22
			试验发展经费水平	试验发展经费/R&D	负	23
			研发人员投入	R&D人员数/全部就业人数	正	24
			受教育水平	平均受教育年限	正	25
		研发产出	人均专利数量	国内专利授权人均数	正	26
			技术市场成交额	技术市场成交额/GDP	正	27
			发表论文规模	发表论文数/R&D人员数	正	28
			新产品销售收入	新研发产品销售收入/GDP	正	29

续表

一级	二级	三级	四级	代理变量		
市场化运作程度	协调性	区域协调	人均生产总值水平	各省人均GDP/全国人均GDP	正	30
			地区居民消费水平	各省居民消费水平/全国居民消费水平	正	31
		城乡协调	城乡收入比	城乡收入水平之比（农村=1）	正	32
			城乡消费水平比	城乡消费水平之比（农村=1）	正	33
		产业协调	产业结构合理化	1/泰尔指数	正	34
			产业结构高级化	第三产业GDP/第二产业GDP	正	35
	效率性	要素生产效率	劳动生产率	国内生产总值/总就业人数	正	36
			资本生产率	国内生产总值/FI	正	37
			全要素生产率	TFP（全要素生产率）	正	38
	开放性	外资水平	外商直接投资	IFDI/GDP	正	39
			直接对外投资	OFDI/GDP	正	40
		外企水平	外企数量	各省外商投资企业数量	正	41
			外企规模	各省外商投资企业注册资本	正	42
市场准入程度	政治与经济协调性	政府收入水平	一般公共预算水平	（一般公共预算收入+政府性基金预算收入+社保基金预算收入+国有资本经营预算收入）/GDP	负	43
			政府性基金预算水平			
			社保基金预算水平			
			国有资本经营预算水平			
		政府支出水平	经济性财政支出	经济性财政支出/GDP	负	44
			社会性财政支出	社会性财政支出/GDP	正	45
			维持性财政支出	维持性财政支出/GDP	负	46
	竞争中性	非公有制发展水平	非国有经济固定投资比重	非国有经济固定投资/FI	正	47
			非国有企业工业产值	非国有企业工业产值/工业GDP	正	48
			私营企业利润总额	利润额	正	49
			非公有经济就业人数	非公有制经济就业人数/城镇总就业人数	正	50
	政府规范性	政府规模	公职人员规模	公职人员/总从业人员	负	51
		政府个数	各省政府个数	政府个数	正	52

二、数据说明

本章运用 52 个具体指标测算我国 30 个省份 2005~2018 年要素市场化配置程度综合指数以及三大子系统指数。[①] 关于数据有以下几点说明：论文数量是国外主要检索工具收录我国科技论文数，2008 年之前（包括 2008 年）由 SCI、EI、CPCI-S 期刊加总数，2008 年之后是 SCI、EI、ISTP 的加总数，由于中国科技年鉴统计该数据到 2017 年，2018 年数据由 2005~2017 年平均增长率计算得出；国有企业固定资产投资额指标用"国有全社会固定资产投资"衡量，2005~2017 年资料来源于国家统计局，2018 年数据由 30 个省份《2018 年国民经济和社会发展统计公报》较上年增长率计算得出；本章借鉴郭庆旺和赵志耘（2002）关于财政支出划分，将财政支出分为经济性财政支出、社会性财政支出、维持性财政支出；[②] 公职人员用公共管理、社会保障和社会组织城镇单位就业人员测算。以上指标中的原始数据均来源于《中国统计年鉴》《中国科技统计年鉴》《中国劳动统计年鉴》《中国工业统计年鉴》《中国财政年鉴》和各省市《国民经济和社会发展统计公报》以及国家统计局、各省份统计局、国家粮食局、国家知识产权局、中国财政部、EPS 数据库。

三、测算方法

本章运用熵值法对中国要素市场化配置程度综合指数以及三个子系统指数进行测算，测算方法如下：第一步，对指标体系数据进行标准化，标准化

[①] 由于数据缺失，本章测算了除西藏、港澳台之外的 30 个省份要素市场化配置程度综合指数及子系统指数。

[②] 由于 2006 年政府收支分类改革，因此本章以 2006 年为分界点，将财政支出做出分类：2005~2006 年经济性财政支出包括：流通部门事业费、地质勘探费、基本建设支出、海域开发建设和场地使用费支出、流动资金、挖潜改造支出、城市维护建设费、林业支出、水利和气象支出、农业支出、工业交通等部门的事业费、支援不发达地区等；社会性财政支出包括：政策性补贴、科学支出、医疗卫生支出、教育支出、科技三项费用、抚恤和社会保障支出、文体广播事业费等；维持性财政支出包括：武装警察部队支出、国防支出、公检法司支出、外交事务支出、行政事业单位离退休支出、行政管理费支出等。2007~2018 年经济性财政支出包括：农林水事务、一般公共服务、交通运输、工业商业金融事务、城乡社区事务等；社会性财政支出包括：文化体育与传媒、教育、社会保障与就业、科学技术、医疗卫生、环境保护等；维持性财政支出包括：外交、公共安全、国防等。

后的值为 X_{ij}，X_{ij} 表示第 i 年第 j 项评价指数的数值，$\max(X_j)$ 和 $\min(X_j)$ 分别表示所有年份中第 j 项评价指标的最大值和最小值。

$$正向指标：X'_{ij} = \frac{X_{ij} - \min(X_j)}{\max(X_j) - \min(X_j)}$$

$$负向指标：X'_{ij} = \frac{\max(X_j) - X_{ij}}{\max(X_j) - \min(X_j)}$$

第二步，将各指标同度量化，计算第 i 年各省份第 j 项指标的比重 Y_{ij}。

$$Y_{ij} = r_{ij} / \sum r_{ij}$$

第三步，计算第 j 项指标的熵 e_j，熵值越小则指标间的差异性越大，指标越重要；反之指标就越不重要；m 为评价年数，n 为指标数。

$$e_j = -\frac{1}{\ln m} \sum_{i=1}^{m} p_{ij} \ln p_{ij}$$

第四步，计算第 j 项指标的差异性系数 a_j。

$$a_j = 1 - e_j$$

第五步，计算第 j 项指标的权重 W_j。

$$W_j = \frac{a_j}{\sum_{j=1}^{n} a_j}$$

第六步，计算单指标评价得分 S_{ij}。各类指数得分介于 0~1 之间，越接近 1 表明要素市场化配置水平越高；反之，要素市场化配置程度越低。各子系统指标数值的含义相同。

$$S_{ij} = W_i * X'_{ij}$$

第三节 要素市场化配置程度测算结果分析

一、中国要素市场化配置程度综合指数以及子系统指数的特征

表 4-2 和图 4-1 是 2005~2018 年中国要素市场化配置程度综合指数以

及三个子系统指数及其变化趋势。根据测算结果：第一，中国要素市场化配置程度综合指数较小，介于0.085~0.185之间，这说明我国要素市场化配置程度较低；第二，要素市场化配置综合指数呈现增长趋势，由2005年的0.085增长到2018年的0.185，平均增长率达9.05%；第三，2016年和2018年综合指数出现较大幅度的增长，增长率分别为13.17%和28.47%，这可能是由于"十三五"规划报告中强调"资源配置要使市场在资源配置中起决定性作用"，使得要素市场化进程快速被推进。从市场化配置程度、市场化运作程度以及市场准入程度三个子系统测算结果来看：第一，市场化配置程度指数呈现平稳上升的趋势，由2005年的0.134增长到2018年的0.250，平均增长率为6.66%，在三个子系统指数大小中处于中间位置。第二，市场化运作程度指数同样呈现平稳上升的趋势，由2005年的0.062增长到2018年的0.154，平均增长率为11.4%，在三个子系统中排名最后。第三，市场准入程度指数总体呈现上升势态，由2005年的0.183增长到2018年的0.299，年均增长率为4.88%。第四，从数值上看，市场准入程度指数最大，这意味着进出市场壁垒正在逐步缩小，非公有制企业进出市场越来越容易，政府和经济协调性发展，政府行为进一步规范；市场运作程度指数最小，这说明我国产业结构需进一步优化，提高第三产业在经济中重要位置，强调绿色全要素生产率的增长，节能减排，重视研发投入中基础研究和应用研究的投入。

表4-2　　2005~2018年要素市场化配置程度综合指数及其子系统指数

指数	2005年	2006年	2007年	2008年	2009年	2010年	2011年	2012年	2013年	2014年	2015年	2016年	2017年	2018年
综合指数	0.085	0.090	0.094	0.098	0.104	0.106	0.109	0.116	0.119	0.122	0.129	0.146	0.144	0.185
市场化配置	0.134	0.143	0.145	0.145	0.161	0.162	0.165	0.182	0.183	0.187	0.195	0.204	0.216	0.250
市场化运作	0.062	0.065	0.067	0.069	0.072	0.073	0.074	0.078	0.078	0.081	0.088	0.108	0.101	0.154
市场准入	0.183	0.197	0.215	0.231	0.241	0.255	0.268	0.280	0.304	0.309	0.315	0.320	0.314	0.299

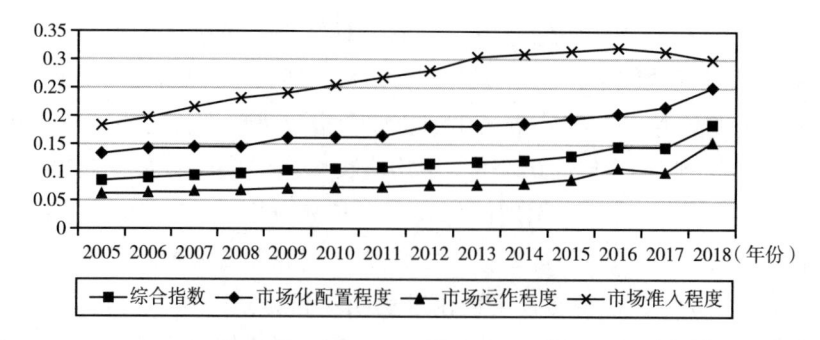

图 4-1　2005~2018 年要素市场化配置程度综合指数及其子系统指数的变化趋势

二、中国区域要素市场化配置程度的特征

本章根据 2011 年国家统计局的划分依据，将我国 31 个省份（不含港、澳、台地区）划分为东部、中部、西部和东北四大经济区域。[①] 通过对中国区域要素市场化配置程度的分析，能够更加全面、准确地掌握区域发展的动态，为今后区域协调发展提供典型化事实依据。图 4-2 和表 4-3 显示了四大区域我国要素市场化配置程度综合指数及其发展趋势。从综合指数的变化趋势来看，四大区域要素市场化配置程度走势基本相同，均处于稳健增长趋势，这表明我国四大区域要素市场化配置程度越来越高。

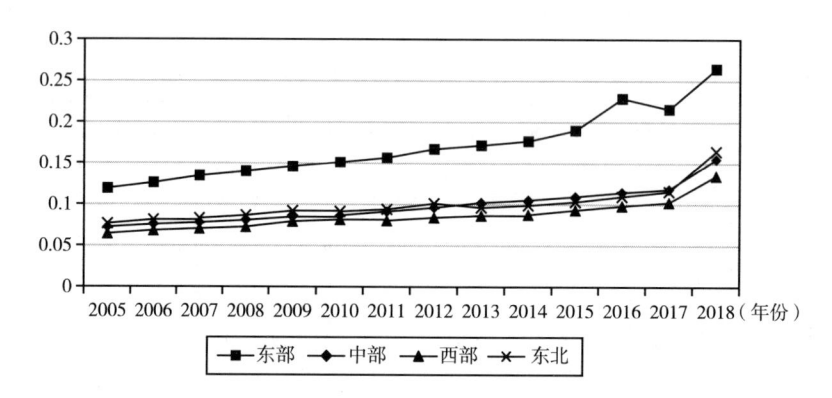

图 4-2　2005~2018 年四大区域要素市场化配置综合指数变化趋势

---

① 东部地区包括上海市、北京市、浙江省、天津市、江苏省、山东省、河北省、广东省、福建省、海南省；中部地区包括河南省、山西省、江西省、湖北省、安徽省、湖南省；西部地区包括广西壮族自治区、内蒙古自治区、新疆维吾尔自治区、四川省、青海省、贵州省、云南省、陕西省、西藏自治区、甘肃省、重庆市、宁夏回族自治区；东北地区包括辽宁省、黑龙江省、吉林省。

表 4-3　　2005~2018 年四大区域要素市场化配置程度综合指数

指数	2005年	2006年	2007年	2008年	2009年	2010年	2011年	2012年	2013年	2014年	2015年	2016年	2017年	2018年
东部	0.119	0.126	0.134	0.140	0.146	0.151	0.156	0.167	0.172	0.177	0.190	0.228	0.216	0.264
中部	0.072	0.075	0.078	0.080	0.085	0.086	0.091	0.096	0.102	0.105	0.109	0.114	0.118	0.155
西部	0.064	0.068	0.070	0.072	0.079	0.081	0.080	0.084	0.086	0.087	0.093	0.098	0.102	0.135
东北	0.076	0.081	0.083	0.086	0.092	0.091	0.094	0.101	0.096	0.099	0.103	0.109	0.116	0.165

从综合指数大小来看：东部地区要素市场化配置程度综合指数明显高于中部、西部和东北地区，综合指数处于 0.119~0.264 之间；中部地区和东北部地区要素市场化配置水平相当，综合指数处于 0.072~0.165 之间；西部地区要素市场化配置水平最低，与其他地区相比具有较大的差距。从综合指数平均增长率来看：东、中、西以及东北地区平均增长率依次为 9.37%、8.87%、8.53%、9.01%，由低到高排次为东、东北、中部、西部。无论从综合指数大小来看，还是从综合指数的增长率来看，东部地区和东北地区均在四地区之间处于较高的水平，相比之下中部和西部地区水平较低，这与地区发展水平的高低有关，区域发展不协调，导致该地区各方面发展都受影响。

图 4-3 和表 4-4 显示出四大区域三个子系统指数以及变化趋势，我们从两个方面来分析四个地区三个子系统的现状。第一方面，每个子系统中四大地区要素市场化配置指数比较。由图 4-3 可以看出，首先，四个地区的市场化配置指数、市场化运作指数以及市场准入指数均处于稳步增长的趋势，变化趋势基本趋于一致，其中东部地区三个子系统指数水平均远远超过其他三个地区，说明东部地区要素市场化配置水平较其他三个地区相比高。其次，四个地区市场准入指数均高于市场配置程度指数与市场化运作程度指数，说明各地区注重要素市场管理，积极响应资源市场化配置，非公有制企业得到有效的发展。最后，从增长率看，市场化配置指数中东部地区增长率最高，达到 8.19%，市场化运作和市场准入指数增长率最高均为中部地区，依次是 12.6% 和 6.39%，说明中部地区正在努力崛起。第二方面，每个地区三个子系统指数水平的比较。东部地区，对于东部地区而言，市场准入水平较高，指数均值位于 0.226~0.365 之间，其次是市场化配置水平，均值处于 0.169~0.349 之间，市场化运作水平最低，指数均值介于 0.09~0.215 之间；但平均增长率却截然相反，市场化运作水平最高，达 10.68%，其次是市场化配置水平的增长率，为 8.19%，市场准入指数增长率最小，为 4.73%。中部地

区与东部地区相同，三个子系统发展程度由高到低依次为市场准入程度、市场化配置程度以及市场化运作。从增长率看，依次为市场化运作12.6%、市场准入6.39%、市场化配置5.21%。西部和东北地区指数增长率排名一致，西部市场化运作12.31%、市场化配置5.31%、市场准入4.32%，东北地区市场化运作11.34%、市场化配置7.76%、市场准入3.84%。综上所述，三个子系统中市场准入程度四个地区发展均较好；四个地区中东部地区每个子系统发展均较好；中西部地区每个子系统的增长率均较高。

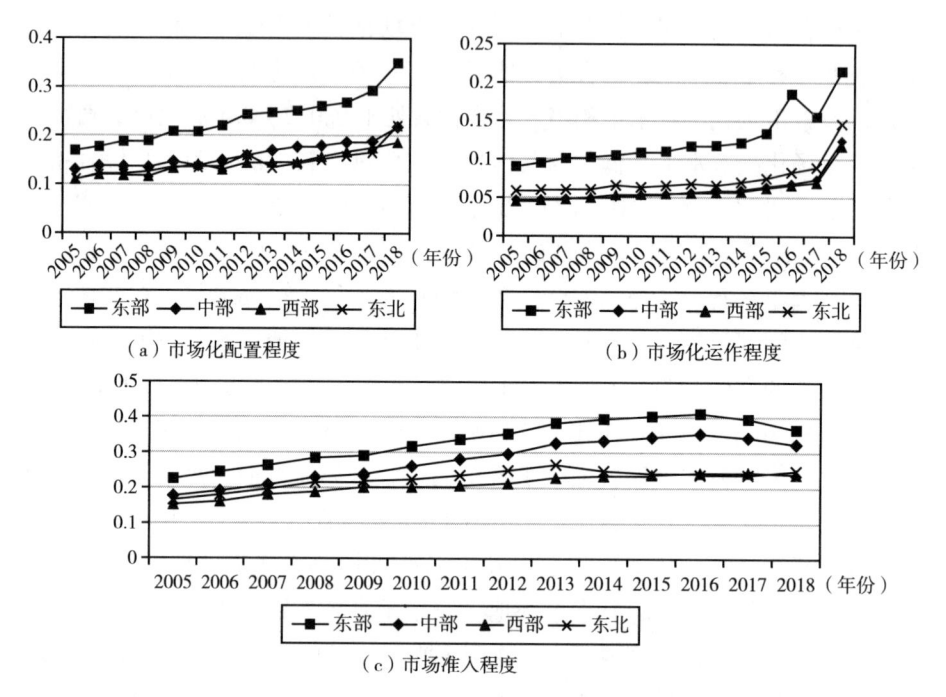

图4-3 2005~2018年四大区域要素市场化配置程度三大子系统指数的变化趋势

表4-4　　　　2005~2018年四大区域市场化配置指数

年份	市场化配置程度				市场化运作程度				市场准入程度			
	东部	中部	西部	东北	东部	中部	西部	东北	东部	中部	西部	东北
2005	0.169	0.130	0.110	0.110	0.090	0.047	0.045	0.059	0.226	0.177	0.153	0.166
2006	0.177	0.137	0.120	0.122	0.095	0.048	0.047	0.060	0.245	0.191	0.161	0.180
2007	0.187	0.137	0.118	0.122	0.101	0.049	0.048	0.061	0.263	0.208	0.181	0.196
2008	0.189	0.135	0.116	0.126	0.103	0.050	0.050	0.061	0.284	0.230	0.189	0.215
2009	0.208	0.147	0.133	0.136	0.105	0.051	0.054	0.066	0.291	0.239	0.202	0.219

续表

年份	市场化配置程度				市场化运作程度				市场准入程度			
	东部	中部	西部	东北	东部	中部	西部	东北	东部	中部	西部	东北
2010	0.208	0.138	0.141	0.137	0.109	0.053	0.054	0.064	0.317	0.261	0.203	0.224
2011	0.220	0.149	0.130	0.138	0.110	0.055	0.055	0.066	0.337	0.281	0.207	0.235
2012	0.244	0.159	0.144	0.160	0.117	0.057	0.056	0.068	0.353	0.296	0.213	0.250
2013	0.248	0.170	0.145	0.135	0.118	0.059	0.057	0.066	0.384	0.327	0.230	0.266
2014	0.251	0.177	0.145	0.142	0.121	0.060	0.058	0.070	0.395	0.334	0.235	0.249
2015	0.261	0.179	0.157	0.151	0.133	0.064	0.062	0.075	0.403	0.344	0.238	0.241
2016	0.269	0.186	0.167	0.159	0.185	0.068	0.066	0.083	0.411	0.353	0.243	0.238
2017	0.293	0.188	0.175	0.166	0.156	0.074	0.070	0.089	0.395	0.342	0.245	0.238
2018	0.349	0.218	0.186	0.221	0.215	0.124	0.117	0.146	0.365	0.324	0.239	0.249

三、中国各省份要素市场化配置程度的特征

2005年以来，全国要素市场化配置水平得到稳步提升，2018年各省份要素市场化配置综合指数大致为2005年的2倍（见图4-4），我国30个省份要素市场化配置综合指数年平均增长率达到9.04%。从党的十七大报告指出"要深化对社会主义市场经济规律的认识，从制度上更好发挥市场在资源配置中的基础性作用"，到十八届三中全会指出"市场在资源配置中起决定性作用"，各级政府的高度重视是要素市场化配置水平提高的强大动力。

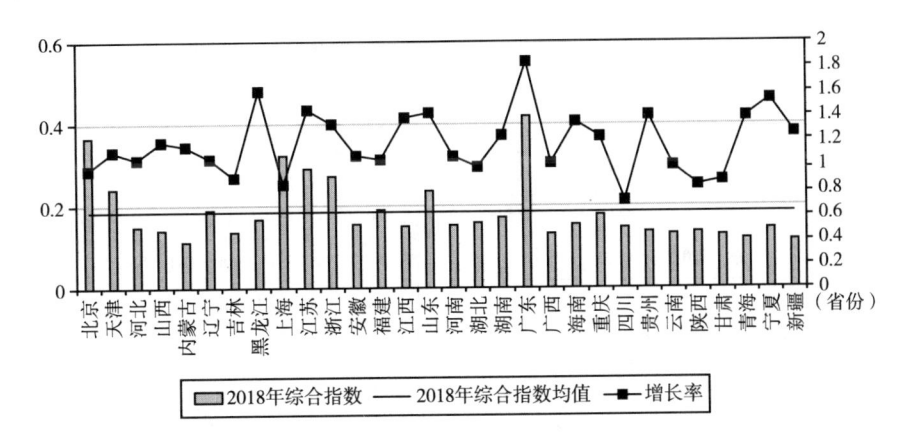

图4-4 2018年30个省份要素市场化配置程度综合指数、均值以及增长率

表 4-5 显示了我国 30 个省份 2005~2018 年要素市场化配置程度综合指数，从表中可以看出，在样本期内，我国 30 个省份的要素市场化配置水平均有所上升。要素市场化配置综合指数绝对增幅最大的 7 个省市是广东省（0.271）、北京市（0.18）、江苏省（0.172）、浙江省（0.156）、上海市（0.147）、山东省（0.138）、天津市（0.127）和黑龙江省（0.104）。这 7 个省份要素市场化配置水平大幅提升的主导因素有所差异：北京市、上海市、江苏省、山东省以及广东省主要归因于市场化配置的大幅上升，依次为 0.252、0.159、0.329、0.232、0.376，其中江苏省受市场准入指数的影响也很大（0.304）；天津市、黑龙江省、浙江省受市场化运作指数的影响，市场配置指数的影响也很大。另一方面，也有一些省份要素市场化配置水平在样本期内上升幅度较小，如新疆维吾尔自治区、云南省、陕西省、四川省、内蒙古自治区、甘肃省、吉林省，增幅依次是 0.065、0.065、0.062、0.061、0.06、0.06、0.064，其中四川省增幅来源主要是市场准入指数的增长，云南省主要受市场化配置程度的影响，其余几个省市三个子系统增幅都较小。由此可见，这些省份要素市场化配置水平，或因为各方面成效都欠佳，或某一方面效果不好，从而导致整体增幅不大。

表 4-5　30 个省份 2005~2018 年要素市场化配置程度综合指数

省份	2005年	2006年	2007年	2008年	2009年	2010年	2011年	2012年	2013年	2014年	2015年	2016年	2017年	2018年
北京	0.187	0.199	0.207	0.213	0.228	0.240	0.237	0.273	0.267	0.286	0.321	0.600	0.345	0.367
天津	0.115	0.125	0.126	0.128	0.126	0.136	0.131	0.143	0.148	0.155	0.170	0.181	0.185	0.242
河北	0.073	0.077	0.081	0.085	0.088	0.090	0.094	0.097	0.100	0.105	0.105	0.111	0.123	0.149
山西	0.065	0.065	0.070	0.069	0.073	0.073	0.074	0.079	0.082	0.084	0.088	0.096	0.100	0.141
内蒙古	0.052	0.057	0.058	0.061	0.067	0.078	0.073	0.077	0.075	0.075	0.076	0.078	0.081	0.112
辽宁	0.093	0.097	0.100	0.108	0.111	0.116	0.124	0.132	0.123	0.121	0.125	0.138	0.147	0.190
吉林	0.072	0.077	0.077	0.080	0.087	0.080	0.083	0.086	0.081	0.088	0.090	0.092	0.099	0.136
黑龙江	0.064	0.069	0.071	0.071	0.077	0.077	0.074	0.085	0.084	0.087	0.094	0.098	0.100	0.168
上海	0.176	0.183	0.194	0.193	0.213	0.213	0.219	0.214	0.225	0.233	0.255	0.272	0.307	0.323
江苏	0.119	0.126	0.135	0.154	0.163	0.174	0.205	0.222	0.225	0.226	0.241	0.250	0.252	0.291
浙江	0.117	0.125	0.131	0.141	0.149	0.154	0.159	0.176	0.174	0.185	0.189	0.196	0.210	0.273
安徽	0.075	0.078	0.077	0.077	0.085	0.086	0.095	0.102	0.110	0.114	0.120	0.116	0.124	0.155
福建	0.093	0.097	0.098	0.100	0.105	0.109	0.110	0.116	0.125	0.121	0.128	0.136	0.137	0.190

续表

省份	2005年	2006年	2007年	2008年	2009年	2010年	2011年	2012年	2013年	2014年	2015年	2016年	2017年	2018年
江西	0.063	0.070	0.071	0.074	0.075	0.076	0.077	0.083	0.089	0.094	0.098	0.106	0.108	0.150
山东	0.098	0.102	0.108	0.120	0.125	0.132	0.141	0.149	0.165	0.170	0.174	0.180	0.182	0.236
河南	0.074	0.075	0.081	0.088	0.094	0.095	0.100	0.103	0.110	0.112	0.115	0.123	0.123	0.153
湖北	0.080	0.081	0.082	0.085	0.090	0.096	0.102	0.103	0.113	0.119	0.124	0.130	0.131	0.158
湖南	0.076	0.083	0.085	0.088	0.091	0.093	0.098	0.105	0.108	0.107	0.112	0.114	0.121	0.171
广东	0.148	0.150	0.163	0.167	0.172	0.181	0.189	0.194	0.202	0.207	0.221	0.251	0.287	0.419
广西	0.065	0.066	0.069	0.076	0.078	0.077	0.081	0.081	0.083	0.082	0.084	0.091	0.098	0.132
海南	0.065	0.076	0.101	0.097	0.089	0.081	0.087	0.087	0.085	0.091	0.094	0.107	0.126	0.154
重庆	0.080	0.085	0.088	0.094	0.106	0.105	0.108	0.115	0.112	0.117	0.127	0.147	0.135	0.178
四川	0.086	0.089	0.095	0.099	0.101	0.113	0.107	0.112	0.112	0.115	0.117	0.122	0.131	0.147
贵州	0.057	0.062	0.065	0.063	0.068	0.069	0.067	0.069	0.072	0.070	0.074	0.079	0.084	0.136
云南	0.066	0.068	0.071	0.074	0.081	0.082	0.082	0.085	0.084	0.086	0.090	0.102	0.131
陕西	0.074	0.079	0.079	0.080	0.085	0.095	0.094	0.105	0.107	0.111	0.121	0.120	0.136
甘肃	0.068	0.067	0.071	0.071	0.076	0.074	0.077	0.085	0.088	0.091	0.100	0.101	0.106	0.128
青海	0.050	0.052	0.059	0.058	0.067	0.063	0.061	0.065	0.069	0.069	0.080	0.080	0.090	0.119
宁夏	0.057	0.067	0.062	0.064	0.074	0.074	0.072	0.072	0.075	0.079	0.091	0.091	0.097	0.144
新疆	0.051	0.055	0.058	0.057	0.065	0.064	0.064	0.066	0.071	0.072	0.077	0.079	0.081	0.116

进一步分析对比分析各省份要素市场化配置各子系统指数，能够发现各个省份在要素市场化配置中的优势和劣势，从而为各省份进一步完善要素市场化配置提供科学依据。表4－6为2018年我国30个省份要素市场化配置子系统指数、2005～2018年增长率以及增长率排名。

表4－6　　2018年30个省份要素市场化配置子系统指数、
2005～2018年增长率及排名

省份	市场化配置程度 2018年	市场化配置程度 增长率	市场化配置程度 增长率排名	市场化运作程度 2018年	市场化运作程度 增长率	市场化运作程度 增长率排名	市场准入程度 2018年	市场准入程度 增长率	市场准入程度 增长率排名
北京	0.517	0.946	9	0.339	0.922	27	0.292	0.377	28
天津	0.257	0.919	10	0.240	1.204	22	0.279	0.698	12
河北	0.227	0.814	12	0.103	1.279	19	0.397	0.905	4

续表

省份	市场化配置程度 2018年	增长率	增长率排名	市场化运作程度 2018年	增长率	增长率排名	市场准入程度 2018年	增长率	增长率排名
山西	0.234	0.961	8	0.111	1.607	17	0.256	0.627	16
内蒙古	0.152	0.975	7	0.102	1.683	13	0.178	0.273	30
辽宁	0.274	1.063	5	0.149	1.253	20	0.308	0.508	20
吉林	0.189	0.759	18	0.122	1.112	23	0.221	0.483	22
黑龙江	0.200	1.254	4	0.168	2.190	4	0.218	0.507	21
上海	0.387	0.694	19	0.268	0.728	30	0.311	0.439	24
江苏	0.484	2.126	1	0.166	1.111	24	0.565	1.164	1
浙江	0.293	0.813	13	0.244	2.164	6	0.420	0.289	29
安徽	0.182	0.485	27	0.130	1.471	18	0.362	0.966	3
福建	0.195	0.498	25	0.164	1.610	16	0.365	0.541	19
江西	0.223	0.774	15	0.116	2.171	5	0.327	1.063	2
山东	0.387	1.491	3	0.170	1.938	9	0.402	0.544	18
河南	0.246	0.577	23	0.107	1.790	12	0.365	0.798	8
湖北	0.231	0.817	11	0.126	1.110	25	0.302	0.756	10
湖南	0.190	0.490	26	0.155	1.913	10	0.333	0.773	9
广东	0.606	1.637	2	0.290	2.295	3	0.435	0.633	15
广西	0.160	0.339	29	0.114	1.667	14	0.287	0.807	6
海南	0.142	0.335	30	0.165	2.059	8	0.188	0.741	11
重庆	0.249	0.763	16	0.155	1.615	15	0.292	0.834	5
四川	0.232	0.672	22	0.092	0.867	29	0.414	0.418	27
贵州	0.186	0.761	17	0.126	2.430	2	0.205	0.436	26
云南	0.242	0.983	6	0.099	1.222	21	0.215	0.450	23
陕西	0.191	0.683	21	0.116	0.904	28	0.230	0.687	13
甘肃	0.176	0.563	24	0.118	1.095	26	0.195	0.676	14
青海	0.151	0.683	20	0.114	2.159	7	0.192	0.799	7
宁夏	0.148	0.472	28	0.146	3.154	1	0.240	0.437	25
新疆	0.159	0.811	14	0.107	1.821	11	0.180	0.594	17
均值	0.250	—	—	0.154	—	—	0.299	—	—

（1）市场化配置程度指数。2018年全国要素市场化配置水平中市场化配置指数均值为0.250，其中位于均值以上的省份有8个，其余22省份市场化

配置指数位于均值以下，占比达到 73.3%；另外，像内蒙古（0.152）、山西（0.234）、云南（0.242）、新疆（0.159）等省市虽然与北京（0.517）相比存在巨大的差异，但是其增长率却很高，这说明，诸如此类的省市，正在快速提高要素市场化配置水平，加速劳动力、资本、技术、土地的流动，加大产权保护的力度，赶超要素市场化发展较好的城市。

（2）市场化运作程度。2018 年全国市场化运作指数均值为 0.154，低于市场化配置指数和市场准入指数。市场化运作指数在均值以上的省市有 12 个，其余 18 个均居于平均水平以下，60% 的城市没有达到平均水平，说明大多数的省市市场化运作水平不高，甚至说很低，地区发展不协调、生产效率低下、对外开放程度较低、缺乏创新性问题较为突出。其中，四川省和云南省的市场运作指数分别为 0.092 和 0.099，位于 0.1 以下，创新性、经济发展协调性、对外经济方面的问题尤为突出，将成为今后经济发展中的重要阻碍。从增长率来看，江西、贵州、青海、宁夏、新疆这 5 个省份虽然市场运作指数居于平均水平以下，但是 2005~2018 年增长率却位列前茅。随着经济由高速发展转变为高质量发展，"创新、协调、绿色、开放、共享"五大发展理念深入经济发展过程中，成为经济高质量发展的目标，因此要素市场化配置也要实现五大发展理念。

（3）市场准入程度。2018 年市场准入指数的平均值是 0.299，要高于市场化配置和市场化运作指数，成为要素市场化配置综合指数提高的主要动力。市场准入指数位于平均值以上的省份有 14 个，其他 16 个居于平均水平以下，其中内蒙古、海南、甘肃、青海和新疆的市场准入指数在 0.22 以下，说明这几个省份中非公有制企业发展水平不高，政府在资源配置中起到决定性的作用，市场配置程度较低。与其他两个子系统不同，市场准入指数和其 2005~2018 年的增长率大致上具有同方向的变化，即市场准入指数高的省份，其增长率较大。

第四节　要素市场化配置程度的区域差异分析

一、研究方法

本章利用达格姆（Dagum）基尼系数分解方法，研究要素市场化配置程

度综合指数的地区差异,并将地区差异分解为区域内差异、区域间差异和超变密度的贡献三部分。首先对基尼系数进行计算,公式为:

$$G = \frac{1}{2n^2\mu} \sum_{i=1}^{K} \sum_{j=1}^{K} \sum_{h=1}^{n_i} \sum_{r=1}^{n_j} |y_{ih} - y_{jr}| \qquad (4-1)$$

其中,把整体划分成 K 组(将全国 30 个省份划分为四个组,即东、中、西和东北四个地区),y_{ih} 和 y_{jr} 分别表示 $i(j)$ 地区内任意省份(直辖市、自治区)的要素市场化配置程度综合指数,$i = 1.2 \cdots K, j = 1.2 \cdots K$,$G$ 表示整体基尼系数。μ 是要素市场化配置程度综合指数的平均值,n 表示省份的个数,n_i 和 n_j 分别是 $i(j)$ 组内地区的个数。

$$\mu_i \leq \cdots \mu_j \leq \cdots \mu_K \qquad (4-2)$$

按照达格姆(Dagum, 1997)的基尼系数分解方法,可将基尼系数 G 分解为三个部分:区域内(组内)差距的贡献 G_w、区域间(组间)差距的净贡献 G_{nb} 和组间超变密度 G_t,后两者共同衡量了组间不平等的总贡献 $G_{gb} = G_{nb} + G_t$。三者的关系满足 $G = G_w + G_{nb} + G_t$。区域内的基尼系数 G_{ii} 和区域内差距的贡献 G_w、区域间的基尼系数 G_{ij} 和区域间差距的贡献 G_{nb} 分别表示为:

$$G_{ii} = \frac{1}{2n_i^2 \mu_i} \sum_{h=1}^{n_i} \sum_{r=1}^{n_i} |y_{ih} - y_{ir}| \qquad (4-3)$$

$$G_w = \sum_{i=1}^{K} \lambda_i s_i G_{ii} \qquad (4-4)$$

$$G_{ij} = \frac{1}{n_i n_j (\mu_i + \mu_j)} \sum_{h=1}^{n_i} \sum_{r=1}^{n_j} |y_{ih} - y_{jr}| \qquad (4-5)$$

$$G_{nb} = \sum_{i=2}^{K} \sum_{j=1}^{i-1} (\lambda_j s_i + \lambda_i s_j) G_{ij} D_{ij} \qquad (4-6)$$

$$G_t = \sum_{i=2}^{K} \sum_{j=1}^{i-1} (\lambda_j s_i + \lambda_i s_j) G_{ij} (1 - D_{ij}) \qquad (4-7)$$

其中,$\lambda_i = n_i/n$,$s_i = \lambda_i \mu_i/\mu$,$i = 1.2\cdots K$,$D_{ij} = \dfrac{d_{ij} - p_{ij}}{d_{ij} + p_{ij}}$ 表示 i,j 两组中国要素市场化配置程度的相对差距;d_{ij} 表示 i,j 两区域间要素市场化配置综合指数的差值,在 $\mu_i > \mu_j$ 时,d_{ij} 是在 $y_{ih} > y_{jr}$ 条件下的所有地区要素市场化配置程度差距 $(y_{ih} - y_{jr})$ 的加权平均数,对于连续的密度分布函数 $f_i(y)$ 和 $f_j(y)$,d_{ij} 可

以表示为式（4-8）。而 p_{ij} 为超变一阶矩，可以理解为在 $\mu_i > \mu_j$ 时，p_{ij} 是在 $y_{jr} > y_{ih}$ 条件下的所有要素市场化配置程度综合指数差距（$y_{jr} - y_{ih}$）的加权平均数，用式（4-9）表示：

$$d_{ij} = \int_0^\infty \int_0^y (y - x) f_j(x) \mathrm{d}x f_i(y) \mathrm{d}y \tag{4-8}$$

$$p_{ij} = \int_0^\infty \int_0^y (y - x) f_i(x) \mathrm{d}x f_j(y) \mathrm{d}y \tag{4-9}$$

本章根据以上方法对要素市场化配置程度的总体差异、区域内差异、区域间差异以及超变密度进行测算。

二、中国要素市场化配置程度的区域差异及来源

根据图4-5，要素市场化配置地区内差异的总体变化趋势来看，要素市场化配置的地区差异处于缓慢扩大趋势，基尼系数由2005年的0.198增加到2018年的0.202，年均增长率达到0.16%，增速较慢。2005~2016年，基尼系数由0.198增加到0.277，绝对增加幅度为0.079，年均增长率达到3.6%，而后从2016年的0.277迅速下降为2018年的0.202，年平均下降幅度达18.6%。

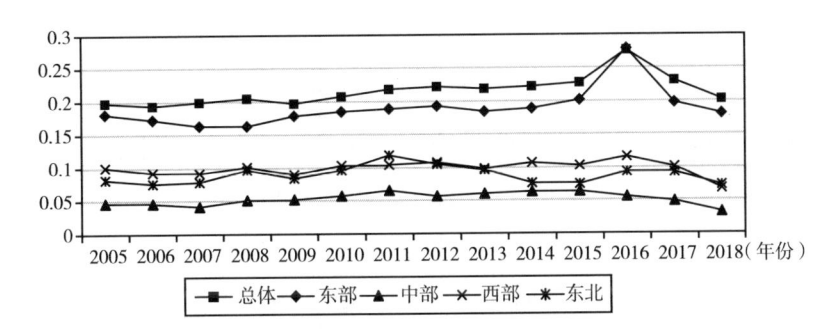

图4-5 中国要素市场化配置程度的总体差异及区域内差异

（一）区域内差异

表4-7和图4-5也显示了四大区域要素市场化配置的区域内差异大小及演变趋势。从区域内部差异来看，四大区域要素市场化配置的内部差异均呈现稳步的下降趋势。总体来看，2017年之前，四大区域基尼系数的排序为

东部、西部、东北以及中部地区,但在2018年,东北地区差异上升到第二位置,排序变为东部、东北部、西部以及中部地区,说明东北地区区域内差异具有上升的趋势。东部地区,2005~2008年处于缓慢下降的过程,基尼系数由0.181下降为0.163,年均下降幅度为3.68%,2008~2016年基尼系数在波动中上升,由0.163上升到0.279,2016~2018年下降到0.181,是典型倒"N"形变动趋势。从基尼系数的数值上看,东部区域内差异没有变动;中部地区,基尼系数的均值为0.052,呈现先上升后下降的态势,以2015年为分界线,2015年之前中部地区区域内差异呈现波动中上升的势态,2015年之后表现为明显的下降趋势,由0.063下降到0.032,年均下降幅度32.29%,其整体的变化趋势呈现倒"V"形态势;西部地区,区域内基尼系数的均值为0.099,以2014年为分界线,2014年之前波动中基尼系数呈现上升趋势,2014年之后在波动中下降,总体呈现下降趋势,基尼系数由2005年的0.1下降到2018年的0.067,年均下降幅度3.79%,倒"V"形的变化趋势;东北地区,区域内基尼系数的均值为0.089,区域内差异较小,整体呈现为"W"形波动下降的势态,由2005年的0.082下降到2018年的0.072,年均下降幅度1.07%。

表4-7　　　　中国要素市场化配置程度的总体差异及区域内差异

	2005年	2006年	2007年	2008年	2009年	2010年	2011年	2012年	2013年	2014年	2015年	2016年	2017年	2018年
0	0.198	0.194	0.199	0.205	0.197	0.207	0.218	0.222	0.219	0.222	0.227	0.277	0.231	0.202
1	0.181	0.173	0.163	0.163	0.178	0.185	0.189	0.193	0.184	0.189	0.201	0.279	0.197	0.181
2	0.046	0.046	0.041	0.051	0.052	0.057	0.065	0.056	0.060	0.063	0.063	0.055	0.048	0.032
3	0.100	0.092	0.092	0.101	0.090	0.103	0.104	0.108	0.098	0.107	0.102	0.116	0.100	0.067
4	0.082	0.076	0.078	0.097	0.084	0.096	0.119	0.105	0.096	0.076	0.074	0.093	0.092	0.072

注:0代表总体;1代表东部地区;2代表中部地区;3代表西部地区;4代表东北地区。

(二) 区域间差异

表4-8和图4-6展示了中国要素市场化配置程度区域间差异及其变化趋势,从图表中不难发现,东部—中部、东部—西部以及东部—东北地区的区域间基尼系数总体呈现小幅度的上升趋势,三者上升幅度依次为4.71%、

7.19%、5.49%，中部—西部、中部—东北以及西部—东北地区的区域间基尼系数呈现小幅度的下降趋势，三者下降幅度依次为9.57%、9.09%、3.36%，均呈现波动中先上升后下降的势态。总体来看，东部—西部地区的区域间基尼系数最大，均值为0.332，说明两个地区要素市场化配置水平相差较大，东部地区市场化程度较高；其次依次为东部—中部、东部—东北、西部—东北、中部—西部以及中部—东北部，中部—东北部区域间差异最小，样本期均值为0.089，两者要素市场化配置水平较为相近。由此可以看出，中部、西部以及东北部三个地区之间区域间基尼系数逐渐缩小，区域间差异逐渐变小，要素市场化配置程度不断趋于协同发展，但均与东部地区存在较大的差距，表现出区域间基尼系数的增大。

表4-8　　　　　中国要素市场化配置程度的区域间差异

	2005年	2006年	2007年	2008年	2009年	2010年	2011年	2012年	2013年	2014年	2015年	2016年	2017年	2018年
[1, 2]	0.255	0.255	0.269	0.271	0.268	0.281	0.277	0.283	0.272	0.270	0.285	0.342	0.294	0.267
[1, 3]	0.306	0.303	0.316	0.320	0.302	0.309	0.330	0.338	0.339	0.345	0.350	0.407	0.358	0.328
[1, 4]	0.237	0.230	0.244	0.249	0.242	0.266	0.275	0.271	0.298	0.295	0.308	0.364	0.313	0.250
[2, 3]	0.094	0.089	0.088	0.097	0.086	0.094	0.109	0.110	0.111	0.120	0.113	0.121	0.102	0.085
[2, 4]	0.077	0.073	0.073	0.090	0.082	0.096	0.114	0.107	0.101	0.086	0.083	0.093	0.094	0.070
[3, 4]	0.119	0.115	0.113	0.127	0.110	0.114	0.133	0.136	0.114	0.113	0.105	0.122	0.114	0.115

注：1代表东部地区；2代表中部地区；3代表西部地区；4代表东北地区。

图4-6　中国要素市场化配置程度的区域间差异

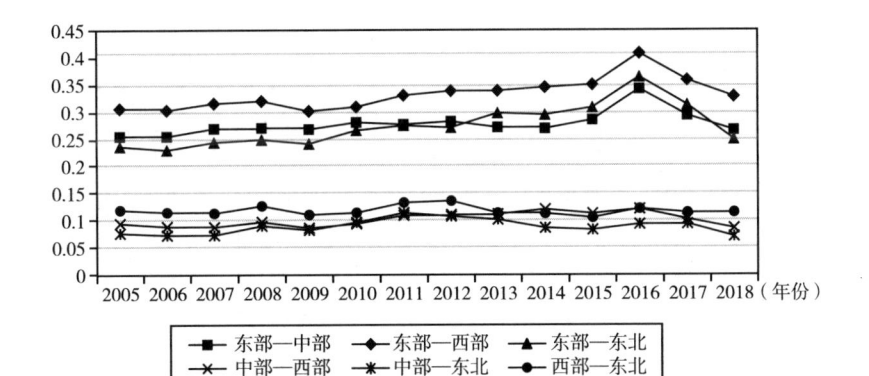

(三) 区域差异的来源与贡献率

图 4-7 和表 4-9 显示了全国要素市场化配置程度区域差异来源以及各来源的贡献率。从对全国要素市场化配置程度的贡献程度变化趋势来看，区域内贡献率和超变密度贡献率均大致呈现"下降—上升—下降"变化势态，总体表现为贡献率下降，区域间贡献率呈现"上升—下降"的态势，样本期内变现贡献率上升，且区域间差异的贡献率数值最大，变动区间为 70.61~78.41，平均贡献率为 74.32%，因此说明要素市场化配置区域差异主要是来源于区域间差异。区域内差异贡献率变动区间为 18.62%~22.18%，平均贡献率为 19.76%；超变密度贡献率的变动区间为 3.29%~7.99%，平均贡献率为 5.92%，由此也可以看出区域内贡献率和超变密度贡献率不是造成区域差异的主要原因。因此，要解决要素市场化配置程度的区域差异问题，要着重缩小区域间的差异，从而促进区域间要素市场化的协调发展。

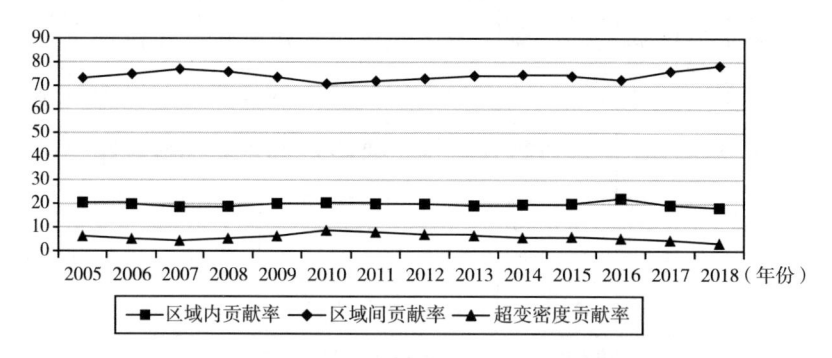

图 4-7 中国要素市场化配置程度区域差异来源以及贡献率

表 4-9 中国要素市场化配置程度区域差异来源以及贡献率

年份	区域内 来源	区域内 贡献率（%）	区域间 来源	区域间 贡献率（%）	超变密度 来源	超变密度 贡献率（%）
2005	0.0406	20.4718	0.1451	73.2430	0.0125	6.2852
2006	0.0384	19.8447	0.1452	74.9592	0.0101	5.1961
2007	0.0371	18.6234	0.1533	76.9888	0.0087	4.3878
2008	0.0385	18.7887	0.1554	75.8789	0.0109	5.3324
2009	0.0395	20.0434	0.1450	73.6081	0.0125	6.3485
2010	0.0423	20.4200	0.1469	70.8372	0.0181	8.7428
2011	0.0435	19.9545	0.1571	72.0492	0.0174	7.9964

续表

年份	区域内 来源	贡献率（%）	区域间 来源	贡献率（%）	超变密度 来源	贡献率（%）
2012	0.0442	19.9140	0.1620	73.0332	0.0156	7.0528
2013	0.0420	19.2054	0.1623	74.2062	0.0144	6.5884
2014	0.0435	19.6119	0.1656	74.6386	0.0128	5.7494
2015	0.0454	19.9572	0.1684	74.0309	0.0137	6.0119
2016	0.0613	22.1814	0.2005	72.5087	0.0147	5.3099
2017	0.0445	19.3080	0.1756	76.1032	0.0106	4.5888
2018	0.0370	18.2917	0.1585	78.4138	0.0067	3.2946

三、三大子系统指数的区域差异及来源

前面分析了要素市场化配置程度综合指数地区差异、差异来源以及贡献率，下面我们来分析一下市场化配置、市场化运作以及市场准入三个子系统区域差异及来源，有利于我们更加全面了解区域内差异，区域间差异以及差异的来源，为各地区的今后发展提供合理的依据。

（一）区域内差异

如图4-8和表4-10所示。（1）东部地区。东部地区市场化配置程度和市场准入程度均呈现"下降—上升—下降"中上升的态势，市场化运作则呈现"下降—上升—下降"波动趋势，样本期内总体下降的态势，而总体东部地区区域内基尼系数呈现不变的现象，说明三者变化相互抵消，市场化配置程度和市场准入程度区域内差异的扩大被市场化运作区域内差异的缩小所抵消，总体表现为不变。（2）中部地区。中部地区市场化配置区域内基尼系数呈现波动中上升的趋势，市场化运作呈现"下降—上升—下降"波动中下降的势态，而市场准入基尼系数则呈现"上升—下降"稳步上升的势态，由前面我们可以得出中部地区区域内基尼系数总体下降，说明中部地区区域内差异缩小的主要来源是市场化运作程度差异缩小。（3）西部地区。西部地区三个子系统均大致呈现"下降—上升—下降"的态势，但是市场化配置区域内基尼系数波动中增大，而市场化运作和市场准入的基尼系数则减小，且市场化运作减小的幅度较大，西部地区总体区域内基尼系数减小，因此得出西

地区区域内差异缩小主要来源于市场化运作程度差异。(4) 东北地区。东北地区市场化配置区域内基尼系数"下降—上升—下降—上升",总体表现为下降的势态,市场化运作程度波动中上升,市场准入程度区域内基尼系数"上升—下降—上升"中保持不变,东北部地区基尼系数总体表现为下降,因此东北地区区域内差异缩小主要得益于市场化配置程度区域内差异的缩小。

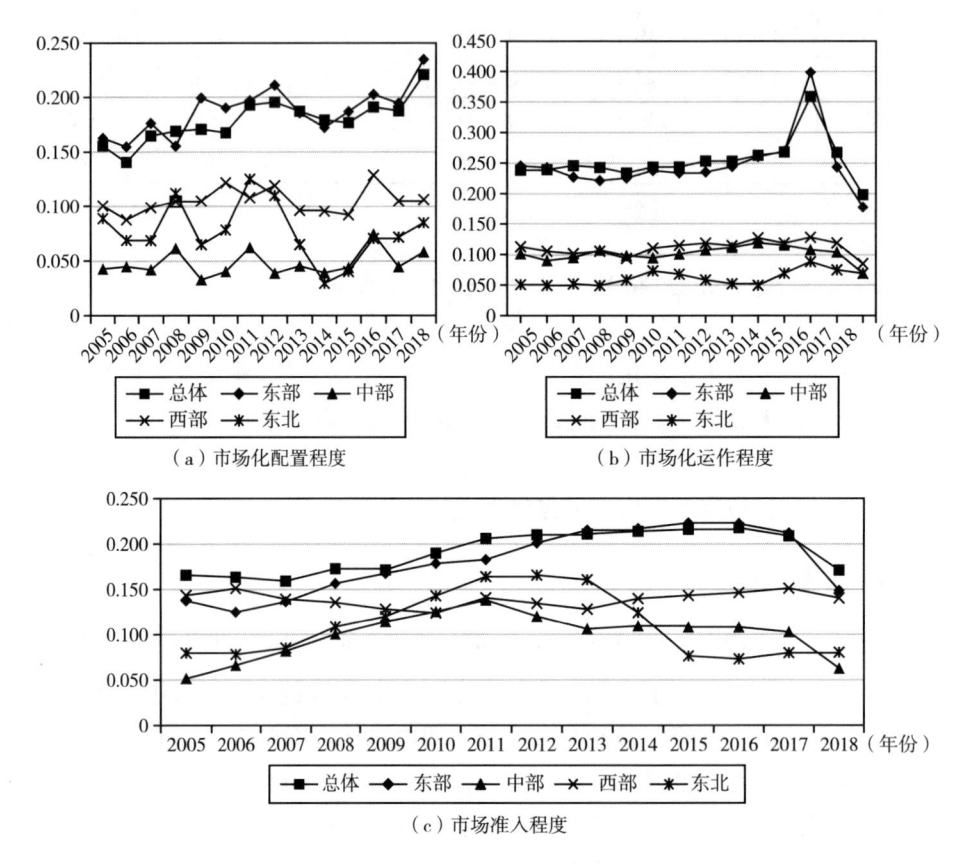

(a) 市场化配置程度

(b) 市场化运作程度

(c) 市场准入程度

图 4-8 三个子系统指数区域内差异

表 4-10 三个子系统指数区域内差异

年份	市场化配置程度					市场化运作程度					市场准入程度				
	总体	东部	中部	西部	东北	总体	东部	中部	西部	东北	总体	东部	中部	西部	东北
2005	0.155	0.163	0.043	0.100	0.089	0.238	0.245	0.101	0.113	0.051	0.166	0.137	0.052	0.143	0.080
2006	0.140	0.155	0.045	0.088	0.069	0.239	0.243	0.090	0.105	0.049	0.164	0.125	0.066	0.151	0.078
2007	0.165	0.176	0.042	0.099	0.069	0.246	0.227	0.095	0.101	0.052	0.159	0.136	0.082	0.139	0.085

续表

年份	市场化配置程度					市场化运作程度					市场准入程度				
	总体	东部	中部	西部	东北	总体	东部	中部	西部	东北	总体	东部	中部	西部	东北
2008	0.169	0.155	0.061	0.105	0.112	0.243	0.221	0.107	0.105	0.049	0.173	0.156	0.100	0.136	0.109
2009	0.171	0.199	0.033	0.105	0.065	0.234	0.225	0.098	0.093	0.058	0.171	0.168	0.114	0.128	0.120
2010	0.167	0.190	0.040	0.122	0.078	0.244	0.238	0.095	0.110	0.073	0.190	0.178	0.125	0.124	0.143
2011	0.193	0.197	0.062	0.108	0.125	0.244	0.234	0.101	0.115	0.068	0.206	0.183	0.138	0.141	0.164
2012	0.195	0.211	0.039	0.119	0.110	0.253	0.235	0.107	0.118	0.058	0.210	0.201	0.120	0.135	0.166
2013	0.187	0.186	0.045	0.096	0.065	0.253	0.244	0.111	0.114	0.052	0.211	0.215	0.106	0.128	0.161
2014	0.179	0.172	0.039	0.095	0.029	0.263	0.260	0.119	0.127	0.049	0.214	0.217	0.110	0.140	0.124
2015	0.177	0.187	0.044	0.092	0.040	0.268	0.269	0.115	0.118	0.069	0.216	0.223	0.108	0.143	0.076
2016	0.191	0.203	0.074	0.129	0.070	0.359	0.399	0.108	0.128	0.088	0.218	0.222	0.108	0.146	0.073
2017	0.187	0.194	0.045	0.105	0.072	0.267	0.243	0.104	0.119	0.075	0.209	0.212	0.103	0.151	0.080
2018	0.221	0.235	0.058	0.106	0.085	0.198	0.178	0.069	0.085	0.069	0.171	0.149	0.063	0.140	0.080

（二）区域间差异

如图4-9和表4-11所示。(1) 东部—中部地区。东部—中部市场化配置程度区域间基尼系数稳步呈现上升势态，由0.157增加到0.27，增幅71.97%；市场化运作区域间基尼系数呈现波动中下降势态，由0.324下降到0.281，降幅13.27%；市场准入区域间基尼系数减小，由0.163下降到0.132，降幅19.02%；东部—中部地区总体区域间差异呈现上升趋势，由此可得两地区间差异增大是由于市场化配置差异增大造成的。(2) 东部—西部地区。东部—西部地区市场化配置区域间基尼系数呈现波动中上升的趋势，由0.223上升到0.328，增幅达47.09%，市场化运作和市场准入则呈现波动中下降的势态，分别降幅11.11%、0.42%，两地区区域间基尼系数呈现上升趋势，市场化配置差异在区域间差异中扮演了重要的角色。(3) 东部—东北。东部—东北地区市场化配置、市场化运作以及市场准入的区域间基尼系数依次呈现"上升、下降、上升"的趋势，增（降）幅为21.62%、-10.74%、12.63%，两区域间的基尼系数由0.237上升到0.25，增幅为5.49%，由此可以看出该地区间差异增大的主要原因是市场化配置差异的加大。(4) 中部—西部。中部—西部地区市场化配置、市场化运作以及市场准入依次呈现"上升、下降、上升"的变动势态,增(降)幅依次为8.74%、-26.13%和32.37%,中部—西部区域间基尼系数呈现下降趋势,由此可见市场化运作差异缩小在缩小中部和西部地区要素市场化配置程度中起了主要作用。(5)中部—东北。中部—东北地区三个子系统在样本期内依次呈现下降、下降、上升趋势,增(降)幅依次为-16.5%、-14.17%和67.06%,两地区总体区域间基尼系数表现为减小,所以市场化配置和市场化运作区域间差异减小是中部和东北地区要素市场化配置差距缩小的主要原因。(6)西部—东北。西部—东北地区三个子系统增(降)幅依次为28.28%、-13.1%、-5.34%,两地区区域间基尼系数由0.119降低为0.115,市场化运作和市场准入是西部和东北地区差异缩小的主要影响因素。

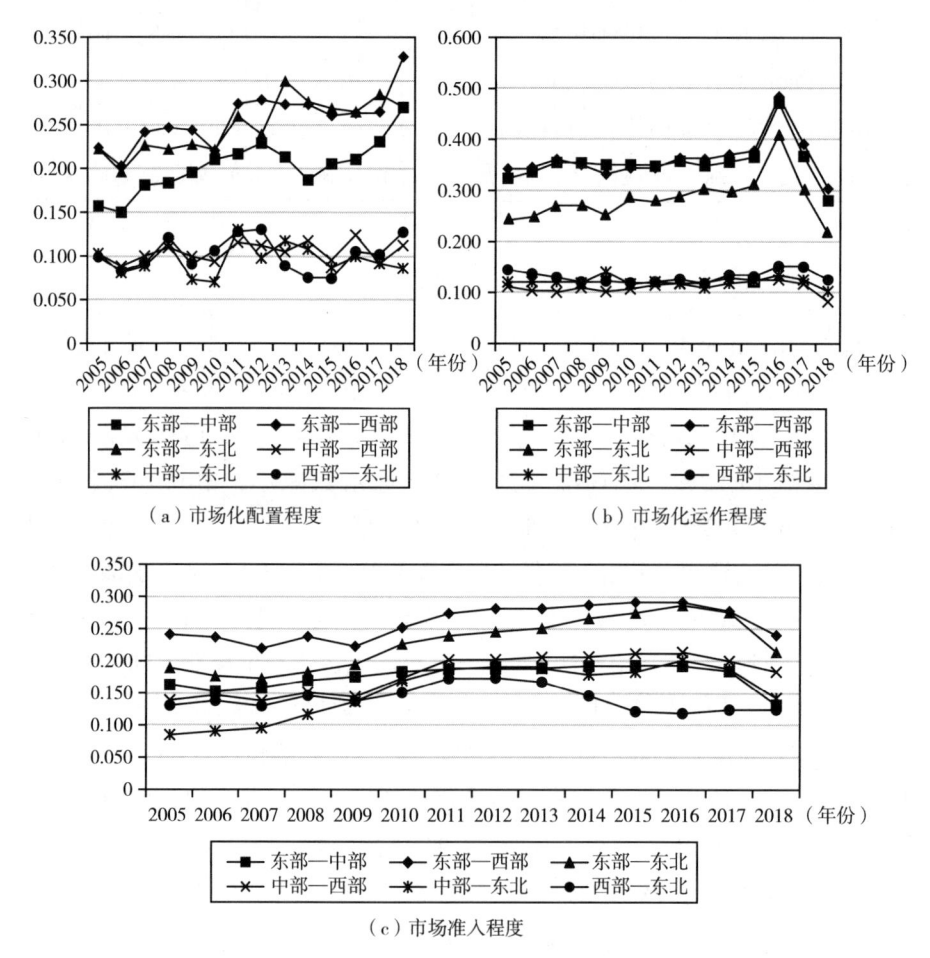

(a)市场化配置程度

(b)市场化运作程度

(c)市场准入程度

图4-9 三个子系统指数区域间差异

表4-11 三个子系统指数区域间差异

年份	市场化配置程度 [1,2]	[1,3]	[1,4]	[2,3]	[2,4]	[3,4]	市场化运作程度 [1,2]	[1,3]	[1,4]	[2,3]	[2,4]	[3,4]	市场准入程度 [1,2]	[1,3]	[1,4]	[2,3]	[2,4]	[3,4]
2005	0.16	0.22	0.22	0.10	0.10	0.10	0.32	0.34	0.24	0.11	0.12	0.15	0.16	0.24	0.19	0.14	0.09	0.13
2006	0.15	0.20	0.20	0.09	0.08	0.08	0.34	0.35	0.25	0.10	0.12	0.14	0.15	0.24	0.18	0.15	0.09	0.14
2007	0.18	0.24	0.23	0.10	0.09	0.09	0.36	0.36	0.27	0.10	0.12	0.13	0.16	0.22	0.17	0.14	0.10	0.13
2008	0.18	0.25	0.22	0.11	0.11	0.12	0.35	0.35	0.27	0.11	0.12	0.12	0.17	0.24	0.18	0.15	0.12	0.15
2009	0.20	0.24	0.23	0.10	0.07	0.09	0.35	0.33	0.25	0.10	0.14	0.12	0.18	0.22	0.20	0.15	0.14	0.14
2010	0.21	0.22	0.22	0.09	0.07	0.11	0.35	0.34	0.28	0.11	0.12	0.12	0.18	0.25	0.23	0.17	0.17	0.15
2011	0.22	0.27	0.26	0.12	0.13	0.13	0.35	0.35	0.28	0.12	0.12	0.13	0.19	0.27	0.24	0.20	0.19	0.17
2012	0.23	0.28	0.24	0.11	0.10	0.13	0.36	0.36	0.29	0.12	0.12	0.14	0.19	0.28	0.25	0.20	0.19	0.17
2013	0.21	0.27	0.30	0.11	0.12	0.09	0.35	0.36	0.30	0.12	0.11	0.14	0.19	0.28	0.25	0.21	0.19	0.15
2014	0.19	0.27	0.28	0.12	0.11	0.08	0.36	0.37	0.30	0.13	0.12	0.13	0.19	0.29	0.27	0.21	0.18	0.12
2015	0.21	0.26	0.27	0.10	0.09	0.07	0.37	0.38	0.31	0.13	0.12	0.15	0.19	0.29	0.28	0.21	0.18	0.12
2016	0.21	0.26	0.27	0.12	0.10	0.11	0.47	0.48	0.41	0.13	0.13	0.15	0.18	0.28	0.29	0.21	0.20	0.12
2017	0.23	0.27	0.29	0.09	0.09	0.10	0.37	0.39	0.30	0.12	0.13	0.13	0.13	0.24	0.28	0.20	0.19	0.12
2018	0.27	0.33	0.27	0.11	0.09	0.13	0.28	0.30	0.22	0.08	0.10	0.13	0.13	0.24	0.21	0.18	0.14	0.12

(三) 区域差异的来源与贡献率

如图4-10和表4-12所示。市场化配置程度、市场化运作程度以及市场准入程度区域差异的主要来源均为区域间差异。市场化配置区域内贡献率位于20.89%~25.86%之间，均值为23.16%；市场化运作区域内贡献率位于19.73%~25.08%之间，均值为21.9%；市场准入区域内贡献率位于22.58%~24.84%之间，均值为23.51%，因此对于区域内贡献率来说市场准入指数影响较大。市场化配置、市场化运作以及市场准入区域间贡献率依次位于57.05%~73.77%、67.83%~73.18%、49.69%~58.92%之间，均值依次为65.8%、70.58%、56.04%，市场化运作指数差异是区域间差异的主要来源。市场化配置、市场化运作以及市场准入超变密度贡献率依次位于9.63%~17.09%、5.66%~9.42%、17.81%~25.46%之间，均值依次是11.03%、7.52%、20.45%，市场准入指数差异是超变密度差异的主要来源。

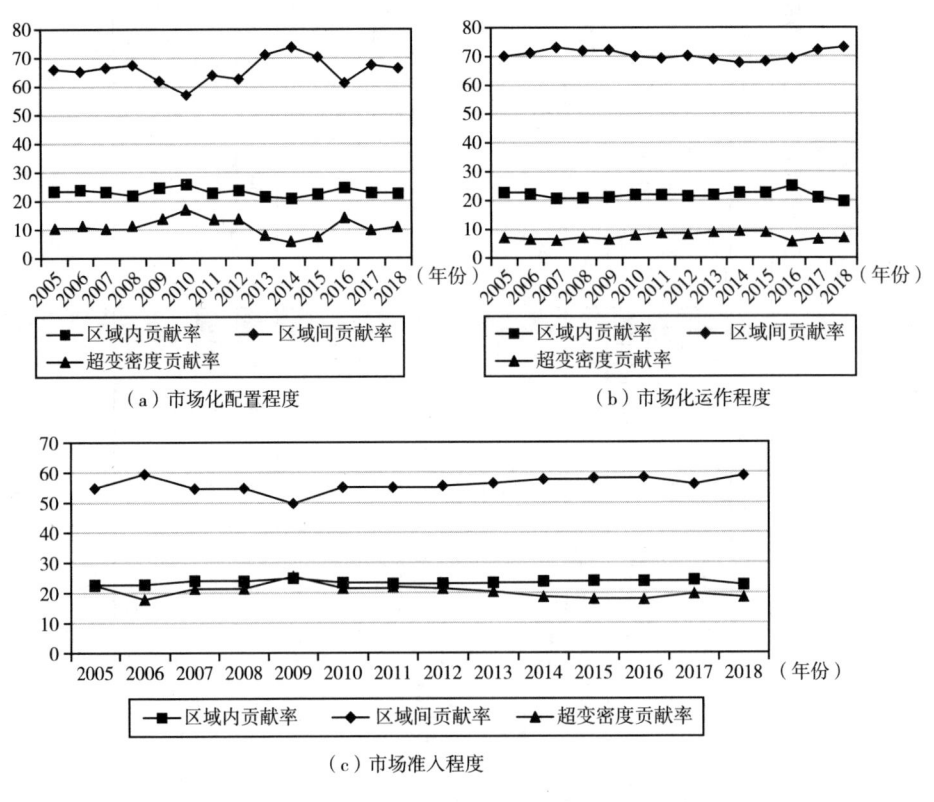

图4-10 三个子系统区域差异来源及贡献率

表 4-12　　　　　　　三个子系统区域差异来源及贡献率　　　　　　单位:%

年份	市场化配置程度 区域内贡献率	市场化配置程度 区域间贡献率	市场化配置程度 超变密度贡献率	市场化运作程度 区域内贡献率	市场化运作程度 区域间贡献率	市场化运作程度 超变密度贡献率	市场准入程度 区域内贡献率	市场准入程度 区域间贡献率	市场准入程度 超变密度贡献率
2005	23.387	65.985	10.628	22.801	70.085	7.114	22.690	54.822	22.488
2006	23.880	65.234	10.885	22.229	71.246	6.525	22.713	59.457	17.830
2007	23.209	66.586	10.205	20.738	73.113	6.149	23.996	54.642	21.362
2008	21.873	67.471	10.656	20.870	72.007	7.123	23.855	54.767	21.378
2009	24.616	61.919	13.465	21.191	72.308	6.501	24.842	49.698	25.461
2010	25.855	57.054	17.090	22.024	69.997	7.979	23.362	55.112	21.527
2011	22.806	63.953	13.240	21.926	69.363	8.711	23.002	55.042	21.956
2012	23.738	62.652	13.610	21.503	70.225	8.272	23.082	55.523	21.395
2013	21.522	71.108	7.370	21.971	69.024	9.005	23.297	56.371	20.332
2014	20.895	73.767	5.339	22.747	67.834	9.419	23.742	57.621	18.637
2015	22.406	70.284	7.309	22.684	68.304	9.012	23.923	58.103	17.973
2016	24.651	61.281	14.067	25.081	69.256	5.662	23.841	58.347	17.813
2017	22.848	67.520	9.633	21.058	72.283	6.659	24.251	56.078	19.671
2018	22.576	66.398	11.025	19.729	73.182	7.090	22.585	58.918	18.497

第五节　要素市场化配置程度的分布动态及演进

为了更加深入地分析全国和四大区域要素市场化配置程度发展的绝对差异特征，本节运用核密度通过三维立体要素市场化配置的分布图来分析我国及其四大区域要素市场化配置水平的绝对差异、绝对差异变动趋势、延展性以及极化趋势。图 4-11～图 4-13 描述的是全国、四大区域以及三个子系统的要素市场化配置指数的分布动态。

一、研究方法

核密度估计是运用连续密度曲线对随机变量的概率密度进行估计，与其他估计相比其模型依赖性较弱并且稳健性较强。假设 $f(x)$ 是随机变量 x 的密度函数，如式（4-10）所示：

$$f(x) = \frac{1}{Nh}\sum_{i=1}^{N} K\left(\frac{X_i - \bar{x}}{h}\right) \qquad (4-10)$$

其中，N 为观测值的总数，X_i 代表具有独立同分布特性的观测值，$\bar{x}$ 表示全部观测值均值，$K(x)$ 为核密度函数，如式（4-11），h 为宽带，如若宽带越大，表现为密度函数图像越光滑，说明估计的精确度越低，相反，若宽带越小，密度函数越不光滑，其精确度越高。本章运用的高斯核对全国和四大地区要素市场化配置的动态演进进行估计。

$$K(x) = \frac{1}{\sqrt{2\pi}}\exp\left(-\frac{x^2}{2}\right) \qquad (4-11)$$

二、中国要素市场化配置程度的分布动态及演进

根据图4-11，全国要素市场化程度水平不断提高，绝对差异呈现较小的扩大趋势，分布曲线呈现右拖尾但延展性较差，全国各省份同向发展。从波峰的移动来看，全国要素市场化配置水平分布曲线主峰位置右移，在样本

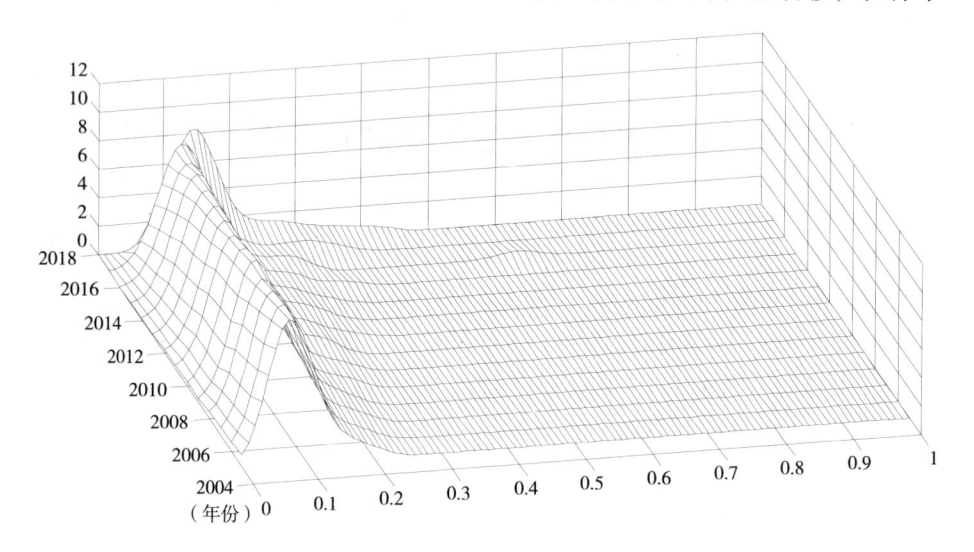

图4-11 全国要素市场化配置程度综合指数的分布动态

期内经历"右移—左移—右移"的过程,最终表现为右移,说明全国要素市场化配置水平不断提升。总体上来看,要素市场化配置综合指数的绝对差异呈现不太明显的扩大势态。样本观测期内,要素市场化配置水平分布的主峰高度经历"上升—下降"的波动、宽度增大,整体表现为高度下降,宽度变大的态势,要素市场化配置水平较高的省份与要素市场化配置水平较低的省份之间的差距增大,这意味着全国要素市场化发展的绝对差异有扩大的趋势;分布曲线呈右拖尾现象,且延展拓宽后变窄,说明存在要素市场化水平较高的省份;只存在一个主峰,没有出现极化现象,说明全国各省份要素市场化水平基本同步发展。

三、四大区域要素市场化配置程度的分布动态及演进

(a)东部地区。根据图4-12(a),从波峰的移动来看,东部地区要素市场化配置水平分布曲线主峰位置右移,在样本期内经历"右移—左移—右移"波动,总体变现为右移,说明东部地区要素市场化水平有所提高;要素市场化配置综合指数的绝对差异没有明显的扩大势态,2005~2017年要素市场化配置综合指数分布的主峰高度持续下降、宽度持续增大,说明区域发展不均衡正在加大,但是2017~2018年主峰高度上升、宽度收窄,说明这两年要素市场化发展水平绝对差异缩小,总体表现为绝对差异不变;分布曲线呈现右拖尾现象但延展性较差。(b)中部地区。从波峰的移动来看,全国要素市场化配置水平分布曲线主峰位置持续右移,说明中部地区要素市场化水平持续提高;主峰高度不断提高,宽度收窄,无明显拖尾现象,说明中部地区区域发展较为均衡,差距正在缩小;只有一个主峰,没有极化现象。(c)西部地区。西部地区要素市场化配置水平分布曲线主峰变动为"右移—左移—右移",总体趋势右移,高度呈现"下降—上升—下降"波动,总体表现为升高,分布曲线右拖尾现象不明显,说明西部地区要素市场化配置水平不断提高,且绝对差异总体具有缩小的趋势,无极化现象。(d)东北地区。东北地区要素市场化配置分布曲线主峰持续右移,个别年份2010年和2013年出现下降,但下降幅度较小;主峰高度呈现"上升—下降"趋势,总体表现下降;右拖尾现象不明显,因此东北地区要素市场化配置水平不断提升,且绝对差异有缩小的趋势,无极化现象。

(a) 东部地区

(b) 中部地区

(c) 西部地区

(d) 东北地区

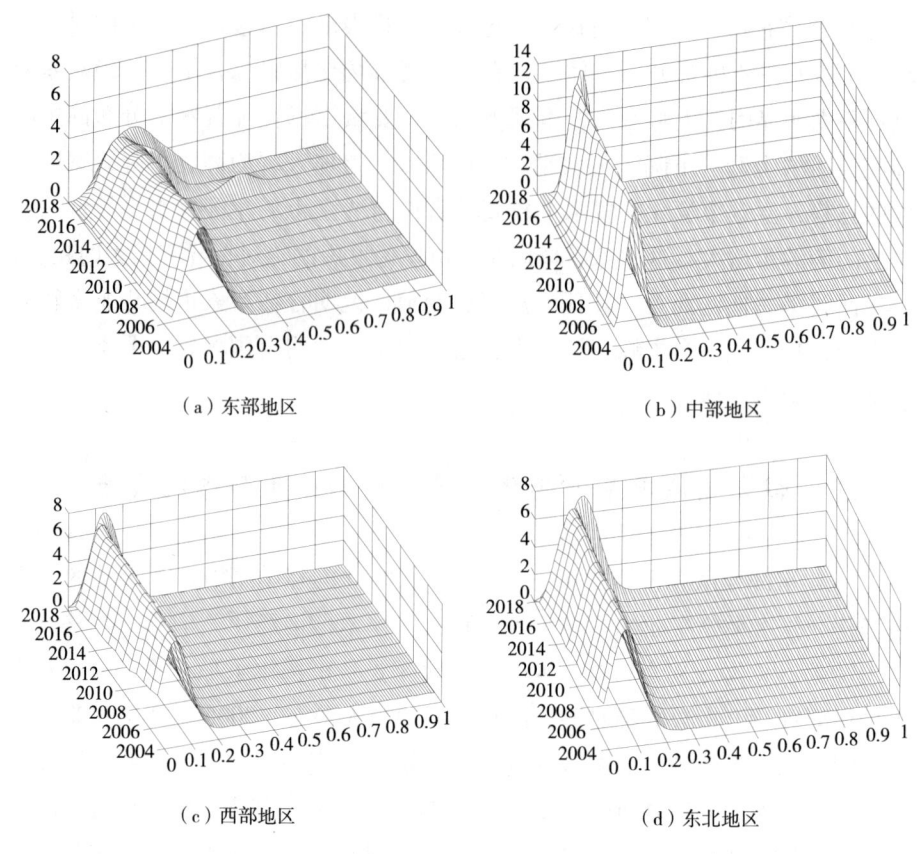

图 4-12 四大区域要素市场化配置程度综合指数的分布动态

四、三大子系统指数的分布动态及演进

图 4-13 为三大子系统绝对差异、绝对差异变动趋势、延展性以及极化趋势。(a) 市场化配置程度。从波峰上看，如图 4-13 (a) 所示，市场化配置指数波峰持续右移，表现为市场化配置水平的不断提高；主峰的高度呈现"上升—下降—上升"势态，但总体为上升趋势，说明其绝对差异扩大；右拖尾延展拓宽，无极化现象。(b) 市场化运作水平的波峰呈现"右移—左移—右移"的态势，在样本期内总体表现为右移；主峰高度表现"上升—下降"趋势，最终有小幅度下降；右拖尾且延展性呈收敛趋势，说明市场化运作水平不断提高，绝对差异有缩小趋势，存在市场化运作水平较高的省市，无极化现象。(c) 市场准入水平的波峰呈现"右移—左移"的态势，总体右

移；主峰高度经历"下降—上升—下降"趋势，总体上升；曲线分布右移且延展性较差，呈收敛趋势，有明显的极化现象，说明市场准入水平不断提高，绝对差异有扩大趋势，其发展呈现"百花齐放"的现象。

(a) 市场化配置程度

(b) 市场化运作程度

(c) 市场准入程度

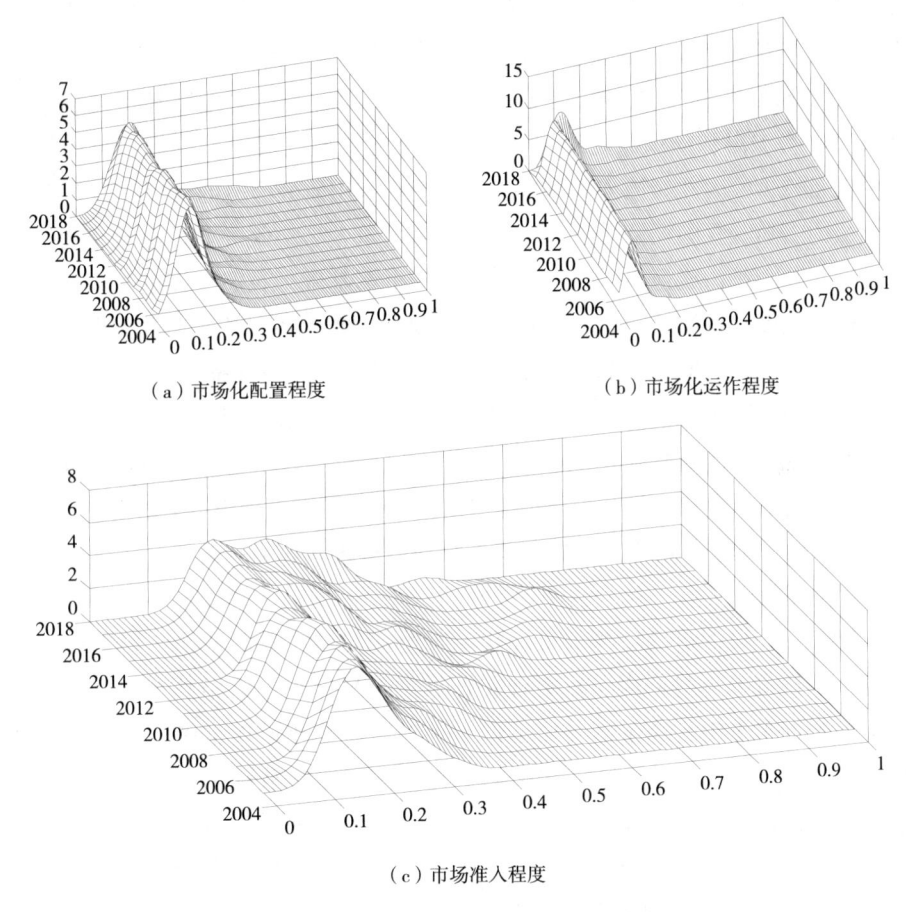

图 4-13　三个子系统指数的分布动态

综上所述，为提高中国要素市场化配置水平提出以下建议：

第一，中国要素市场化配置水平较低，应进一步减少政府在要素配置中的直接作用。要素市场化水平与经济发展水平严重不协调，说明在中国大部分地区要素均是由政府配置，鲜有要素由市场化配置。如何更好发挥政府作用，《意见》进一步明确了，完善政府调节与监管，推动政府定价机制由制定具体价格水平向制定定价规则转变。政府应做到：强化竞争政策基础地位、深化供给侧结构性改革，转变政府职能，从直接干预市场向维护市场秩序转变以及不进行不当干预，凡是能由市场形成价格的都要交给市场。

第二，依据要素市场化配置水平三个子系统的发展表现，应补齐短板，继续提高要素市场化配置水平。2018年三大子系统指数从大到小依次为市场准入指数、市场化配置指数、市场运作指数。市场化运作程度最低，成为提高要素市场化配置水平的短板，提高要素市场化运作指数要从以下方面入手：（1）调整研发经费支出结构，鼓励技术创新。研究与试验发展经费支出中基础研究经费支出和应用研究支出比例远远低于试验发展经费支出，导致我国自主创新较少，因此应该加大基础研究经费和应用研究经费的支出。（2）优化产业结构。随着我国经济从高速增长转向高质量发展，服务业逐渐成长为国民经济第一大产业，成为中国经济稳定增长的重要基础。我们应该进一步优化产业结构，积极发展第三产业。（3）提高全要素生产效率。党的十九大报告指出"我国经济已由高速增长阶段转向高质量发展阶段，正处在转变发展方式、优化经济结构、转换增长动力的攻关期，致力于推动经济发展质量变革、效率变革、动力变革，提高全要素生产率"。提高全要素生产率实际上是一种资源配置效率，资源配置效率提高，全要素生产率随之提高。（4）加大对外开放强度。一方面，引进外商直接投资，扩大对外直接投资，另一方面，扩大贸易规模，提高贸易的质量。

第三，积极促进区域要素市场化配置协调发展。我国各地区要素市场化配置水平具有一定的差距。前文研究表明，（1）市场准入指数在四个地区要素市场配置水平中均高于市场化运作水平，而市场化运作水平均高于市场化配置水平，因此四个地区均应将提高市场化配置水平放在工作之首。应建立完善的现代产权制度，保护产权，促进创新；增强地区内劳动力、资金、技术、土地甚至数据的流动，使资源得到合理有效的利用，提高全要素生产率。（2）区域间差异是我国要素市场市场化配置水平存在差异的主要来源。消除区域间差异是区域要素市场化配置协调发展与提高的重要环节。而区域间差异主要来源是东部地区与其他三个地区的差异，因此，东部地区发挥自身优势，提高自身要素市场化配置水平的同时，通过正外部性带动其他三个地区的发展；中部、西部、东北地区要重点提高市场化配置水平，在此基础上提高市场化运作以及市场准入水平。

第五章　产权保护与中国奇迹之谜的解释

第一节　产权保护的价值

从产权保护来看，当今世界有三种类型的国家，即产权保护缺乏的国家、有选择保护产权的国家和全面保护产权的国家。曾经诸如创新、资本积累等因素被认为是导致经济增长的原因，但诺思和托马斯（North & Thomas, 1973）通过对中世纪以来欧洲社会发展轨迹分析提出不同的观点。他们认为这些因素本身仍是增长的表现，并进一步指出"有效率的经济组织"才是西方世界兴起的真正原因所在，而这一有效率的经济组织发展需要依赖制度性安排，尤其是定义和执行的产权体系的建立。产权的真正目的并不是使拥有这种权利的个人或集体受益，而是使他们产生更大动力进行投资，从而催生更大规模的生产、发明和创造，或把自己财产与其他资源有效结合起来，进一步增加他们财产的价值。从某种意义上来说，这就给整个社会带来了更多的盈利。关于产权与合同权利的现有微观经济学研究文献也强调，缺乏普遍产权保护的体制在经济上缺乏效率。但是，中国在面临产权制度不完善及产权保护缺失争论的前提下，自改革开放以来迄今长期保持年均约9.4%的高速增长，显然与良好的产权保护是经济增长必须要前提的新制度经济学基本论断并不一致，由此形成了"中国之谜"这一命题，即为什么中国在较低产权保护水平下却取得了长期快速的经济增长。[①]

为什么会产生"中国之谜"命题？中国经济高速增长与产权保护之间是

---

① 根据"世界经济论坛"发布的《2019年全球竞争力报告》，中国在"产权"和"知识产权保护"这两个子指标的得分方面，在141个国家中分别排在第58位和第53位，相较于2006年第76位和第70位的排名而言取得了很大的进步。参见 World Economic Forum (2019), *Global Competitiveness Report* 2019, www.weforum.org/reports.

什么关系,是否依赖于产权保护?本章基于诺思在《制度、制度变迁与经济绩效》(1990)一书中的逻辑思路,依据制度变迁的两条路径,将产权保护理论划分为三大分析框架:(1)翁贝克—贝茨—德·索托的产权保护理论,强调非正式约束的作用;(2)卡拉布雷西—巴泽尔—波斯纳的产权保护理论,强调法律制度的作用,主要涉及经济权利和法律权利的相互关系;(3)诺思—阿西莫格鲁—奥尔森的产权保护理论,强调政治制度的作用,主要涉及产权保护的可信承诺、受限的利维坦和强化市场型政府。在综合理论分析的基础上,本章将对产权保护概念进行界定,提出产权保护依赖主体行为规范和合同执行约束这两大条件,并以此为依据,进一步对产权保护量化的演变和局限性进行分析,最终落脚到产权保护及其经济绩效,进而探讨"中国之谜"命题产生的背景和实质。

第二节　产权保护理论框架及其概念界定

一、翁贝克—贝茨—德·索托的产权保护理论

翁贝克(Umbeck,1981)、贝茨(Bates,1987)和德·索托(De Soto,2000)对产权保护理论的论述更多地强调非正式约束对产权保护的影响作用。即使在西方发达国家,正式规则尽管很重要,但可能只是社会选择乃至产权保护中较小的部分,而非正式约束在人类社会交往中的普遍存在,并且无论在短期和长期都会对人的行为产生影响。尤其是在无国家的社会中,非正式约束对秩序和凝聚力的产生以及产权保护发挥着至关重要的作用。以努埃尔人为例,假定其只能依靠自身力量保护其权利,而无法依靠任何机构保护,运用囚徒困境模型可以发现,在这样一个产权无法保障的社会中,最终结果并未达到帕累托最优,在经济上得不偿失。但令人感到困惑的是,即使在这样的社会条件下,努埃尔人通常也不存在部落内部的侵犯和掠夺,而是掠夺其他部落,其自身仍保有相对和谐的社会环境。究其原因,贝茨(1987)认为,在努埃尔人产权保护机制中,宗教和意识形态等非正规约束产生了重要影响,对本部落成员的侵犯会遭受灾难这类信仰帮助其建立起了秩序,减少了产权侵犯和暴力冲突。此外,部落内部的赔偿、世代结怨的威胁、异族通婚的习俗等非正式约束对降低产权保护成本、阻止权利侵犯发挥

了积极作用。不仅如此，非正式约束对产权保护的作用在现代经济中也普遍存在，其中例如，翁贝克（1981）通过对19世纪美国加利福尼亚州淘金热的分析，引入了强力产权概念，他指出产权保护只有在其他人遵守协议或通过武力排除他人时才会存在，从而强调了暴力威慑在产权保护中的作用。相类似地，美国沙斯塔地区农民解决家畜越界伤损害纠纷的方式并不是依赖于"依法赔偿"，而是通过非正式约束加以解决（Ellickson，1986）。因此，所有西方国家都在历史上某一时刻经历了从分散的、不正规的协定向综合的、合法所有权制度的转变。西方国家所有权制度巨大成功之处在于，他们能够逐渐地承认产生于官方法律制度之外的社会契约是法律的一个合法来源，然后又找到把这些社会契约（非正式约束）纳入法律范围的方法（德·索托，2000）。

尽管如诺思（North，1990）所除指出的，非正式约束具有重要作用外，但是除了上述非正式约束之外，还强调对资源自由使用的限制和确立排他性的产权保护机制中还应包括国家或代理机构强制实施的法律或政治制度的作用。随着社会日益复杂化，对于复杂问题处理的需要进一步催生了正式制度，其能够降低信息、监督和实施成本，通过改变个人为其信念所付出的代价来改变人们的行为选择，由此派生了由政治界定和实施的产权及其产生的个人契约。针对产权保护问题的日益复杂，如果我们处于上述无国家或无政府的社会中，所有公民必须采取行动防止侵犯和保护权利，其社会成本往往很高，会阻碍合理的劳动分工，以及限制生产性活动，不利于经济社会繁荣。因此，这需要国家或政府通过法律或政治制度发挥保护性职能，从而建立正式的财产权保护制度。这也符合现代市场经济发展和国际关系交往的趋势[①]。

二、卡拉布雷西—巴泽尔—波斯纳的产权保护理论

卡拉布雷西和梅拉米德（Calabresi & Melamed，1972）、巴泽尔（Barzel，1984）和波斯纳（Posner，1973）的产权保护理论更倾向于强调法律制度的作用。法律在决定市场运行及其范围方面发挥着重要作用，市场上交易的并非物质产权，而是权利集合，交易的内容和数量取决于个人或组织所掌握的

---

① 本章产权保护的三种理论框架并不是忽视诺思对非正式约束作用的强调，只是根据研究的需要更偏重于从正式制度方面对诺思的理论进行梳理和论述。

权利和义务，而这又依赖于法律制度。也就是说换言之，法律制度会保护产权，进而对整个经济社会发展具有重要影响。法经济学的代表人物提出了法律规则理论，即"卡—梅框架"（Calabresi & Melamed，1972）。该理论精髓在于以交易成本为基础选择规则，着眼点有别于传统行为模式，更侧重于效果模式，即当公民合法权益受到侵犯或损害时可以得到的法律救济保护程度或由此产生的法律责任，并且该框架所强调的"法律保护"对应着特定法律救济方式，也拓展了法律规则中法律救济途径。最初卡拉布雷西（1972）根据个人对法益是否能够自由转移或自愿交易，分别区分出禁易规则、财产规则和责任规则。禁易规则是指禁止或限制产权等法益的交易，目的在于防止具有明显外部性的权利变动对其他社会主体造成负面效应。财产规则是指任何人要想获得法益必须遵循自愿交易，与持有者协商一致购入，这意味着国家以法律允许和保障产权等法益自愿交易，只对其归属进行初始界定而不干预后续交易定价。这一法律规则有一定的前提，即交易成本足够低时，根据科斯定理，无论国家对产权归属初始界定如何，各方通过自愿交易最终都会实现经济效率。但现实中由于信息不完全等因素的存在，往往存在交易成本较高以致阻碍了自愿交易实现最优效率，甚至财产规则本身有阻碍公共服务事业的局限性，因此，责任规则应运而生。其主要指当事人可以通过支付客观确定的价格对持有者进行补偿，从而消灭初始界定并合理侵犯持有者法益，这意味着虽然国家对归属进行初始界定并允许私人转让，但对于因交易成本过高或难以合意的交易，可通过司法定价强制实施，其最重要的目的在于发挥财产社会效益。总而言之，如果交易成本足够小，则法律应当优先适用财产规则，反之则应当优先适用责任规则（兰德斯和波斯纳，1987）。但这一选择逻辑暗含着完全赔偿信息假设和成功交易假设，这两个假设存在较弱的现实性，因此后续研究通过放宽假设条件对该理论进行了完善，并且，随着法律条文的不断丰富，该理论框架通过引入"管制规则"和"无为规则"这些新规则类型得到了拓展和延伸。越来越多的学者也利用该理论分析产权问题，指出禁易规则可能是解决市场失灵的可行选择，其对产权的限制能够服务于特定再分配目标；而在知识产权领域，财产规则可以推动专利商业化，责任规则并不总是像财产规则的权利那样可以有效诱导和创造长期利益（Merges，1996）。随后，波斯纳（1973）进一步结合新古典分析方法和科斯社会成本思想，指出法律制度对产权保护可以为资源有效利用提供激励。通过将科斯定理引入法律市场提出，当交易成本为零及合作行为存在的情况下，产权配置不需要法律制度，经济权利可以自我实施；而交易成本大于零时，法律必须利用"模拟市场"，即法律机构应将产权赋予利用市场交易可能获得这些权利的主体，并加以保护，从而提高资源配置和使用效率，由此强调个人所掌握的权利和责任在很大程度上取决于法律制度。

巴泽尔（1984）认为权利有效性是自身实施保护、他人企图夺取和政府实施保护的函数。因此，个人实际权力大小取决于国家或政府对产权保护的程度，并且更强调法律制度保护。由此进一步将产权区分为经济权利和法律权利，前者是个体直接或间接消费资产服务的能力，后者是国家或政府通过法律赋予个人的权利，受到国家界定和同意，是"绝对的权利"，两者相互促进、相互制约，但后者在经济生活中很难完全实现甚至存在缺失。尽管在法律权利缺失情况下，经济权利也会存在个体可通过暴力等方式获取和保护经济权利，但此时经济权利是模糊的，没有法律制度界定情况下的产权保护无法降低财产中公共领域部分，也就难以提高实现经济所有权。至于法律权利很难实现的原因，巴泽尔（1984）基于"所有资产均是复杂资产"这一理论前提，强调认识水平和交易成本的存在，并依据资产属性"可变性"和"公共领域"两个重要概念。他提出有别于之前产权经济学家关于产权绝对化的论点，认为产权部分界定或不完全是常态，这并非是法律赋予不完全，而是由于高昂的界定和保护成本以及资产属性可变性，难以完全界定不同状况下资产多重属性，导致部分属性进入"公共领域"，使得个人放弃掌握部分权利，从而造成经济权利小于法律权利。因此，从经济学角度来看，产权是相对的，绝对化产权并不存在，而这一"残缺"或"相对"的产权仍然是交易者根据成本收益原则理性选择的结果。

可以看出，法律制度在产权形成和保护过程中极其重要，其可以产生约束力，确保合同和抵押协议执行，从而有助于资本市场稳定运行。并且，产权的法律权利强化所带来的效率相较于政府直接操办的效率而言更高，这也是英国比法国更早开始工业化的原因之一，如英国专利法制度的优越性相较于法国政府科技奖励制度更有利于创新来说更强。但由于各种原因，因素限制，欠发达国家产权界定和保护过程中存在法律权利缺失。具体而言，尽管欠发达国家大部分居民能掌握大量资产并创造财富，但方式存在问题。在产权界定和保护过程中的反映就是存在法律权利和经济权利不一致，主要表现在大量财产未被妥善记录以及欠发达国家法律制度并未实现惠及所有人，使得资产僵化，不能抵押和自由交易。资产难以转化为资本，从而形成了"布罗代尔钟罩",即产权的法律权利的缺失受现有法律制度造成的阻碍,欠发达国家的资本创造和转化受到了限制,经济活动被锁定在较低层次的市场经济中,要素市场化配置程度低,这与一部分经济体通过资本创造发展成布罗代尔"资本主义"形成了鲜明的对比(德·索托,2000)。

三、诺思—阿西莫格鲁—奥尔森的产权保护理论

尽管产权司法保护确实能够发挥极其重要的作用,但良好的司法保护面临较大的实施难度,需要政治制度条件,基于此,以诺思(1990)、阿西莫格鲁和罗宾逊(Acemoglu & Robinson, 2012)、奥尔森(Olson, 2000)为代表的经济学家更强调政治制度在产权保护中的作用。其中,诺思(1990)认为,尽管在发达国家存在较为完善的司法系统,使得人们相信影响结果的是法律依据,但是对于第三世界国家而言,其存在法律条例弊端和代理人行为不确定性。而国家或政府作为监督和实施产权的强制力量,由于实施费用相较于其他方式来说更低,并且随着市场扩大,其收益会更显著。因此,国家或政府在产权保护过程中可以发挥规模经济优势,达到降低成本和限制他人掠夺财产的目标。但是这其中存在所谓的"诺思悖论",即如果说在产权保护和经济发展中不能缺少国家或政府,同样,国家或政府的存在有时也会产生失灵等相反效果,由此产生了"约束统治者行为"这一关键问题。诺思和温加斯特(North & Weingast, 1989)通过研究 1688 年英国光荣革命,进一步证实产权保护、可信承诺和政治力量之间的关系。产权保护之所以能在近代西欧社会实现,正是这次革命使国王对产权保护的承诺为经济发展提供了制度基础,也就是说,这种可信承诺通过对机会主义行为和掠夺行为进行规范,促使国家伸出"援助之手",从而营造出安全投资环境。因此,国家或政府对产权保护的"可信承诺"对于持续经济增长至关重要。但这一承诺的建立依赖于一定的前提,即需要某种政治制度的设计和安排以改变政府官员激励机制,确保他们将维护公民权利作为自身利益追求。现有理论研究给承诺问题提出了两套解决方案,即坐寇制度以及有限政府制度,前者面临着现实和理论上的难题,而后者既从法律制度又从正当程序上解决了可信承诺问题。

阿西莫格鲁和罗宾逊在诺思研究的基础上进一步将制度与经济发展联系起来。他们在《国家为什么会失败》(2012)一书中指出,国家经济绩效受

制于其所采取的政治和经济制度。该研究将制度分为包容性和汲取性两种，而其理论核心就是包容性经济和政治制度与经济发展之间的关系。其中汲取性制度由少数人建立并缺乏产权保护的实施或刺激经济活动，虽然在短期能够影响经济增长，但效果并不能延续；而与汲取性制度相比，实施产权保护并营造良好环境以鼓励公平和竞争的包容性经济制度更有利于经济长期增长。并且，包容性经济和政治制度之间相互支持，其中，包容性政治制度就是强调广大群众具有政治权利、共同参与政治活动，通过社会各方制衡以实现对政治权力的监督和规范，通过多元主义方式对政治权力进行配置，能够产生一定的政治集权以确保法律和秩序制度的设计和安排，这是产权保护和市场经济等包容性经济制度的基础。随后，阿西莫格鲁和罗宾逊（2019）将"诺思悖论"拓展为"吉尔伽美什问题"（Gilgamesh problem），探讨通过何种方式能够使国家更好地发挥积极作用，重点关注了为实现经济可持续增长和繁荣应该依赖的国家类型是什么？而国家类型依据"国家能力"及"国家和社会的平衡性"两个维度可划分为四种：强国家能力及国家和社会平衡的"受限的利维坦"（shackled Leviathan）、国家能力较强和国家压制社会的"专制的利维坦"（despotic Leviathan）、弱国家能力和社会压制国家的"失踪的利维坦"（absent Leviathan）、弱国家能力和国家压制社会的"纸糊的利维坦"（paper Leviathan）。其中，受限的利维坦这一国家类型是解决上述吉尔伽美什问题的关键，而实现该国家类型的路径必须具备两大条件，即在《国家为什么会失败》中提及的包容性政治制度以及政治集权和多元主义，两者相互矛盾，但缺一不可，这一路径就是所谓的"狭窄的通道"。因此，要想推动非人际化经济活动发展，不仅需要对利维坦进行监督和规范，并依赖"红皇后效应"（Red Queen effect）以实现国家与社会不断成长并保持相互平衡（Acemoglu & Robinson，2019），而且还需要强有力的国家能力，能够打破宗教等非正式约束所形成的"规范牢笼"，以确保利维坦能够实施和支持包容性经济制度。这与奥尔森（Olson，2000）所提出的强化市场型政府概念有异曲同工之妙，即政府不仅要有足够的权力实施和保护产权，以及确保契约强制执行，而且其行为还应受到监督，不得随意剥夺或侵犯他人产权。也就是说，要想解决国家作用的"本质两难"问题，需要建立强化市场型政府。而建立强化市场型政府的关键在于，通过建立民主政体，使政府具有共容利益，让其伸出"援助之手"。但是这里所讨论的民主并不是简单地使公民拥有选举权，其本质和核心在于政治领导权是否掌握在具有共容利益的阶层手中。

由此可以强调，通过一定的政治制度设计和安排，能够对相应主体行为进行监督和规范，从而使得国家或政府将其权力用于实施和保护产权。

综合三大产权保护理论框架可以发现，非正式约束和正式制度对产权保护发挥着至关重要的作用，其中正式制度又可以进一步划分为法律和政治制度，并且在当前现代市场经济发展和国际关系日益密切的背景下，这两者在产权形成和保护过程中尤为重要。美国在1785~1862年通过立法行动打开了边疆土地大门，使其产权界定和保护建立在非人际化关系基础上，并通过经济权利和法律权利的互动不断加以完善，从而为经济社会发展奠定了基础。但拉丁美洲国家由于其政治制度的影响造成了截然不同的结果，其边疆土地更多地掌握在统治者或特权阶层手中，产权界定和保护更多建立在人情关系的基础上，使少数利益集团受益，从而不利于社会稳定和发展。因此，南北美洲不同的发展方向也印证了这一观点，上述理论框架为产权保护概念界定提供了依据。

此外，现阶段尽管产权概念尚未明确统一，但其间存在共性，即产权主体所拥有的各项权利和这些权利明确规定的经济损益以及所具备的市场可交换性三位一体。具体而言，产权是其主体获得收益的来源，产权安排在一定程度上影响着经济利益分配格局，而市场作为媒介，通过产权市场交换实现向收益的转化。同时，由于市场中财产交换多样性，伴随着市场发展和成熟以及需求延伸，所交易的特定权利也在扩展和分离，使得产权实质逐渐由最初的所有权演变到现在的权利束，并且可以分割。产权已不再是人与物之间的关系，而是人与人之间的关系，它不仅是人们对财产使用的一束权利，而且确定了人们的行为规范，是一种社会制度。产权关系既是一种社会关系，也是一种责任关系。从广义上来说，产权保护包括私人保护和公共保护两类，并且后者更强调国家或政府在其中扮演的角色。本章立足于上述三大理论框架，对产权保护进行初步界定，认为产权保护是指对权利主体与权利客体之间关系的维护，目的是使客体不受到产权拥有者之外其他第三方的侵犯和损害，在某种程度上意味着存在承认个人财产超过公共财产的社会习俗规范，更重要的是需要涉及明确如何获取和使用财产的法律制度以及相应的政治制度来保护和执行权利，并且，依据"卡—梅框架"所强调的产权保护社会本位（资源社会配置的最优化）原则，其保护水平依赖于权利转让实现资源优化配置所面临的交易成本的约束。由此进一步认为，产权保护依赖两大条件，并且需要在这两个条件之间找到平衡点，即合同执行约束和主体行为规范，前者强调积极实施产权保护、维护公平公正的司法，通过法律制度保障契约合同的执行，它影响着商业交易扩展，后者则强调对政府等主体进行监督和规范，通过政治制度确保国家或政府能够伸出"援助之手"，它影响经济活动或财富积累动机。而 16~18 世纪的荷兰和英国等西欧国家正是首先具备了这两个条件，使得这些地区率先实现经济发展。基于此，不禁产生了疑问，即中国之谜命题的实质是否正是强调了不同类型的产权保护对中国长期经济发展的贡献？

第三节 产权保护量化的演变和局限

如果说产权保护所强调的是一种行为，那么产权保护程度量化正是衡量一个国家或地区对产权保护行为的名实相符度。一般而言，高保护程度国家人均收入（按购买力平价）约是低保护程度国家的两倍，并且，在知识产权保护严格的美国，其研发投资私人回报率是物质资本投资回报率的两倍多。更重要的是，产权保护会影响人们的行为，即在低保护程度国家，人们会更倾向于保护财富，而不是获取，相反，在高保护程度国家，人们会更倾向于获取财富，而不是保护，这种个人行为差异势必会造成集体经济活动差异，从而影响经济绩效。由此，产权保护量化也是衡量产权保护经济绩效的关键，但这要建立在对产权保护认识的基础上，任何单一的衡量指标不可能涵盖产权保护的所有方面。因此，本节进一步以上述三大理论分析为依据，遵循产权保护所依赖的两大条件，即主体行为规范和合同执行约束，将不同的产权保护程度衡量指标从量化视角进行比较分析，以期为相关研究的展开提供定量依据。

一、一般产权保护程度衡量指标的演变和局限

（一）基于主体行为规范的代理变量

起初诸如法治指标、政治自由和公民自由指数等被用来定量分析产权保护的效果，但这些指标都立足于广泛意义上的产权保护进行测度和分析，衡量得较为笼统。随着研究的深入，政府在产权保护中的重要作用开始凸显，其作为实施产权保护的主体，在伸出"援助之手"的同时也可能伸出"掠夺

之手"。因此,通过构建具体指标对其行为规范进行测度,能够使产权保护量化更加细化。最简单的代理变量是私营部门可获得信贷等社会资源的程度,该指标通过反映金融部门在资源配置过程中是否平等对待国有企业和非国有企业,从而表明政府保护私有产权的承诺,间接量化产权保护程度(Leblang,1996)。但最直接且最具代表性的产权保护制度衡量指标还是防止财产被政府侵害指数和对行政部门限制指数,数值越大表示产权保护程度越高。其中,防止财产被政府侵害指数来源于 Political Risk Services[①],其得分范围为 0~10;对行政部门限制指数则取自 Polity IV dataset[②],表示对政治家和政治权力精英的规范程度,得分范围是 0~7(Acemoglu & Johnson,2005)。此外,国际国家风险指南(ICRG)也基于征收风险、政府拒绝履行合同风险、法治、官僚机构素质和政府腐败 5 个指标专门评估了国家的财产和合同权利可信性和可预测性,其最大特征是衡量产权不安全而非权利分配,而该指数与商业环境风险情报(BERI)这一类似指数的高相关性也证明了其有效性。后者以 51 个国家为依据提供了官僚拖延、国有化可能、合同可执行性和基础设施质量这四个指标,这些都为量化研究提供了数据支撑。随后,杜尔涅夫(Durnev et al.,2009)正是基于上述思路,引用政治约束指数和 ICRG 指数中的"投资概况"指标,分别从政府干预风险和国家征用风险两个方面衡量了产权保护程度。

尽管采用代理指标测度产权保护程度相对简便直观,但也存在局限性,这主要体现在两个方面:首先,相关数据获取难度较大,存在部分数据缺失问题,并且对于国内学术界而言,更多的是参考其思路基础上选取合适的替代指标。因此在二次替代过程中,可能存在指标选择偏误等问题,或者对于类似问题的研究可能因为替代指标选择不同而反映出的结果有所差异。其次,这类指标测度范围较为单一,虽然能对政府产权保护行为进行评估,但是不能有效反映出各市场主体的合同执行约束以及执法和司法层面产权保护实际执行效果的信息;同时,产权保护主体虽然是政府和法院,但也不能忽视文化、历史沉淀等非正式约束对个人和企业等经济主体行为的影响,而这部分往往难以通过上述指标反映出来。

---

① 该数据库由 IRIS 中心以电子形式组织,这些数据的最初编制者是政治风险服务机构,具体参见 https://epub.prsgroup.com/products/political-risk-services。

② 该数据库可从 Inter-University Consortium for Political and Social Research 下载,具体参见 https://www.icpsr.umich.edu/web/pages/ICPSR/index.html。

（二）引入合同执行约束的评价指标

自诺思（1981）通过对国家契约理论和掠夺性理论进行区分，分析经济史的结构与变化之后，逐渐有学者认识到好的产权保护不仅需要建立相关制度规范政府等主体的行为，还需要积极实施产权保护、维护公平公正的司法，以约束合同执行，而后者也是影响个人和企业行为的关键。起初，莱布朗（Leblang，1996）认为在对经常账户交易进行管制的市场中，个人或企业等经济主体的外汇供应会有所限制，甚至面临经济交易阻碍。基于此，笔者设定政府是否对经常账户交易施加管制这一虚拟变量。该虚拟变量通过解释政府对市场交易实施监管，间接衡量产权保护程度。而克莱格（Clague et al.，1999）考虑到更好的产权保护制度，尤其体现在合同执行方面，能够推动货币使用形式复杂化，从而提出构建合同密集型货币（CIM）对产权保护程度进行量化。该指标通过非货币性货币占总货币供应量的比率计算得出，具体表达式为 $(M2-C)/M2$。其中，M2 是广义货币供应量，C 是银行外持有的货币，以此反映社会从自我执行交易中以及合同执行和产权方面密集的潜在交易中获取收益的程度。此外，由于合同执行约束势必会涉及微观主体，此时考虑产权微观主体主观感受的量化也显得非常必要和有价值，其中比较有针对性的是约翰逊等（Johnson et al.，2002）所提出的量化指标。笔者立足于所在行业公司是否对政府服务进行"法外支付"，是否对许可证进行"法外支付"，是否认为自己有可能受到某种形式的"敲竹杠"行为，是否为诸如商业登记续期和税务稽查员等特定服务进行"非正式"支付，是否可以利用法庭来强制执行与客户或供应商的协议 5 个方面设置问题，调查企业产权行为。以此为依据，将前 3 个问题的回答合并为企业产权安全指数，利用该指数与法庭执行合同有效性共同衡量产权保护程度。而目前国内学术界广泛使用的是世界银行《投资环境调查（2005）》中的数据，其主要涉及对"当公司处于商业等争议中，合同履行及其权利乃至产权得到保护的可能性"这一问题的回答，以此为依据对产权保护程度进行量化，此外还涉及诸如税费、与政府部门存在交易的天数、对法院执行合同是否有信心等方面数据。但真正意义上对产权保护制度进行明确划分的还是阿西莫格鲁和约翰逊（Acemoglu & Johnson，2005），其在产权制度衡量基础上，进一步从产权保护制度中细分出契约制度，用以衡量合同执行约束。其选用法律形式主义数据，设计了两个指标，分别衡量解决一个简单的未付款支票催收和驱逐未付款租户的案件所需正式法律程序数量。该指标数值越高意味着执行简单合同的成本越高，法院拖延时间越长，司法系统的公平和效率越低。

不难发现，上述评价指标既有客观性指标，也有主观性指标。其中主观性指标最大局限性在于可能会受结果影响，带有较强主观性，即当经济表现很好时，受评估人可能会被当前形势巧妙地诱导而在评估报告中做出好的判断，从而产生主观判断误差；此外，基于微观主体主观感受的产权指标往往通过问卷调查等方式，数据获取难度很大、覆盖面有限，即使是世界银行构建的指标也存在时间跨度较短、连续性较差的问题。在客观性指标方面，这类指标尽管避免了主观判断误差，数据获取相对简单，但是 CIM 作为基于货币的衡量指标，可能会由于通胀、利率影响而产生偏差，并且测度结果中所表现的差异不可避免地会存在与合同执行和产权安全无关部分；而依据政府是否对经常账户交易施加管制所设置的 0~1 虚拟变量在衡量产权保护程度时，往往也很难反映不同地区产权保护程度的具体差异。

（三）其他指标

由国际权威机构构建的产权指标，诸如美国传统基金会编制的经济自由指数中产权保护指标也为量化研究提供了数据支撑。此外，诺思（1990）指出制度可分为诸如法律法规和契约合同等正式制度，以及包括文化习俗等在内的非正式约束。随着新制度经济学的兴起，众多学者立足于产权保护等制度层面分析各国经济社会发展差距产生的原因，逐渐认识到不仅正式制度，并且非正式约束也发挥重要作用，尤其是文化和历史沉淀，而这方面差异在一定程度上可以追溯到不同地区市场经济发展的历史经验和受西方影响的不同程度。因此，可以依据受西方影响程度为标准构建工具变量，用以间接衡量不同国家或地区产权保护程度，例如民族语言分化和天主教徒比例、与赤道的距离、殖民者死亡率等。

综合来看，到目前为止，对于一般产权保护程度的量化，学术界还缺乏较为完备的综合性评价体系。中国产权保护立法和政策制定已渐趋完善，但实际执行还存在不足，考虑到当前两者不同步的现象，名义产权保护水平和实际产权保护水平可能不一致。同时，受文化等非正规约束的影响，不同国家和地区经济主体对产权保护的理解与尊重也存在差异。因此，在未来研究过程中，不仅要更多地关注实际执行效果的量化，还需要考虑非正规约束对产权保护程度的影响，以构建和完善综合产权保护指标体系。

二、知识产权保护程度衡量体系的演变和局限

（一）基于主体行为规范的指标体系

对知识产权保护程度衡量也可立足于相关组织或制度规定，选择单一的代理指标进行分析，主要体现在保护期限和保护范围两个方面。其中在保护期限方面，比较有代表性的是有限保护期。严格意义上的知识产权保护量化始于拉普和罗泽克（Rapp & Rozek, 1990），RR 指数立足于美国商会所设定的最低标准，从反侵权相关规定出发，将各国专利法律法规与该标准的契合度进行评价，划分为 6 个等级，并赋予相应得分：不存在知识产权法律保护为 0；法律保护不足且无盗版禁止规定为 1；法律存在严重缺陷为 2；法律虽有缺陷但其中有可执行部分为 3；法律法规总体良好为 4；与最低标准完全一致为 5。该指数存在明显问题，即简单的等级式划分使得在不同等级之间以及同一等级下的不同国家产权保护程度差异难以准确衡量和清晰界定。此外，也可以世界知识产权组织和关贸总协定有关知识产权保护规定为标准，从专利法律法规中选取保护期限、排除条款和范围条款，其中前两者依据各国专利法具体规定，后者通过对美国跨国企业主管关于"国外投资意愿是否会受到范围条款影响"进行问卷调查，分别进行评分，最后利用主成分分析法赋予权重并求和，从而得出知识产权保护程度，但其最大问题在于数据获取难度较大，无法经常性考察各国保护情况，并且部分指标主观性较强，容易出现判断误差。

（二）引入合同执行约束的评价体系

要想全面了解知识产权保护程度，不仅需要考虑组织或制度完善程度，能否规范主体行为，还需要考虑合同执行约束，甚至是实际执行效果。起初舍伍德（Sherwood, 1997）从法律可执行性（25 分）、行政管理效率（10 分）、版权立法（12 分）、专利立法（17 分）、商标立法（9 分）、商业机密保护（15 分）、动植物品种保护（6 分）、参与国际条约（6 分）以及公众保护意识（3 分）等方面进行评估并分配相应分数，通过实地调查对 18 个发展中国家知识产权保护程度进行评价。尽管这一评价体系考虑到不同形式知识

产权法律和政治制度制定情况,但其最大局限性在于权重及其分值分配依靠作者经验,带有很强主观性,难以复制和普及。相反,同期 G-P 指数(Ginarte & Park,1997)的适用性和可行性相对更强,其指标体系立足于专利法,主要涉及专利权覆盖范围、国际条约成员资格、执行机制、保护持续时间以及防止保护丧失的规定,这些一级指标下设诸多二级指标,其中对于执行机制的考察涉及诉前禁令、连带责任和举证责任倒置三个方面,数值越高表明知识产权保护越强。与之相类似的评价体系还有从客体覆盖范围、缔结国际条约、行政管理和执行四个方面,通过因子分析法对各指标赋予权重所得出的知识产权保护程度(Lesser,2001)。基于此,以 G-P 指数为依据,包含主体行为规范和合同执行约束在内的综合性评价体系逐渐形成。这一评价体系虽然考虑到合同等方面执行约束,但执行因素考察指标选择较为笼统,甚至部分指标带有很强主观性,更重要的是这些指标没有完全考虑实际执行效果,无法准确反映国家在处理合同等纠纷时的执行努力程度、效率和立场,从而可能无法准确反映国家或地区知识产权保护实际情况和动态变化。此外,G-P 指数还存在其他局限性,例如只考虑到专利,而没有考虑其他知识产权形式;以及指标时效性有待考证,尤其在国家专利法修改并未触及 G-P 指数所量化的五个方面时,可能出现测度结果不变的情况。

对于知识产权保护执行较为完善的发达国家而言,其测度结果与实际情况可能并无显著差异,但对于发展中国家而言,忽略实际执行效果的任何细微环节都可能导致上述量化所反映结果与实际情况之间存在较大差异。而知识产权保护执行效果取决于执行机构的能力和意愿,前者涉及诸如法律章程、司法制度、执法技术和行政执法机构等实际执行体系,后者则体现在执行机构是否进行相关执行活动以及具体执行程度。目前国内普遍使用的引入"实际执行效果"的综合评分法,参考了厄斯特高(Ostergard,2000)的思路,在 G-P 指数基础上进一步考虑执行效果,对知识产权保护程度量化进行改进和完善。其中,最早且最具代表性就是 HL 指数,在引用 G-P 指数基础上,将知识产权保护程度计算公式定义为 $P_A(t) = F(t) \times P_G(t)$。其中。$P_A(t)$ 代表 t 期国家知识产权保护程度,$P_G(t)$ 代表 t 期以 G-P 指数计算的知识产权立法效果,$F(t)$ 代表 t 期国家知识产权执行效果,主要从法治水平、法律体系成熟度、经济发展水平及国际组织监督和限制这四个方面计算得出,分别选择"律师占总人口比例""立法时间""人均 GDP"和"WTO 成员方"作为代理变量,指标数值范围为 0~1

（韩玉雄、李怀祖，2005）。但 HL 指数在执行效果指标选择方面存在局限性，因此，国内学者依据 HL 指数的量化思路对该方法进行了不同程度的改进。

相较于一般产权保护量化较为薄弱而言，知识产权保护程度量化发展更加迅速，目前已形成较为系统完备的综合评价体系。虽然现阶段诸如修正的 G-P 方法考虑到实际执行效果的量化，但这些改进方法仍具有进一步改进的空间。其中包括：(1) 均采取乘积形式，这种形式所得出的知识产权保护实际水平可能会存在较大数据波动；(2) 在执行效果指标选择方面，部分指标选择与 G-P 指数考虑内容有所重复，例如法律体系成熟度等方面明显包含立法层面的量化；(3) 指标选择过程中过于注重数据可得性，没有考虑到指标选择对问题解释程度如何，例如用"立法时间"衡量法律体系成熟度，这一指标可能与知识产权法的形成方式主要以移植为主并不完全契合；(4) 最重要的是，这一方法是直接对 G-P 指数的引用，只涉及专利，但知识产权形式还包括商业机密、版权及商标等多种形式，其中版权和商标在当前文化产业和服务业发展迅速的背景下，在知识产权体系中势必会发挥越来越重要的作用。同时，党的十九届四中全会也明确提出要加强企业商业机密保护，如果单纯地依赖 G-P 指数对知识产权保护程度进行量化可能会出现误差。因此，在未来研究过程中，需要逐步将其他知识产权形式纳入量化范畴，并进一步对指标体系中代理变量进行优化，使其相互之间不重叠，并在保证数据可得性基础上使代理变量能更具针对性和全面性，尽可能涵盖微观、中观和宏观不同层次的内部因素以及国际压力等外部因素。

第四节 "中国之谜"命题的实质

一、"中国之谜"命题产生的背景

现阶段，产权保护制度已成为发达国家和发展中国家之间贸易关系中最大的分歧之一，这在知识产权保护方面尤为突出。尽管随着 TRIPs 等协议的出台，使得国际产权保护差异有所降低，但尚未消失，由于这些协议往往对保护标准只设定最低门槛，加之不同国家具体执行不同，最终没有消除发达国家和发展中国家产权保护程度差异，即发展中国家产权保护程度相较于发达国家而言明显较低（Kanwar & Evenson，2009）。具体而言，发达国家或地区的新知识和新思想生产者需要依赖于完善的产权保护，通过较为严格的产权保护，将其技术优势转化成经济利益，以确保他们能够从自身研发投资和成果中获得足够收益，甚至巩固其在某些领域的垄断地位。而发展中国家和地区受制于知识积累、技术水平和研发能力的不足，对于增长和发展所需技术而言，这些发展中国家或地区几乎完全依赖发达国家。故而往往依赖相对宽松的产权保护，通过模仿等途径，对全球知识技术扩散和转移进行利用，从而实现产业升级和技术进步，并且考虑到其议价能力较低，这些国家或地区也会担心来自发达国家的创新企业利用产权保护形成的垄断势力进行剥削，因此他们不太乐意接受发达国家关于加强产权保护标准的要求（Chin & Grossman，1988）。此外，国家内部在一般产权保护和知识产权保护方面也存在一定差异，从"世界经济论坛"2019年发布的《全球竞争力报告》中的产权和知识产权分指标数据可以看出，绝大多数发达国家之间的差距并不显著，对一般产权保护和知识产权保护较为均衡，相对而言略偏重于知识产权保护；而发展中国家中很大一部分对知识产权保护相较于一般产权保护而言较弱，两者之间差距较为明显，这也是目前发展中国家在国际贸易中被发达国家所诟病的地方，具体如图5-1和图5-2所示。

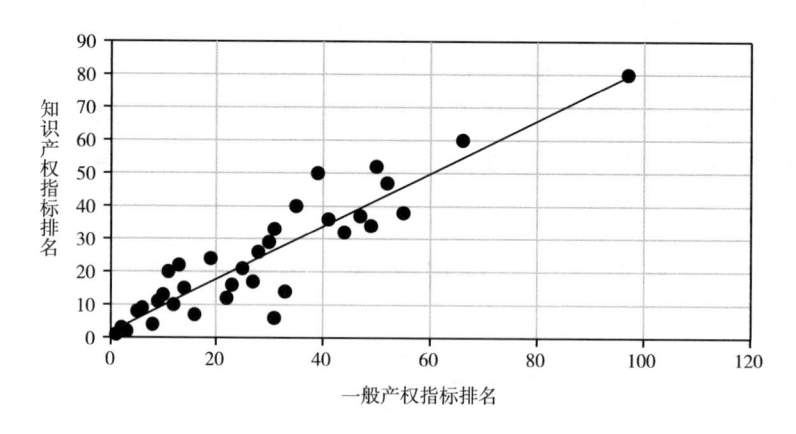

图5-1 发达国家产权保护分布特征

资料来源：World Economic Forum (2019), "Global competitiveness report 2019", www.weforum.org/reports.

中国作为目前最大的新兴经济体，其产权保护制度起步相对较晚。伴随改革开放，我国产权保护体系才逐步形成和发展，并取得显著成效。尽管如

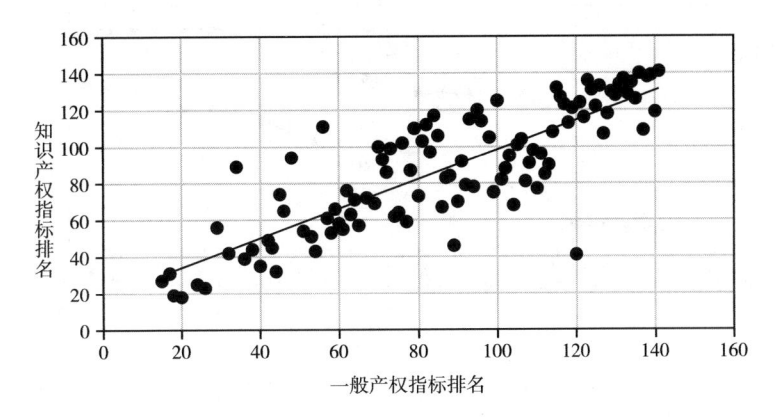

图 5-2　发展中国家产权保护分布特征

资料来源：World Economic Forum（2019），"Global competitiveness report 2019"，www.weforum.org/reports.

此，现阶段我国产权保护仍不完善，在总体上呈现出产权保护不足的问题主要涉及公权力保护不足和"三重三轻"的保护不公平等方面，尤其体现在知识产权保护制度相对年轻还不够完善。在当前国际贸易形势严峻的背景下，知识产权保护不足等问题更是逐渐显现，主要体现在：强调保护性立法，缺乏法律约束力；执行力度不足且难度较大；管理和协调效率低下。更为重要的是，中国目前产权保护相关法律制度的制定日趋完善，但是在实际执行效果方面却有待提高，这不仅造成名义保护水平与实际保护水平之间存在差距（具体见图 5-3），而且会影响产权保护经济绩效的发挥。除此之外，即使国内各地区处于统一的制度框架下，但由于不同地区在社会发展水平、政府执法态度、居民保护意识等方面存在差异，使得我国知识产权保护实际水平存在地区异质性。其空间布局上呈现出大致由西向东递增趋势，并且这一差异总体变化幅度较小。具体来看，东部沿海地区实际保护水平长期处于领先地位，而中部地区次之，西部地区则明显落后（姚利民和饶艳，2009）。而正是在这一产权保护制度相对而言并不完善的背景下，中国在 1978～2018 年的 40 年间，经济以平均每年约 9.4% 的速度增长，并一跃成为全球第二大经济体，这似乎与良好的产权保护是经济增长必须前提的新制度经济学基本论断存在某种联系，由此产生了所谓的"中国之谜"命题，使得国外部分学者将改革开放之后中国经济视为一个特例，认为产权保护所产生的经济绩效并不是中国实现长期发展的主要动力。

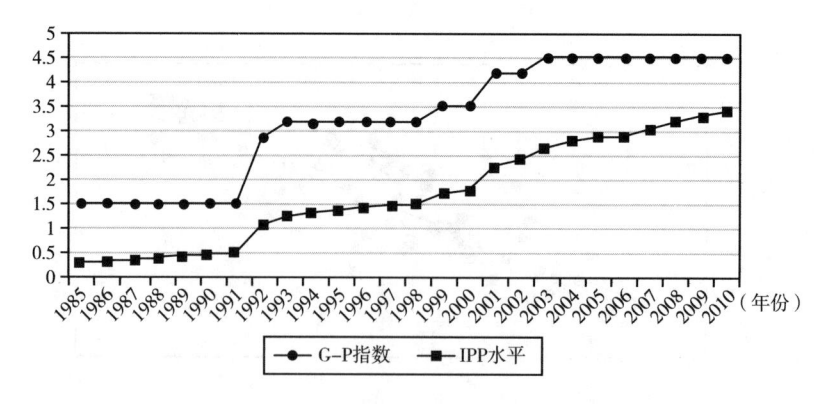

图 5-3 知识产权保护立法和执法差异

资料来源：吕敏，张亚斌（2013）.

二、"中国之谜"命题实质上是产权保护经济绩效的另一体现

产权能够影响个人经济行为，而集体经济活动作为个人行为总和，势必会受到产权保护的激励影响，从而影响经济社会绩效。因此，产权对经济增长至关重要这一观点并不陌生，基于各种量化指标的实证分析也证明，合同执行可靠性和产权安全性对经济增长具有重要作用。但基于产权保护的三大理论框架可以看出，产权保护可能存在正式制度和非正式约束两种形式的保护，两者之间密切相关，共同影响产权保护及其经济绩效的发挥。

（一）中国正式产权保护制度及其经济绩效

国家或政府作为产权正式保护的实施主体，对产权保护的功能主要体现在权利的界定和执行，其可以把产权作为公共品来执行，无差别地保护全体资产所有者的权利，不考虑特定资产所有者个人身份，也可以有选择地执行产权，只服务于某些群体资产所有者，此时产权执行就不是公共品，而属于私人品。前者为全面保护产权，后者是选择性保护产权。中国之所以呈现出数据层面上的产权"弱保护"和经济高速增长并存的局面，与当前中国普遍实施以选择性保护为主的产权制度密切相关（魏建，2010），突出体现在以政府为主的产权保护主体有针对性地进行产权改革，加强部分有助于实现其目标的产权保护，而改革开放以来中国长期的目标就是经济增长，也正是在这一长期目标影响下，形成了以 GDP 为主要指标的绩效考核体制。

此外，自 20 世纪 80 年代以来中国经济改革凸显财政包干和分权式特征，形成一种独特的"政治集权、经济分权"的中央和地方政府关系，并赋予地方政府双重任务目标。这种经济改革在造成中央和地方政府之间财权和事权不匹配的同时，也强化了地方政府作为调控主体和利益主体的双重身份，使地方政府逐渐形成自身利益体系。在这一环境下，面对有限资源，政府有很大动机利用其权力，以企业等市场主体权利进行政治保护为核心，干预资源配置，以求刺激招商引资，确保地方财政收入和经济绩效的提高，实现自身效益最大化。而诺思（1973）对产权保护的分析正是立足于激励功能和资源配置功能，即对主体行为的有效规范和合同的可靠执行能通过为个人投资资本、现有资源的创新性或更有效的组织模式提供激励。基于此，长期以来中国立足于政治制度对企业等市场主体私人产权进行针对性保护，通过减少对财产的征用，成为激励企业投融资和创业活动的充分必要条件。而在合同执行的产权保护方面，政府所伸出的"援助之手"也会对企业研发投入和创新活动产生积极效应。由于创新活动存在风险和不确定性，作为承担这些风险和不确定性的回报，从事创新活动的个人和企业必须对该活动所带来的成果掌握产权，并且也要确保所签订的合同或契约能够得到认可和承诺，否则就不能期望这些个人和企业会在未来预期收益不确定的活动中投入资金和时间。因此，长期以来中国的选择性产权保护通过促进企业研发、投融资和创业活动等途径，对经济增长产生了积极影响。

（二）中国非正式产权保护制度及其经济绩效

中国之所以呈现出数据层面上的产权"弱保护"和经济高速增长并存局面，另一个原因在于非正式约束充分发挥了产权保护的效果，而这方面因素属于通过数据"难以观测"的因素。如果说上述选择性正式产权保护是政府等主体主动推动的结果，那么非正式产权保护则可以理解为企业等市场主体主动寻求产权保护的结果，其最主要的体现就是所谓的"关系产权"，即组织的产权结构是组织与其内外部环境之间各种纽带关系的集合（周雪光，2005）。在当前中国经济发展过程中，国有企业和大型企业所具有的规模优势使得这些企业相较于中小型和非国有企业而言能够在税收优惠、财政支持等方面受到更大政策支持和保护，往往更容易获得土地、银行信贷等稀缺性资源，甚至在一些合同契约签订方面也受到更小约束。

三、产权保护经济绩效悖论——最优产权保护

产权保护存在收益和成本,其收益在于提高生产性活动和资源有效利用,增加信贷机会和投资激励,减少资源低效率竞争、寻租和"掠夺"行为,而其成本则体现在包括交易成本、实施和维持成本等货币成本,破坏原有社会保险与公平机制和使用权保障的非正式机制,甚至会引发社会不稳定等。也就是说,即使有理由相信产权保护制度可以产生足够的经济社会利益,但是在建立、实施和维护该制度过程中也会产生经济社会成本,在漫长发展过程中,没有理由始终认为在任何时期收益一定会超过成本(Trebilcock & Veel, 2008),这尤其体现在知识产权保护与经济增长的复杂关系上。对于该问题的研究一直存在着争议,有些学者主张加强知识产权保护,而另一些学者则对此表示怀疑,甚至强调降低保护程度。尤其在 TRIPs 协议发布和不断完善之后,这方面争议更多,究其原因主要是:(1)现代经济更多地由技术和知识驱动,对自身想法的需求不断增加,也希望获取这些想法的途径或方式变得更加便捷;(2)技术变革和创新使得新知识新思想更加难以保护,越来越多的人了解和掌握这些新思想,并期望通过技术使用来申请知识产权;(3)全球化使得这些新知识和新思想更容易传递到世界各地,尤其是保护较为薄弱的国家。因此,知识产权保护对经济增长的影响方向存在很大不确定性,存在诸如"市场扩张效应""市场势力效应"等作用方向完全相反的效应。

首先,加强知识产权保护可以对经济增长发挥积极效应,是经济长期发展的重要决定因素,这一论点也得到跨国数据研究的验证。这一积极效应可以通过各种福利增进渠道发挥作用,主要体现在两个方面:(1)知识产权保护在鼓励创新和技术发展方面发挥重要作用。此外,还可以奖励企业家创造和冒险精神,增加研发和投融资等生产性活动。其中,加强知识产权保护可以增加企业 R&D 投入,是激励创新的重要因素。(2)知识产权保护可以发挥"市场扩张效应",推动国际贸易和吸引 FDI,从而刺激新信息和新技术的获取和传递。加强知识产权保护不仅会增加外商直接投资的数量。也会提高其质量(Nunnenkamp & Spatz, 2003)。此外,出口商双边贸易对知识产权保护的加强有着积极反应(Awokuse & Yin, 2010),更高水平的知识产权保护有利于 OECD 国家制造业出口到发展中国家,即此时市场扩张效应相较于市

场势力效应来说占据主导地位。

其次，如果考虑到最终产品生产经验积累所带来的技术复杂性，则知识产权保护强化可能会对经济增长带来不利影响。这种消极效应主要体现在两个方面：（1）导致对技术等关键信息可得性降低，对模仿等活动产生限制，使得从事模仿行业工人面临失业。以黎巴嫩工业为例，更强的知识产权保护通过增加模仿成本，加大模仿行业压力，使敏感行业就业人数减少约5459人（Maskus，2000）。（2）支持垄断定价，发挥"市场势力效应"，不利于贸易增加和技术扩散，甚至可能会通过增加新技术使用成本将其中大部分经济租金转移到国外，知识产权保护会给予专利占有者独享技术的权利，使其获得垄断势力，从而凭借市场势力提高单位价格和减少出口（Smith，1999）。因此，对于发展中国家而言，更强的知识产权保护会产生资源浪费效应和类似模仿税的抑制效应。即通过提高模仿成本，迫使发展中国家在既定模仿成功率下投入更多资源，导致模仿强度下降，从而挤占 FDI 和导致创新收缩（Glass & Saggi，2002），这些都会产生负的经济绩效。因此，从整体层面来看，产权保护是否"越强越好"存在质疑，不能一味地认为加强产权保护会推动经济增长。受制于产权保护收益的滞后性和不确定性，某些经济体可能在短期内因为保护成本的产生而遭受净损失。

不仅如此，产权保护影响还可能因为国家或地区特征和行业差异而有所不同。（1）空间异质性。产权保护如何影响经济社会是一个复杂过程，可能会受到诸多因素影响，并且这些因素在不同国家或地区有所差异。因此，强大产权保护会对经济社会产生推动或抑制作用，究竟是何种作用方向，在一定程度上取决于国家或地区具体状况。对于不同收入水平或不同开放程度的国家或地区而言，知识产权保护可能产生异质性影响。正因为此，TRIPs 协议到目前为止仍极具争议。尽管已有一些欠发达国家希望通过加入该协议来吸引外资和促进技术转让，但在他们普遍看来，更强的产权保护并不一定符合其经济利益。这些欠发达国家认为更强的产权保护会增加技术开发和信息获取成本，其中大部分收益会转移到国外跨国公司，对本地企业创新和研发并无助益，并且这种强有力的产权保护还可能赋予外国企业垄断势力，使得本地企业向高端市场进军的空间受到挤压，从而限制市场竞争机制的发挥。（2）行业异质性。产权保护除了空间异质性影响外，由于人力资本强度、研发强度等行业特征差异，使得产权保护对不同类型行业以及不同所有制、不同竞争状态的企业存在异质性影响。具体而言，在对外贸易方面，知识产权保护可能对人力资本、技术和知识密集型行业国际贸易具有显著影响，而对劳动和资本密集型行业的影响则并不明显。这一异质性影响反映出不同行业之间模仿能力和模仿威胁的差异，也体现出不同行业"市场势力效应"和"市场扩张效应"之间作用大小的差异。很明显，人力资本、技术和知识密集型行业技术含量更高，涉及更多研发和创新，因此其受模仿威胁也相对较高，对产权保护自然更敏感。

除了国家、行业等方面特征差异造成产权保护异质性之外，产权保护制度实施效果也会受到其他因素影响。首先，产权保护制度本身存在门槛，初始水平高于这一门槛的国家或地区会收敛于高增长、强制度均衡；相反，低于门槛的国家或地区则收敛于低增长、弱制度，甚至是无增长、无制度均衡（Eicher & Garciapenalosa, 2008）。更重要的是，制度互补性意味着产权保护制度并不是独立存在的，其是否有效也取决于与其他制度的相互作用，例如与非正式约束的契合度、有效的信贷等市场制度、高质量的法律体系等的相互作用（Rapaczynski, 1996）。具体而言，只有当国家或地区创新能力和市场开放程度达到某一阈值，以及科学和基础设施达到一定程度之后，知识产权保护才会对各类经济活动乃至整体经济增长产生影响（Sweet & Maggio, 2015）。此外，创新性质及其潜在价值、人力资本和金融资本的缺乏、收入分配差距也是部分国家实施有效产权保护制度时无能为力的原因。也正因为上述因素，产权保护的程度和类型尚不存在普适性，从而阻碍了产权保护制度嫁接移植到其他国家或地区。

由此可见，产权保护及其经济绩效存在悖论，产权保护成本和收益权衡在不同国家和行业不可能完全统一，并且"一刀切"的规则在不同经济社会发展水平和阶段上并非最优。基于此，"最优产权保护假说"显得尤为重要，其强调没有一个万能的、最合适的最佳产权制度，"一刀切"地强化产权保护会忽略不同国家或行业的经济活动差异以及对保护强度的不同诉求，导致生产率或品种偏差，并且在技术存在异质性情况下，这种偏差会随时间而改变（Bondarev, 2018）。更具体地，不同类型产权保护也会对不同国家产生异质性影响，相较于专利创新保护而言，实用新型保护更有利于欠发达国家经济发展（Kim et al., 2012）。此外，差异化的产权保护制度也可以为各国提供制度套利机会，在这一制度环境下，具有紧密内部技术结构的跨国公司能够凭借自身强大的内部创新组织弥补外部保护制度不足，从而可以在确保核心知识和技术保密性的同时充分利用保护相对薄弱地区被低估的人力资本进行研发（Zhao，2016）。因此，必须根据国家或地区、行业的实际情况和特征，有针对性地确定最优产权保护水平以及适当类型的产权保护。而这一观点从某种程度上也肯定了长期以来中国实施有利于国家发展目标实现的选择性产权保护的有效性，进一步从侧面证实"中国之谜"命题实质上也是产权保护经济绩效的结果。

第六章　中国自然资源产权制度的演变

第一节　自然资源资产产权制度变革的理论解释

一、基于界定产权成本收益分析的自然资源资产排他性产权起源论

新制度经济学运用新古典理论分析了自然资源资产产权的起源。这种自然资源资产产权起源论主要通过考虑某一项资源产权界定的成本—收益变化来研究排他性产权的发展，当外部性内在化的收益大于成本时，就会产生排他性产权。此后，利贝卡普引入利益集团，拓展了制度经济学的产权起源理论，将产权起源理论一般化。

（一）诺思的自然资源资产产权起源论

诺思在分析排他性权利界定的成本—收益时，引入了人口这一外生变量。通过分析人类从远古时期狩猎和采集向定居农业演变过程中人口与资源基数之间的关系说明了排他性产权形成的原因。最初时期，自然资源基数相对于人口的需求较为充裕，对资源设置排他性产权的成本超过其可能性收益，缺乏承担界定和行使排他性资源产权费用的激励机制，自然资源是公共财产。此后人口逐渐扩大，当人口扩大到资源被充分利用的程度时，人口持续增加的压力使资源日渐稀缺，人们为占有公共财产资源而发生冲突，建立自然资源排他性产权的可能性收益上升，促进了排他性资源产权的界定。

（二）德姆塞茨的自然资源资产产权起源论

德姆塞茨在1967年发表的《关于产权的理论》一文是对自然资源资产

产权及制度起源探讨的经典之作。不同于诺思产权起源论中人口增长导致资源稀缺的分析，德姆塞茨从商业贸易活动增加导致资源稀缺的角度进行分析。同时，在他的观点中，产权的起源是一种新的产权的产生，是在旧产权的基础上产生新的产权，并不是人类第一种产权形式的产生。德姆塞茨认为，"新的产权的形成是相互联系的人们对新的收益——成本可能性要求进行调整的回应。"当共同财产资源价值增长时，更加明确界定权利的收益也会上升，将外部性内在化的收益大于成本，原有产权制度安排为适应新的市场而变革产生新的权利。他以海狸皮价值的上升促进海狸聚集地排他性权利的界定这一例子说明了其观点。

（三）利贝卡普的自然资源资产产权起源论

加里·利贝卡普在《产权的缔约分析》一书中研究了自然资源资产产权制度的形成过程。他综合了理论和历史两个方面，分析美国经济中矿产、土地、渔业、油田四个自然资源行业中产权形成的复杂性，从微观方面分析了推动产权制度建立或变化背后的参与各方以及在讨价还价中地位的决定因素和政治力量。利贝卡普在分析产权的缔约过程时主要关注"共有资源"的损失，政府或个人为减少共有资源的损失并获取预期收益而去建立或调整产权以控制资源的使用。共有资源的损失决定了界定排他性产权所能获得的收益，本质上类似于德姆塞茨对排他性产权收益的关注。在相对价格变动、生产和操作技术变化、偏好和其他政治参数变化的动态力量下，产生修改或重新安排产权的政治缔约行为，利益集团各方达成的均衡状态下的产权协议发生改变和调整。

二、阿姆拜克的自然资源资产强力产权论

除了外部性理论之外，在阿姆拜克之前，没有解释关于产权形成和初始分配问题的一般经济学理论。上述分析中由外部环境变化导致的成本收益分析仅局限于个体或小部分利益群体，然而这种情况下产生的产权一定会受到外部挑战和掠夺。因为，如果一个人剥夺他人产权的收益大于成本，他将会违背产权协议。阿姆拜克重点强调了强力在产权形成过程中的约束作用，解释了稀缺资源产权形成和初始分配的实现过程，并运用19世纪加利福尼亚淘金热案例进行了经验检验。他认为，个体或群体确保稀缺资源排他性使用的

能力，即强制性排除其他潜在竞争者的能力，是一切所有权最终得以确立的基础，决定社会财富初始分配的是强力，并不是公平。任何个体或群体，想要确保自己的稀缺资源产权，就必须具有强制性排除其他潜在竞争者的意愿和能力。

三、奥斯特罗姆的自然资源资产共有产权起源论

传统集体理论认为，自然资源等公共事物的使用者个人或个体难以组织起来就长远和公共利益采取集体行动，使用和治理公共事物需借助国家干预或产权私有方式，例如哈丁在《公地的悲剧》里，提出了政府环境管制或私有化的解决方案。奥斯特罗姆认为，上述观点建立在个体间沟通困难和个人无力改变规则的极端假设上，这一假设适用于大规模的公共事物治理情形，集体行动的成本很高，而现实环境超出假设范围，对于规模较小的公共事物治理和资源利用则完全不适用。她在《公共事物的治理之道：集体行动制度的演进》一书中研究了小规模公共池塘资源问题以及世界众多国家自然资源管理实际案例，提出了自主组织和治理公共事物的集体行动制度理论，即自主组织理论，认为一定条件下人们能够为了集体利益而自主组织起来采取集体行动，在使用者界限分明、规则受到严格监督和执行等特定条件下，社区治理的结果优于国家干预或私人产权。这一研究为自然资源资产的利用和保护提供了新的思路，为自然资源资产集体所有制提供了分析视角。

第二节 我国自然资源资产产权制度改革的历程与基本特征

一、经济体制改革与自然资源资产产权制度改革相互促进

新中国成立后，建立起自然资源公有产权制度。自然资源公有产权制度与计划经济体制相适应。改革开放以后，我国经济体制改革的目标是建立和完善社会主义市场经济体制，与此相对应，自然资源资产产权制度也发生变化，经济体制改革的目标会影响自然资源资产产权制度改革的方向与进程。我国自然资源资产产权制度的变化大致分为三个历史阶段：

第一个阶段是在新中国成立至 20 世纪 70 年代末,自然资源完全公有。自然资源产权确权根据政府行为进行,缺乏法律与行政规范依据。自然资源由国有企业实际使用,自然资源和自然资源产权的交易被禁止与限制。这一阶段政府在经济体制上的权力过分集中,自然资源完全由行政支配。这个阶段,自然资源完全公有带来的问题主要有:一是因为没有明确的产权,个人在使用自然资源过程中会作出短视的生产决策而忽略使用成本和长期投资可能性;二是产权的缺位阻碍了自然资源的交换和向更有价值的用途方面的配置,降低了自然资源的价值。计划经济体制与自然资源公有是相互联系相互制约的。

第二个阶段是 20 世纪 70 年代末至 1988 年,自然资源所有权和使用权分离且使用权不可交易。这一阶段,《中华人民共和国宪法》《中华人民共和国民法通则》的增修以及各项自然资源单行法律法规的颁布,使自然资源法律体系和产权制度逐步建立起来。这些法律法规将自然资源所有权与使用权进行分离,并规定了自然资源的开发利用产权。公有的自然资源由以往单一的国有垄断企业使用变为由单位和个人依法开发利用,土地和矿产资源等部分自然资源的使用开始有偿。这一时期即使部分自然资源有偿使用,但仍缺乏正式明确的制度规定,自然资源被无偿或低价获取。自然资源使用权无法交易,甚至有些自然资源的交易还要受到惩罚。使用权不可交易的最大问题是导致自然资源资产的低效使用,并导致大量自然资源资产的闲置。

第三个阶段是 1988 年至今,自然资源使用权可以有偿交易。1988 年《中华人民共和国宪法修正案》明确提出土地使用权可依照法律规定进行转让,标志着自然资源产权可交易的开端。同年《中华人民共和国土地管理法》的修改以及之后《城镇国有土地使用权出让和转让暂行条例》等法律的实施,使国有土地使用权可交易的产权制度正式确立起来。土地使用权交易的产权制度安排可以起到良好示范作用,推动自然资源资产产权制度改革创新。此后相继有法律规定了矿业权的出让交易、水资源使用权的可交易制度等。

19 世纪末以来,限制自然资源上的私所有权和肯定公所有权成为当代社会的新趋势,并且不断丰富自然资源国家所有权制度,公共所有权逐渐向复合权利属性的趋势发展,自然资源国家所有权公共性可以通过公法和私法路径实现。我国自然资源产权制度的变化也呈现出上述一些趋势,但由于自然资源资产产权权利分置改革与分级行使全民所有权改革的滞后,自然资源使用权可以有偿交易无论是从范围还是规模上看，都还不能满足经济发展的需要。

我国自然资源资产产权制度改革的每个历史阶段均具有特定的产权制度安排，并且与经济体制改革的步伐基本一致，经济体制改革与自然资源资产产权制度改革相互促进。总体上讲，从单一的所有权主体到国家、集体二元所有权主体，从单一的国有企业使用权主体到多元化的使用权主体，从使用权不可交易到使用权可有偿交易，中国自然资源资产产权制度变迁过程呈现出所有权和使用权分离并且使用权可交易的制度趋势。国家逐渐向社会放权、分权，突破了计划经济时代行政配置自然资源的做法，开始发挥市场在配置自然资源中的作用。自然资源资产产权制度的演进使自然资源资产价值和配置效率不断提高，加强了自然资源的节约利用和有效保护。但总的来说，自然资源资产产权制度还是适应不了市场经济决定资源配置的需要。

二、自然资源资产不断升值与自然资源资产产权制度改革滞后的矛盾推动着自然资源资产产权制度的改革与完善

德姆塞茨和利贝卡普对自然资源资产产权起源的解释都有一个共同点，那就是重视自然资源资产价值变化与产权制度变化的关系。自然资源资产价值狭义上是指自然资源资产的经济价值，是自然资源作为直接生产要素进入社会生产环节或社会流通环节的价值。自然资源资产价值广义上包括资源价值、环境价值、经济价值、生态价值、社会价值等，其中经济价值是自然资源资产价值的核心体现。我国自然资源资产产权制度变迁经历了从无价到有价、从无偿使用到有偿使用、从不能交易到能交易、从权利不能分置到能分置等的变化过程。由于自然资源供给的稀缺性，随着经济发展对自然资源需求的不断增加，其价值将不断提高。然而我国自然资源资产产权制度变迁过程较为缓慢，自然资源产权市场运行基本还停留在"公"权市场阶段，"私"权进入和交易自然资源产权仅局限于一些狭小的领域，整个自然资源产权市场尚未真正发育。

自然资源资产价值提升与现行自然资源资产产权制度不相适应产生了矛盾冲突。自然资源产权公有，缺乏具体的产权主体。自然资源产权通过层层委托代理关系下放到各地政府、部门、单位和个人。在自然资源控制权的下放过程中，由于缺乏有效合理的交换产权及保护产权主体权益的规则，而自

然资源潜在价值又巨大，相关利益主体在争夺自然资源开发权益过程中产生各种问题与矛盾，如自然资源资产"非法"使用及非正式经济的比重较高，制度性交易成本较高且寻租腐败现象严重，国有自然资源收益流失，严重降低了自然资源配置和利用效率，破坏了自然资源生态环境。自然资源资产价值提升与现行自然资源资产产权制度不相适应产生了巴泽尔困境，即在缺乏产权清晰界定并得到良好执行的产权制度时，人们必定争相攫取稀缺的经济资源和机会，个体为权利而竞争的花费在总量上经常达到或超过资产本身的价值。

这种矛盾将随着市场经济体制改革及经济高质量发展的深入变得更加突出。市场经济体制改革及经济高质量发展对自然资源资产的强烈需求使自然资源价值不断提升，更明确界定自然资源资产权利的收益也就会上升，激励着各经济主体要求界定明晰的自然资源资产产权，为自然资源的市场配置提供制度条件。

三、自上而下的自然资源资产产权制度改革的顶层设计与自下而上的自然资源资产产权制度改革相互促进

自然资源资产产权制度的改革有两种路径：一是政府主导的正式规则的立法或标准的转变，是一种自上而下的强制性制度变革；二是非正式商业规则的演化或逐步转化，引发政府主导的正式制度的变革以保障和强化已获得的经济利益，这种制度变革自下而上涌现和扩散，是一种诱致性制度变迁。通过上述自然资源资产产权制度改革的前两个特点，可以发现，我国的自然资源资产产权制度改革是中央自上而下的顶层设计与自下而上的产权制度改革相互促进的结果。

自上而下的自然资源资产产权制度改革的顶层设计是我国制度优势所在。为推动自然资源资产产权制度变革，中央出台了一系列相关文件。2013年，党的十八届三中全会通过的《中共中央关于全面深化改革若干重大问题的决定》中首次规定了要健全自然资源资产产权制度和用途管制制度。国务院2015年印发的《生态文明体制改革总体方案》再次强调了健全自然资源资产产权制度，推进生态文明建设的目标。党的十九大报告也提出了完善自然资源资产产权制度。2019年中办、国办印发的《关于统筹推进自然资源资产产权制度改革的指导意见》进一步明确了实现自然资源资产产权归属清晰、

权责明确、保护严格、流转顺畅、监管有效的改革目标。这里最重要的就是自然资源资产产权归属清晰即产权明晰，产权明晰包括产权明确、产权可自由交易、产权有保障三个方面的含义。自下而上的自然资源资产产权制度改革是我国自然资源资产产权制度改革的特色所在。我国疆域辽阔，自然资源种类丰富，多种形式的经济主体并存，导致各地的实践活动既有共性也有独特性，地理区域特征、人文环境、风俗习惯等要求在推进产权制度改革过程中必须要考虑地方非正式制度。现行自然资源产权制度存在的如前文所述的诸多问题，自下而上地推动着自然资源资产产权制度的改革与完善。

把中央自上而下的自然资源资产产权制度改革的顶层设计与自下而上的自然资源资产产权制度改革结合起来是实现自然资源资产产权制度的改革目标、建立和完善中国特色的自然资源产权制度的关键。土地等自然资源的有偿使用及转让等都与地方政府追求经济发展有关，我国自然资源资产产权制度的变革许多是与地方政府及经济主体自下而上的改革推动有关的。自然资源产权制度的缺陷使市场上产生了许多非正式经济和非法经济，如果能认清和吸收市场中关于自然资源所有权与交换中的非正式规则，将这种无意识的社会和经济实践纳入思考，这种非正式的规则将促进自然资源资产产权正式制度规则的确立和完善。如分级行使自然资源全民所有权改革的形成就是二者互动的结果，目的在于明确自然资源资产产权主体，这将是实现自然资源资产产权制度改革目标的重要举措。

中央自上而下的自然资源资产产权制度改革的顶层设计与自下而上的自然资源资产产权制度改革相互促进主要体现在自然资源资产相关法律的完善上。我国关于自然资源资产的相关法律在不断完善中。美国完善自然资源资产产权制度的经验值得借鉴，它们的自然资源产权制度改革非常强调自下而上的改革。国会通过的"优先权"法案和采矿法就是人口迁移、现行法律的不适应、不合法组织及规章制度的出现共同促使政治家变革法律的例子。德·索托在《资本的秘密》一书中提到，修正法律上的不足需要：找到真正的所有权社会契约；调整法律与这一契约相适应；研究出政治策略使这些变革成为现实。西方国家所有权制度的成功之处就在于，它们能逐渐承认官方法律制度之外的不合法社会契约，并寻找方法将其纳入合法法律范围内。我国类似于小产权房这类涉及自然资源资产产权制度改革需要亟待探讨的问题就可以参考上述经验。

四、中国特色自然资源资产产权制度体系构建与要素市场化配置体制机制的形成相互促进

中国特色自然资源资产产权制度体系的建立是要素市场化配置体制机制建立的前提。要素市场化配置实则是产权配置，要素价值实则是产权价值，产权制度和要素市场化应是一个紧密结合的有机整体。要素市场化取决于完善的产权制度和严格的产权保护，自然资源产权制度是实现自然资源资产市场化配置的核心制度。自然资源资产产权制度改革是要素市场化配置改革的重要组成部分，并且是关键的一部分。自然资源资产产权制度不改革，那么要素市场化配置的体制机制也难以建立起来。

要素市场化配置体制机制的建立将反过来不断推动自然资源资产的产权制度的完善。在中国，不同要素的市场配置程度不同，但总体上，市场配置自然资源要素的程度较低，主要依靠行政配置。这意味着中国自然资源资产产权制度体系的深化改革是以政府行政配置资源制度的退出为条件的。一些部门为了自己获得更多的权利，强调耕地资源稀缺、城乡建设规划、农业生产标准等，实质上在向计划经济复归。除了造成粮食产量的损失外，还造成这样两个问题：（1）耕地既不能规模化高效率的产出，也不能向高价值的其他作物种植配置，农民不能如荷兰从事高附加值农业那样富裕起来；（2）土地的计划配置、极低价行政征收、行政寡头垄断拍卖，更导致了地价不断推高，收入房价比扭曲，住宅建设占用平地耕地，居住楼向几十层发展，微社区、微商业、微创业、微就业和中小微企业的发展受到限制。在总体经济上形成了资金、劳动力和技术要素由市场调节配置，土地要素却由计划主导配置而相互间矛盾、冲突和摩擦的国民经济体系。这种土地要素由计划配置，而其他要素市场配置的双轨体制，与社会主义市场经济改革的大方向背道而驰。因此，要素市场化配置改革会推动我国自然资源资产产权制度的改革。

行政配置就自然资源资产产权的初始分配而言具有一定的合理性，但当前的行政配置模式表现出越来越多的不适应性，制度性交易成本也在不断增加，长远来看，不利于自然资源配置效率的提高，同时导致自然资源部门的腐败现象。当前，推动自然资源资产产权制度改革，首先需要相对稳定的所有权安排，即坚持社会主义的自然资源资产的公有制，在公有产权内部，明确国家所有与集体所有的边界。然后在此基础上实现自然资源产权利分置

和分级行使自然资源资产所有权,使市场在自然资源配置中发挥决定性作用。因此,把要素市场化配置改革与健全中国特色自然资源资产产权制度体系结合起来,既是对我国要素市场化改革的拓展与深化,也是我国自然资源资产产权制度的发展方向。

第三节 自然资源资产产权制度改革的制度效应

自然资源资产产权制度的不断改革会产生相应的制度效应,制度的变革会改变经济主体的行为,我们还难以对制度变革所引起的经济绩效作出定量分析,本节从4个方面定性分析自然资源资产产权的制度效应。

从理论上讲,自然资源资产产权具有排他性、可交易性、可分解性、安全性等属性。这些属性都建立在自然资源资产产权明晰基础上。自然资源资产产权属性越完备,其产权制度就越有效率,制度效应越能有效发挥。产权可以减少不确定性,使外部性内部化,发挥激励、约束和资源配置等功能。自然资源资产产权由于其特殊性,可以产生如下制度效应:市场化效应、资源配置效应、资本化效应与生态化效应。这4个方面的制度效应具有内在联系。明晰的自然资源资产产权制度可以产生市场化效应,界定清晰的产权使外部性内在化,减少市场失灵现象,利用和创建自然资源市场由市场配置自然资源,同时利用市场的发现功能,可以提升开发利用自然资源的技术水平,更高效地配置和使用自然资源。自然资源产权的市场化交易可以提高自然资源资产的价值和收益,推动自然资源资产资本化,自然资源资产资本化收益反过来又可以治理自然资源生态环境,实现自然资源生态服务价值,保护自然资源和生态环境。

完备有效的自然资源资产产权制度应具有上述自然资源资产产权基本属性和制度效应。判断自然资源资产产权的完备性及其所产生的制度效应,是自然资源资产产权制度改革和创新的基础。不断调整自然资源资产产权安排或产权结构,可以优化自然资源资产产权制度效应,使之符合人们的价值取向和预期目标。那么当前我国自然资源资产产权制度改革取得的制度效应如何?与《意见》中提到的形成界定清晰、转让流畅、监管有效的自然资源资产产权制度、促进自然资源开发利用效率和保护力度明显提升的预期目标之间存在怎样的差距?

一、自然资源资产产权制度改革的市场化效应

产权制度是市场经济的基石。产权制度决定了什么能买，什么能卖，并产生有效的价格体系，所有的市场定价机制背后是产权。产权明晰包括产权明确、产权可自由交易、产权有保障三个方面的含义。产权明晰可以提高市场的效率。

（一）明晰的产权使外部性内在化，并减少市场失灵现象

产权明晰可以解决外部性问题。自然资源产权可以将所有者的自我利益与资源管理联系起来，激励决策者对其行为的成本和收益负责，作出有效利用自然资源和投资的决定，将外部性内在化，减少市场失灵现象。介于公有制和私有制二者之间的制度形式也可以有效率地解决外部性问题。我国大量自然资源被置于公共领域，产权主体模糊。同时，由于缺少完备的信息以及管理自然资源的激励，政府对自然资源监管效率并不高。这些都使自然资源的使用具有很大外部性，产生大量"搭便车"行为，自然资源利用低效且破坏严重。如果重新分配自然资源产权，明晰自然资源产权主体，自然资源使用者将自己承担使用自然资源的成本与收益，提高自然资源利用效率。自然资源资产的权利分置改革和分级行使全民所有权都是明晰自然资源资产产权主体的改革举措。

（二）利用和创建市场可以有效配置自然资源

利用和创建市场的行动可以将自然资源配置到价值最高的用途，提高自然资源利用效率，保护自然资源。利用市场及价格信号可以使自然资源得到有效合理的配置，一方面在自然资源使用过程中，可以减少和取消相关政府补贴，纠正补贴所造成的价格扭曲；另一方面可以通过价格信号反映"私人"和"环境"双重成本。例如，国际上一些国家减少或取消了使用水、森林等资源的补贴，更多地采用税收和使用费制度。创建市场可以有效减少自然资源使用中的市场失灵，如明确财产权，建立可交易许可证和配额等。国际上一些国家明确了土地财产权、生物物种财产权、水许可证市场、可交易捕鱼配额等。我国在众多自然资源使用中也应用了税收和使用费制度，并规定了矿业权交易、取水许可转让交易等制度，探索利用市场来优化自然资源

配置。

(三) 明晰产权可以更好地发挥市场的发现功能

自然资源资产产权明晰不仅可以鼓励具备相应能力的企业和社会资本进入自然资源开发市场,而且可以持续有效地激励人们从事经济活动和进行技术创新,更好地发挥市场的发现功能,促进自然资源的有效开发与利用,保护自然资源。

矿产资源的开发利用可以很好地说明明晰产权的市场发现功能。市场有助于探矿发现,有学者发现市场化制度通过影响矿产资源勘探支出力度而使大矿产的发现频率上升1倍多,平均使一国每年探得的大型矿产数量上升0.014。中国页岩气资源储量在全世界都排第一,具有巨大资源潜力,但是页岩气开发却进展缓慢,产量不大,其中一个重要原因就是油气开发企业壁垒。油气上游勘探开发主要依赖中石油和中石化两大企业,油气地质资料属于垄断信息,使新兴页岩气公司在油气开发竞争中处于劣势,企业成本巨大,影响勘查投入进程。而在美国,页岩气革命却比较成功,因为更多新企业可以开放地进入非常规天然气开发,加快了技术进步与油气开发。

我国自然资源资产产权制度改革市场化程度还不高,自然资源使用权交易限制较大,阻碍了自然资源的发现和使用效率的提高。大多数企业进入资源垄断性行业面临很高的壁垒,而有些国有企业则能以较低成本获取自然资源控制权,但它们缺乏改进开发利用自然资源技术的激励,导致自然资源开发利用效率低下。例如我国《物权法》和相关法规条例确定了无线电频谱资产产权的归属,但却尚未明确界定该项资源的使用、转移、分割和流动等权利。这导致中国的频谱资源财产权利质量并不高,难以在现实中实现频谱资源的市场化配置,非常不利于资源的最佳利用和技术进步。而在西方国家,频谱资源财产权利质量较高,相关拍卖和招标等市场配置和交易行为十分普遍。

二、自然资源资产产权制度改革的资源配置效应

(一) 自然资源资产产权制度的资源配置功能

自然资源资产产权具有资源配置功能。自然资源资产产权明晰,可以减少外部性,约束、规范和解决人们为争夺稀缺性自然资源而产生的相互竞争

和利益冲突,减少由于竞争秩序混乱而造成的自然资源浪费。同时,明确自然资源资产产权,可以充分发挥不同产权主体的积极能动性,激励人们进行投资和创新活动,实现自然资源的合理配置与有效利用。科斯(1974)曾言,在交易成本不为零的社会,有的产权配置会提高效率,而另一些产权配置则可能让民众陷入贫穷。

新制度经济学拓展了新古典经济学关于资源配置最优问题的讨论,将其与经济社会的激励结构联系起来,而这又是由制度及产权决定的。产权是市场经济的制度基础,私有产权赋予了人们与他人交易自身所拥有资源的权利。科斯定理表明,产权明晰可以减少交易的不确定性,降低交易成本,促进市场交易,并提升资源配置效率。在产权明晰以及完全的市场信号条件下,合理的市场价格机制使自然资源得到最佳配置与最佳利用。自然资源资产产权越明晰,自然资源的市场价值越能反映其真实价值,自然资源配置和使用效率也越高。

(二) 自然资源经济价值与配置效率不断提升

当前中国自然资源资产产权制度改革取得的资源配置效应在于自然资源资产经济价值的实现与不断提升,自然资源配置效率得到提高。

在自然资源完全公有阶段,不存在自然资源和自然资源产品的交易,自然资源不是商品,不具有自然资源价值。在此后自然资源所有权与使用权分离且使用权不可交易阶段,自然资源使用权通过行政审批方式被无偿获取,部分自然资源的使用有偿,自然资源价值有所显现。

在自然资源使用权有偿交易阶段,自然资源资产价值大幅增加。首先以土地资源为例。1988 年建立国有土地使用权交易制度之后,城市土地价值开始大幅增加。1993~2017 年国有建设用地出让情况如图 6-1 所示,其中单位面积土地收益由土地出让收入与出让面积之比计算得到。可以看到,单位面积土地收益从 2001 年之后表现出显著的增加趋势,由于在 2006 年土地出让招拍挂制度全面深化,土地收益又大幅增加。

其次以矿产资源为例。2003~2017 年,中国矿业权出让数量与收益情况如图 6-2 所示,其中探矿权与采矿权出让收益分别由探矿权出让合同金额与出让宗数之比以及采矿权出让合同金额与出让宗数之比得到。可以看出,从 2006 年全面实行矿业权有偿取得制度开始,探矿权与采矿权出让均价相比之前都有显著增加。

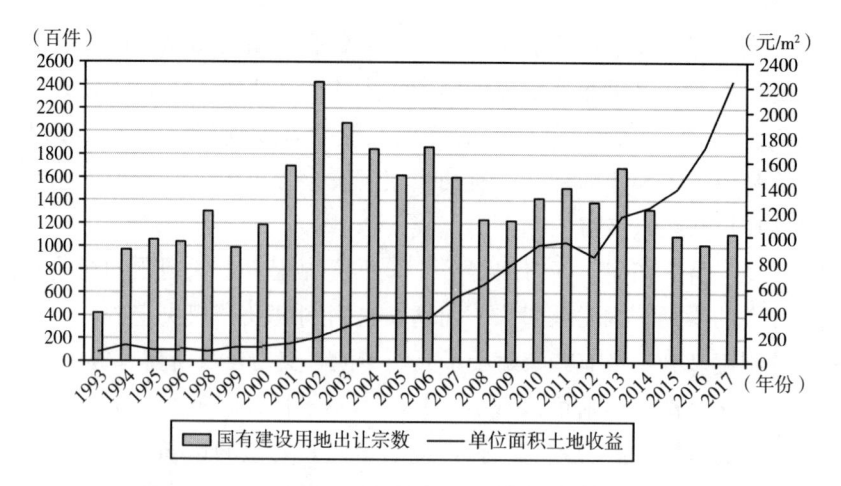

图 6-1　1993~2017 年国有建设用地出让宗数与收益

注：1997 年国务院停止经营性土地供应，此年没有数据。
资料来源：《中国国土资源年鉴》。

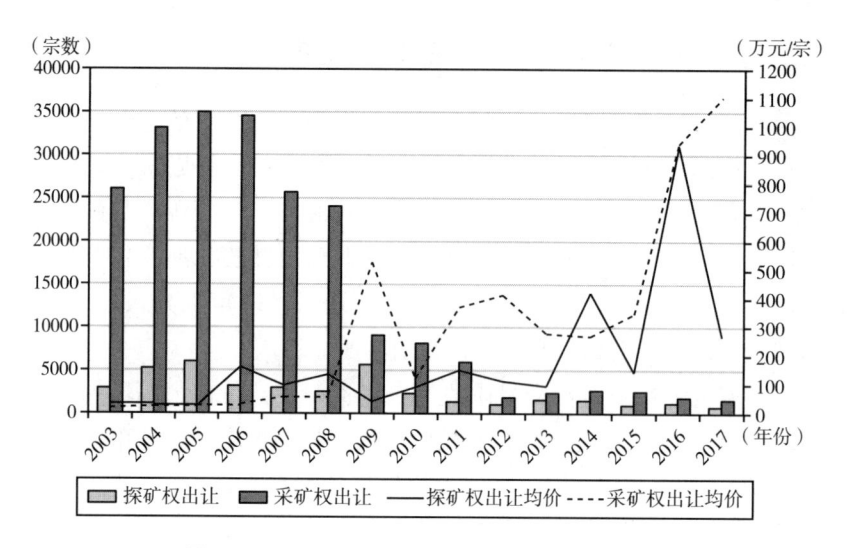

图 6-2　2003~2017 年矿业权出让宗数与收益
资料来源：《中国国土资源年鉴》。

最后以森林资源为例。根据目前可公开获得的第七次和第八次全国森林资源清查核算结果，森林资源存量中的林地林木资源物质量与价值量如表 6-1 所示。林地资产与林木资产价值的增长率远远高于林地资产实物存量与林木资产实物存量的增长率，说明森林资源中的林地资产与林木资产价值在逐渐增加。而且中国目前核算的林地价值可能低估了林地的真实价值，特别是在当前森林资源经营利用实行用途管制的背景下，林地的真实价值尚未完全体现，森林资源潜在经济价值巨大。

表 6-1　　　　　　　　　森林资源物质量与价值量变化

项目	林地林木资产总价值（万亿元）	林地资产实物存量（亿公顷）	林地资产（万亿元）	林木资产实物存量（亿立方米）	林木资产（万亿元）
第七次全国森林资源清查（2004~2008年）	14.99	3.04	5.52	145.54	9.47
第八次全国森林资源清查（2009~2013年）	21.29	3.10	7.64	160.74	13.65
增长率	42%	2.0%	38.4%	10.4%	44.1%

资料来源：中国林业网。

这一阶段，自然资源资产价值的提升表明自然资源使用权可交易制度有助于推动自然资源市场化改革，提升自然资源经济价值。而随着自然资源经济价值的提升，自然资源的配置和使用效率也得到大幅提升。以土地资源为例，农地确权可以提高农户的出租概率和土地流转量，提高土地资源的内在价值，使平均土地流转量上升将近1倍，使土地租金率大幅上升约43.3%，优化了土地配置。在中国城市建设用地的出让过程中，城市的土地产权保护传统越好，工业用地地价越高，城市建设资源利用效率也越高。

（三）自然资源配置低效问题仍存在

当前我国自然资源资产产权制度不完善，自然资源产权制度的资源配置效应尚未完全发挥，体现在自然资源行政配置与产权制度配置产生的不同效果上。

首先表现为自然资源配置效率的不同。政府过多干预自然资源配置，控制了大部分自然资源的定价，使自然资源交易价格不能真实反映自然资源资产的价值与稀缺程度，自然资源使用者缺乏经济地使用自然资源和使自然资源产出最大化的激励，甚至使用自然资源时往往超过自身实际需要，导致自然资源资产的配置和使用过程低效，自然资源生态环境破坏严重，与发达国家相比存在较大差距。

以土地、矿产和水资源为例，虽然我国土地使用权和矿产资源矿业权在特定条件下可以流转，仍缺乏进一步具体规定。土地一级市场政府高度垄断，二级市场不完善。一方面使城市土地价格和住房价格不断上涨，地方政府和开发商获取巨额利润，贫富差距不断增大；而在美国，土地资源和房地产市场较为成熟，长期看来住房价格较为稳定，波动主要来自战争和经济周期的影响。另一方面使城市建设用地和农村集体建设用地利用效率低下。1990～2018 年，全国乡村人口大量向城镇转移，乡村常住人口减少了33%（2.7 亿人），但村庄占地面积反而扩大了13%（1.5 万平方千米）。在这期间，全国人口增长了22%（2.52 亿人），而市、县、镇、村占地面积增加了65%（11 万平方千米）。同时，区域间城市建设用地配置效率低下，东部人口流入地城市受到土地资源限制，而土地价格和住房价格高企，中西部、中小城市则无效占地过多、工业园过剩、新城空置；农村集体建设用地的价值因缺乏正式的法律保障而不被合法确认与显化，导致集体建设用地开发无序混乱、配置和利用效率较低。矿产资源矿业权"招拍挂"市场交易出让制度不完善，矿业权流转受到严格限制，使矿产资源被低价、低成本获取和开发，矿业权市场混乱，矿产资源利用技术缺乏、效率低下。数据表明，中国煤矿平均资源回收率为30%，远远低于美国、加拿大、德国和澳大利亚等发达国家80%左右的回收率，严重浪费了资源。以水资源为例，现阶段我国水价定价机制不完善，缺乏市场化的定价机制，水价标准普遍偏低，研究表明，在中国市场化改革进程越快的省份，水资源配置效率越高。

其次表现为经济发展绩效的不同。自然资源作为重要的生产投入要素，其储量和利用影响地区经济发展水平，但由于产权保护程度的差异，自然资源储量丰富或贫乏并不决定地区经济社会发展水平的高低。对经济发展的历史研究也显示如此，自然资源储量丰富的南美地区在战后的经济发展中远远落后于自然资源贫乏的欧洲和东南亚地区；中国西部省份自然资源储量巨大，经济社会发展却不如储量相对较少的东部地区。不完善的自然资源资产产权制度是导致地区"资源诅咒"效应的主要原因。

三、自然资源资产产权制度改革的资本化效应

（一）自然资源资本化价值不断增加

中国自然资源的价值在相当长的时间内没有被充分认识。随着自然资源资产产权制度的不断完善，自然资源价值开始增加，并不断实现资本化。自

然资源产权界定清晰且可交易是自然资源转化为自然资源资产并实现资本化的决定性条件。

1998年国家实行住房制度改革，土地和房地产价格开始增加，土地房地产等资产实现货币化。从20世纪90年代初期到2003年，M2/GDP比重上升主要是因为原来不能交易的资产（土地、产权、房地产等）的货币化。中国在过去40年中取得的举世瞩目的经济发展成就在很大程度上归功于土地和房地产，大量资本积累来自土地和房地产行业。随着房地产价格大幅增加，居民拥有大量的房产财富，如图6-3所示城镇居民人均住宅财富[①]不断增加。

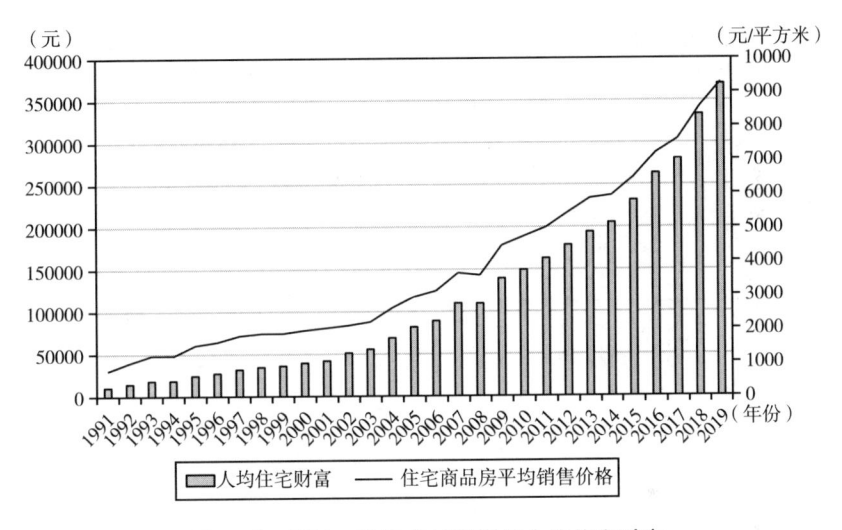

图6-3　1991~2019年城镇居民人均住宅财富

资料来源：中国经济数据库和《中国统计年鉴》。

土地资源市场化交易一方面使房地产价格升高，城镇居民房产财富不断增加，另一方面实现了土地资源的资本化增值。在土地使用权的交易流转中，居民抵押城镇土地使用权可以获得抵押贷款。土地产权权能不断提高，土地价值也不断增加，提高了土地产权作为抵押资产的抵押价值与获得的土地抵押贷款。由于缺少数据资料，仅展示了1999~2008年全国与2007~2015年84个重点城市的土地抵押情况，如图6-4和图6-5所示。可以看到，1999~2008年，尽管全国土地抵押面积变化不规则，但土地抵押价款一直在增加。

---

① 城镇居民人均住宅财富由城镇居民人均住房面积乘以住宅商品房平均销售价格计算得到。

2007~2015年，84个重点城市的土地抵押面积与土地抵押贷款也一直在增加。还有其他土地资源资本化增值的过程，如土地经营权的"资本增值"，出租土地经营权获取租金或将土地经营权入股获取红利等。

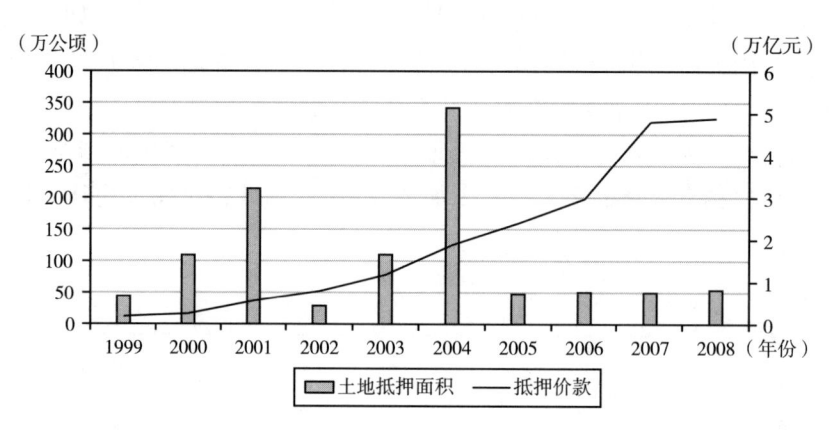

图6-4　1999~2008年全国土地抵押情况

资料来源：《中国国土资源年鉴》。

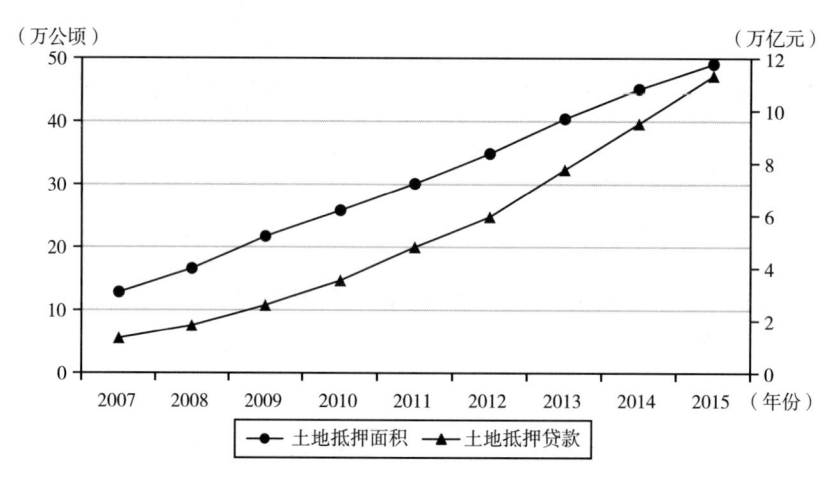

图6-5　2007~2015年84个重点城市土地抵押贷款情况

资料来源：《全国国土统计公报》。

（二）农村居民财产性收入和以地为本的创业收入增加受限，城乡收入差距较大

德·索托在《资本的秘密》一书中提到，发展中国家的绝大多数居民拥有庞大的资产，即使是在最贫穷的国家，穷人也有积蓄。但是，由于正式所

有权法律只对少数有特权的人开放,广大穷人缺乏正式所有权法律的保障,他们的资产不具有安全性,交易只限于局部的熟人圈子中,无法抵押投资,从而无法顺利转化成资本。中国自然资源资产产权制度和管理制度存在的缺陷,影响了自然资源资本化进程。

以土地资源为例。不同于城镇土地所有权,由于缺乏相应的法律保障,农民集体土地所有权属于非正式的产权,财产合法性得不到保障,长期停留在非法或非正式的低级市场交换活动中,集体土地的市场价值没有被完全实现。同时,现行《土地管理法》不允许集体建设用地抵押、融资,只有少部分集体建设用地使用权能够顺利抵押,并且从事抵押业务的金融机构是一些农村信用社和农村商业银行等地方金融机构。农村集体土地产权的非正式性与转让抵押限制性,不利于集体所有土地的流转和农村金融市场发育,导致集体建设用地利用效率低下与农民财产性收入较低,限制了农村居民资本的增加,加大了城乡居民收入差距。具体表现为以下三大问题:一是数据显示,目前中国的农村存量集体建设用地约19万平方千米,相当于城镇建设用地两倍以上,其中70%以上是宅基地,相当一部分闲置或低效使用。未来只有农村用地与国有储备土地模糊了界限,真正同权同价,同等入市招拍挂,才能盘活这天量的闲置资源,让几亿农村人口有更多的财产性收入,帮助中国构建内循环为主的新格局。二是人地资源配置低效,难以达到规模经济。中国每户农民平均拥有耕地规模是0.67公顷,从1997年至今都没变,只占世界银行"小土地所有者"标准的1/3[①]。三是我国农民缺少财产性收入和以地为本的创业收入。与日本相比,中国农民半数的收入来自农业,而日本农民只有1/5的收入来自农业,其他则是财产性收入和以地为本的创业收入。与城镇居民相比,农村居民的住宅、耕地、林地等只是生活资料,而不是有价值的资产和财富。2018年,农村户籍人口与城镇户籍人口的收入差距为1∶12,资产性财富差距为1∶18。

随着市场经济体制改革的不断深入,土地需求增加,土地资源的价值也将不断增加。在土地资源流转中产生的各种冲突与纠纷,促进了正规土地所有权的确立。正规土地所有权可以保障土地所有者权益,确保土地所有权的安全性,使土地所有权能进行抵押贷款,提高投资和生产效率。改革土地产权,尽可能松绑土地资产的交易限制以及允许集体土地能够抵押融资并能获

---

① 世界银行把户均两公顷土地以下的农户定义为小土地所有者。

得正规金融支持,都会减少交易成本,增加农村居民资本。例如,承包经营权、宅基地使用权、农村房屋等土地确权改革有效保护了农民产权,促进了土地流转,使农民收入增加。目前正在推行的农村经营性建设用地的抵押、入市等试点,也有助于农村居民资本的增加。

四、自然资源资产产权制度改革的生态化效应

(一)自然资源资产产权的生态化功能

越来越多学者专家都认识到市场化工具对于解决生态环境问题的重要作用。自然资源资产产权制度具有生态化功能,自然资源资产产权明晰能提供将外部性成本内在化的动力,解决环境保护中的责任问题,约束与激励自然资源使用者产生保护自然资源和生态环境的行为,同时自然资源资本化也可以促进自然资源的可持续利用,保护自然资源和生态环境。

自然资源产权界定清晰且可流转能直接促进自然资源和生态环境保护。在美国,政府或私人民间团体可以直接购买一定区域的自然资源或自然资源开发权,如森林、农田或水源地,通过控制私人自然资源领域的开发,将其保护或保留起来,可以减少污染和保护自然资源。同时,自然资源产权所有者会在保护自然资源和生态环境的过程中受益,促进他们更进一步的保护行为。自然资源资产产权制度可以通过自然资源资本化过程来间接促进自然资源和生态环境保护。有产权的自然资源资产进入市场流转,自然资源资产存量转变为自然资源资本增量,在资本化运作过程中实现其价值,并不断增值获取利润,得到的利润可以反过来再支持自然资源生态建设,从而形成利用和保护自然资源的良性循环。

(二)自然资源生态服务价值不断提升

自然资源生态服务价值是自然资源体现在生态环境领域的功能性价值,密切关系到人类福祉,其价值极高甚至无法计量。自然资源生态服务价值的定性、定量分析都比较困难,一直以来都没有得到充分评价,自然资源生态服务被当作免费公共服务,自然资源被过度浪费与破坏。随着中国自然资源资产产权制度的不断完善,自然资源不再被当作免费产品,其价值得到显现,生态服务价值也不断被重视起来。如水权交易、碳汇交易、商品林开发、森林旅游等市场化方式,都起到了补偿自然资源生态价值,保护自然资源的

作用。

近年来，关于自然资源生态服务价值的评估不断增多。2013 年，国家林业局对森林生态服务方面涉及的 13 项生态服务指标进行核算，评估了全国森林资源的生态服务价值。结果表明，在第八次全国森林资源清查（2009～2013 年）期间，全国森林生态服务年价值量由第七次（2004～2008 年）清查期末的 10.01 万亿元增长到 12.68 万亿元，增长了 26.7%。此次森林生态系统服务价值的核算涉及的只是在目前技术手段条件下可测量的生态服务，远远低估了实际的森林生态服务价值。

自然资源生态服务价值的量化复杂而且困难，人们普遍认为其是动态发展变化的。随着人口持续增加、社会经济发展中工业化城市化进程不断推进，自然资源生态服务的稀缺性将不断凸显，人们对自然资源生态服务的支付意愿也会提高，会形成对自然资源和生态环境保护的市场需求，生态系统服务价值将不断增长。

（三）探索更有利于生态环境保护的产权制度，进一步发挥生态化效应

目前征收的生态环境补偿费以及兴起的生态旅游经济对自然资源的生态补偿价值，都体现了自然资源的生态服务价值。然而存在许多问题，如补偿方式单一、标准较低且效率低效，远不能真正体现自然资源的稀缺性和其潜在的巨大价值，不能建立起完备的利益引导机制体系，阻碍了自然资源开发利用和生态环境保护力度的提升。对自然资源赋予产权，充分利用自然资源资产产权制度的生态化效应，可以从根本上保护自然资源和生态环境。

我国自然资源资产产权制度改革的两大方向是，一是从权利层面看，在坚持社会主义自然资源资产产权国家和集体所有制的基础上，实施权利分置改革；二是从政府层面看，分级行使自然资源全民所有权。这实质上都是在明确自然资源资产产权主体。在所有权可转移并有法律保障的前提下，明确产权主体是最有效的环保方式。国际上很多案例也可以说明，如加拿大不列颠哥伦比亚省的产权保护制度使捕捞殆尽的大比目鱼数量回升；巴西将热带雨林的小块土地分给大量农户和农场主，减少了森林砍伐率。

但并不是只有私有产权才是最好的管理自然资源的产权制度，除此之外还有其他方式。如政府管制，对自然资源赋予公共所有权，让政府发挥作用解决环境问题。还有共有产权制度，由部分人或集体所有，具有排他性特征。一定条件下人们能够为了集体利益而自主组织起来采取集体行动，其结果优于国家干预或私人产权。在瑞士、日本和西班牙的一些地区，对土地、草场、水体等自然资源均实行共有产权制度。还有英格兰、南美安第斯山脉的共有田野农业及土耳其的共有渔业资源。

自然资源不仅具有重要的经济价值，其生态服务价值也尤为重要。在当前的经济发展背景下，必须重视平衡经济增长与资源保护的关系。通过构建公有制下的自然资源资产权"双分"（权利分置和分级）自然资源的管理体制，可以使市场决定资源配置和更好地发挥政府的作用在自然资源资产管理体制中充分体现出来，从而强化自然资源整体保护、促进自然资源资产集约开发利用及推动自然生态空间系统修复和合理补偿。

第四节　深化我国自然资源资产产权制度改革

由前述分析可知，我国的自然资源资产产权制度仍不够完善，自然资源要素市场改革滞后于经济发展的需求，不能准确反映出自然资源的稀缺性和潜在巨大价值，自然资源配置和利用效率、社会福利以及生态环境保护程度与预期目标之间存在较大差距。根据上述分析，就我国自然资源资产产权制度改革的深化提出如下对策建议：

一、将坚持社会主义经济制度与遵循自然资源资产产权演变的本身规律结合起来

中国特色自然资源资产产权制度是社会主义经济制度的重要组成部分，也是社会主义政治经济学要重点研究的问题。自然资源资产产权制度演变自身存在规律，经济学家们、法学家们也在不断探讨，本章梳理的理论界关于自然资源资产产权制度的三大理论解释对于我们认识自然资源资产产权演变的规律具有启示意义。

我国自然资源资产产权制度的改革是两大矛盾作用的产物。一是既要坚持自然资源资产公有制，又必须明晰自然资源资产产权，这是新时代中国自然资源资产产权制度改革中的基本矛盾。二是自然资源资产价值不断上升与产权制度改革滞后的矛盾。前者是我国自然资源资产产权制度的特色，而后者是我国自然资源资产产权制度变革的内在动力。要研究如何藏富于民，就

要赋予居民以资产并予以产权保护。村集体的用地、农民的旧宅能否在市场上交换，居民包括房产在内的财产能否得到永久承认，垄断的市场、土地及金融等要素能否对内开放、让利于民，这些才是内循环理应带来突破性变革的领域，也是对抗外部世界的基础性力量——倘若修昔底德陷阱已经无从避免。健全中国特色自然资源资产产权制度体系与构建更加完善的要素市场化配置体制机制结合起来将大大地释放红利。

自然资源资产产权制度改革应根据各类自然资源自身特性界定相应的产权权能界限，私人拥有并不一定会比政府所有效率高。自然资源种类丰富，它们在数量、价值、功能、开采等特性上存在巨大差异，因此需要根据各类资源的不同属性界定相应的产权权能界限。界定自然资源产权的演进过程取决于自然资源的净价值（净租），即自然资源对特定个人（潜在寻租者）的价值减去攫取自然资源所需的成本（寻租成本）。也就是说，自然资源产权缔约行为取决于减少共有自然资源损失而获得的收益，产权合同缔约的成本。以及确定和巩固产权的成本。因此，私人拥有并不一定比政府所有效率高。如果测量和监督成本很高，超过评估的价值时，自然资源就会被置于公共领域，成为共同财产。若共同财产的利用受到限制，就能更好地界定权利。界定和实施自然资源产权的成本与自然资源物理特征和自然资源价值有关。如果自然资源是稳定、可观察的，自然资源产权的监管和实施成本就较低，例如表层矿藏、牧场、土地、林地等自然资源，个人产权界限的清晰界定就较为容易，可以试行多元所有权体系，对自然资源产权进行有偿分割或组合出让，以减少自然资源共有损失，实现不同产权主体权益。如果自然资源是流动性强且不易观察的，监督和实施自然资源产权的成本就高，可以采取公有的产权安排。除此之外，对于商业性自然资源，也可以试行多元所有权体系；而公益性自然资源如生态公益林、草原等应采取公有和公共管理的产权制度。

二、健全中国特色的"一公两分"的自然资源产权制度

在习近平新时代中国特色社会主义思想及习近平生态文明思想的指导下，应不断完善自然资源资产产权制度体系，构建公有制下的"双分"自然资源管理体制，这也是中国特色自然资源资产产权制度体系的特征。自然资源资产产权制度改革就是要解决两大问题，一是解决巴泽尔困境。二是建立公有制下的"双分"自然资源产权制度体系。自然资源资产产权制度的真正目

的，不只是使产权主体收益，更重要的是激励产权主体进行更大规模的投资、生产和创新，进一步增加财富，给社会带来更多盈利。

资源配置的背后是权利和权力的配置问题，研究这一问题对于现阶段转轨时期的中国具有重大意义。公有制下的"双分"自然资源产权制度是我国自然资源资产产权制度改革的目标模式。为此，一方面，实施社会主义公有制基础上的自然资源资产权利分置改革。权利分置改革的制度效应将会不断释放出来，如：（1）"三权"分置改革对土地财产权属性的强化大大提升了农民收入水平；（2）明晰土地财产权主体有效破解了农村集体产权虚置难题；（3）对土地财产权的保障与限制使得农民的权益得到更充分的保障；（4）界定土地财产权的产权边界促进了农村土地流转；（5）积极推进农村土地"三权"分置改革让农民拥有更多的获得感。另一方面，实施自然资源资产分级行使所有权的改革。坚持编制自然资源清单是基础、建立健全管理体制是保障、建立收益分配机制和财政支出责任体系是核心的基本思想，牢牢把握分级行使所有权的三大原则：第一，坚持国家安全至上原则，事关国家经济安全、国防安全和生态安全的自然资源资产所有权由中央政府直接行使；第二，坚持简政放权原则，充分发挥中央和地方的积极性；第三，坚持责权利相统一原则，实现保护事权与财政支出相对等。立足于公益性资产和经营性资产动态分类调整机制，从加快编制分级行使全民所有自然资源清单、健全和完善自然资源资产管理体制、建立健全自然资源资产收益分配机制和财政支出责任体系等方面，探讨分级行使全民所有自然资源资产所有权体制的实现路径，并在此基础上分析其中可能面临的重难点问题和障碍，把握这一产权行使机制的实施条件和基本着力点，为完善我国自然资源资产产权行使机制，构建符合要求的自然资源资产产权制度体系提供指导。

第二篇

产业发展与制度变迁

第七章 为什么"三农"问题还是问题

第一节 "三农"问题是我国城镇化滞后造成的

中国"三农"问题实际上是城市化滞后造成的。而城市化滞后实际上是人的城市化滞后,也就是进城的农民由于制度方面的原因被延滞下来。我国城乡经济上的失衡主要表现为城乡收入差距较大。现在的土地制度、户籍制度及限制农民进城的制度是"三农"问题的根源。现在中央出台的不少农村改革建议也主要是围绕这三方面来进行的。

我国城镇化率到底是多少?一是从国与国之间的比较来看,我国城镇化率为58.5%,而高收入国家城市化率平均为84%,中等偏上收入国家的平均城市化率是65%。[1] 二是从统计上两个城镇化率指标来看,一个是常住人口城镇化率,现在已经接近60%了。另一个是户籍人口城镇化率,现在只有42%。[2] 以常住人口定义的城镇化率与以户籍人口定义的城镇化率的差距,2012年就达到17.3个百分点(《国家新型城镇化规划2014—2020》),这反映的是农民工进城居住就业而没有获得户籍身份。三是从人均GDP来看,中国目前的城市化尚不足60%,而以中国现在的人均GDP水平,国际上平均的城市化率在70%以上。这些数据表明对人口流动和迁移的限制,使中国城市化水平滞后于国际一般标准。路易斯(Lewis)认为,很少有国家在实现60%的城镇化率之前达到人均收入10000美元。[3]

蔡昉从退出—流动及进入三个视角分析了土地产权制度、户籍制度及城市就业制度对农民进城的影响。首先从退出角度来看,我国实行家庭承包责

---

[1] 中国经济时报,中国应打破城市化速度制约,https:///www.sohu.com/a/256374916_115495.
[2] 定军,人口城镇化率逼近60%,https://www.sohu.com/a/298370241_ 115124.
[3] 迈克尔·斯彭斯等. 城镇化与增长[M]. 陈新译. 北京:中国人民大学出版社,2016:3.

任制以后，劳动力过剩显露出来，于是农民就开始寻求外出打工挣钱。但是现行的土地产权制度不利于土地流转、土地集中及农民进城。其次从流动角度来看，现在农民工进城市可以到许多行业打工，这是一种横向流动。但是农民工很难在一个企业中上升到高层管理者，或者很难获得城市户口像城市居民一样生活。也就是农民工还做不到纵向流动。最后从进入角度来看，现在农民工统计上把被计入城镇常住人口，但是他们不能获得城市居民享受到的基本公共服务和社会保障。[①]

我国农民大多数从形式上讲进城了，但他们并没有市民化，是农民工。从这张图大家也可以看到，"我国现在的58.5%城镇常住人口中，大约有20%是由农民工构成的。在大概4亿多城镇就业人口总量中，接近40%是农民工。据国家统计局2011年的公报，全国人户分离的人口为2.71亿人，其中流动人口为2.30亿人。以打工和其他目的进城逗留，时间超过半年，但并未取得本地户口的农民工约有2亿人，相当于中国总人口的14%。学术界据此认为中国的真实城市化率应该扣除36%左右的农民工份额"[②]。

在我国城市化过程中，由于受到以下不利因素的影响，导致我国城市化滞后：

第一，对城市化及价值认识不足。（1）城市化是现代化经济体系的重要组成部分。一是城市化的规模报酬递增规律和集聚效应可以大幅降低现代化成本。二是城市化通过企业和人口在空间上的聚集可以分摊基础设施的巨大成本。这也是为什么非农产业只会向城市集中而不可能向农村集中的原因。我国一些地方想通过发展农村基础设施把一些产业放在农村，这不能产生集聚效应。韦伯指出，不论在印度还是在中国，城市从来没有扮演过支配性的角色。马克思把城市化的发展看作社会分工中分化最清楚的指标。[③]（2）计划经济思想一直影响着我国农村政策的制定。如把城市定位为发展工商业，而农村只能发展农业。于是，中国制定了严格的土地用途管制制度。农地要转为建设用地，既有多年的规模控制，也有年度计划控制。根据计划分配的

[①] 蔡昉. 历史瞬间和特征化事实——中国特色城市化道路及其新内涵[J]. 国际经济评论, 2018（4）：9-23, 4.

[②] 文贯中. 结构性失衡、内需不振、过时的土地制度和走出困局之路[J]. 南开经济研究, 2010（2）：17-27.

[③] 安东尼·吉登斯. 资本主义与现代社会理论——对马克思、涂尔干和韦伯著作的分析[M]. 郭忠华，潘华凌 译. 上海：上海译文出版社，2018：37.

土地资源，既缺乏效率，又不公平。如这些年中西部的许多农民到东部及沿海地方打工了，但中西部的建设用地增长反而更多。(3) 把农村与城市发展隔离开的观念，一些人总是试图用粮食安全、耕地安全，及农村工业化等问题阻止土地制度和户口制度的改革，从而阻止要素流动、特别是阻碍农村人口进城定居的制度和观念都没有及时清理。解决中国"三农"问题关键是观念与制度的问题。

第二，城市化是建立在允许农村人口自由迁徙的户籍制度，以及允许土地产权明晰和自由买卖的土地制度基础上的。城市化的过程是要素在城市与农村重新配置的过程。由于技术、劳动力价格及土地价格的变动，农村劳动力会向城市流动并变成市民，使农村人口的比重稳步下降。而留在农村的人口则会购入土地，经营规模会扩大。我国户籍制度不利于农村人口向城市流动，而土地制度则不利于城市化中农业用地与建设用地的转换及重新配置。城市化的过程，实际上是一个农业用地转变为工业用地的过程，也是一个土地价值不断上升过程。这个转换中谁决定着土地的转换以及谁从这个转换中得到好处，将决定着城市化的进程。如果城郊农民可以合法向开发商和政府提供自己的土地，就有利于抑制了城市地价和房价的快速上升。

第三，我国城市化只重视经济转型而忽视社会转型。我国城市化进程偏离了一般城市化的规律。从时间上讲，"二战"后，东亚一些国家只用 30 多年的时间便顺利完成工业化、城市化和现代化。这些国家做到了农业产值在 GDP 中的比重和农村人口占总人口的比重几乎同步快速下降，并使农村人口得以同步向城市作永久性转移。经济转型过程也是社会转型的过程。这些国家之所以在较短时间内完成工业化、城市化和现代化并实现了经济转型和社会转型的同步，就在于采用自由迁居的户口制度和自由买卖的土地制度。我国户籍制度使中国的农村人口比重没有随着农业比重的下降而同步下降，导致城乡收入差持续扩大。如"政策模拟分析显示，当户籍制度全面放开后，会有 1.64 亿新增高龄农民工进入城市，劳动力的优化配置会大幅度增加 GDP。改革后高龄农民工的收入会显著提高，收入差距将大幅度缩小。此外，测算发现改革成本与 GDP 的增加基本可以抵消。"[①]

---

① 宋扬. 户籍制度改革的成本收益研究——基于劳动力市场模型的模拟分析 [J]. 经济学（季刊）. 2019，18（3）：813-832.

第二节 是把过剩农民留置在农村还是进城

过剩农民留置在农村还是进城是中国乡村振兴战略需要探讨的核心问题。过剩农民留置在农村的后果是什么？这里仅从经济层面作一个分析：

一、对农村经济发展的影响

在城市化过程中，农业劳动力在总劳动力的占比会不断下降，这是规律，如日、美等国家这个占比在2%左右。中国现在的农业增加值占GDP比重只有8%，农业劳动力按官方统计还有27%。这必然导致我国农业劳动生产率低。目前我国第二产业的劳动生产率大概是农业的16倍，第三产业的劳动生产率是农业的4倍多一些。[①] 这些年，我国农业机械化增长速度非常快。但是这些因素虽然导致农业劳动生产率提高，但是没有导致农业与非农产业劳动生产率差距缩小。这个悖论产生的原因主要是体制因素即户籍制度的存在和各种因素导致农业经营的规模没有变。[②]

这些年农民收入提高了，但大量过剩农民留置在农村会使中国农业的平均经营规模没有什么变化。"1997年，中国每户农民平均拥有耕地规模是0.67公顷，这个数近20年都没有变。世界银行把户均两公顷土地以下的农户定义为小土地所有者，中国农户的经营规模则只有这个'小土地所有者'标准的1/3的水平。例如，中国农户平均土地经营面积，仅相当于巴基斯坦的1/5，印度、日本的一半，法国的1.5%，美国的0.4%，英国和巴西的不到一个百分点。"我国农业在这样的规模上实现农业现代化是不可能的，因而也就不可能把农业劳动生产率提高到和第二、第三产业的水平。到目前为止，我们还是那么大的土地规模，因此在这个固定的土地规模上，不管投入了多少，最后的结果都是资本回报率下降，因此唯一的出路就是扩大经营规模。由于我国农户的经营规模小，因此我国农业生产成本比美国农业生产成本高，2015年，中国玉米生产成本、小麦生产成本及大豆生产成本都比美国

---

① 叶兴庆. 农业现代化的核心是提高劳动生产率［EB/OL］中国经济时报，2015-7-20.
②③ 蔡昉. 历史瞬间和特征化事实——中国特色城市化道路及其新内涵［J］. 国际经济评论，2018（4）：9-23，4.

高出很多。所以，城镇化亟待加速提高，要让农民真正转移出来，就要扩大农业的经营规模。

二、对城市经济发展的影响

在正常情况下，城镇化率与人均收入增长同步变动。在初始阶段，当城镇化率与人均收入增长大致相同的时候，生产率提高是资源从低生产率的农村转换到其他经济活动的结果。之后，生产率的快速提高主要反映了制造业和服务业的发展。[①] 但我国过剩农民留置农村不仅延缓了社会转型，而且也大大地降低了生产率。过剩农民的留置是如何降低生产率的？农民进城增长缓慢使人口密度的倍增和集聚效应发挥不出来。如在美国通过工业（提高城镇化率）倍增城市规模使生产率大概提高 3%~8%。使用美国全州数据的文献表明人口密度的倍增使生产率大概提高了 5%，关于欧洲的文献也表明了人口密度的倍增使生产率大概提高了 4.5%。产业间的集聚效应是指在一个城市中，保持投入不变，生产率要提高 1%，则工业部门雇用的工人数量增加大概 10%。它意味着将有 1000 个工人的城市变为了有 10000 个工人的城市，一个企业生产率的提高将会得益于增加的 90% 的工人。[②] 这些效应由于我国过剩农民留置在农村发挥不出来。亨德森等（Henderson et al.）运用 285 个中国城市的总量数据（分三类，运用大都市详细的 GDP 数据）估计了城市集聚对生产率的影响。与估计的一样，城市总生产率与城市规模呈倒"U"形关系。从估计结果来看，城市集聚的收益很高，说明因为中国实施迁移控制，在部分中国城市的规模没有达到有效规模。[③]

我国第二产业发展中劳动力供给的不足与农村剩余劳动力转移缓慢是有关系的。到了 2014 年，农村 16~19 岁年龄的人口开始负增长，劳动力转移不足是制造业有所下降的原因之一，这样就导致制造业过早下降。"中国仍有巨大的农业劳动力可供转移。与中等偏上收入国家平均水平相比，中国的农业劳动力比重也高出 5 个百分点，而按照 2018 年的经济活动人口总量 8.1 亿人来看，转移出 1 个百分点的农业劳动力就意味着增加 800 余万非农产业劳动力。通过户籍制度和土地制度的改革，推动劳动力转移和农民工在城市

[①][②][③] 迈克尔·斯彭斯等. 城镇化与增长 [M]. 陈新译. 北京：中国人民大学出版社，2016：4，16-17，122.

落户，可以大幅度缓解劳动力短缺，抑制工资上涨趋势，延长中国制造业的比较优势。"①

从第三产业看，尽管我国是一个商品出口大国，我国服务贸易长期存在逆差，2018 年逆差达到近 3000 亿美元，打造服务业强国的任务极为紧迫。第三产业发展达不到平均水平，中国第三产业发展为什么滞后于世界平均水平？一是法治水平不高和制度不完善不利于我国第三产业发展，二是第三产业的进入存在较多的限制，三是农民进城缓慢。据白重恩（2007）的研究，"世界各国服务业产值占 GDP 比重的平均水平是 68%，中国服务业产值占 GDP 的比重只有 40% 左右"。2008 年中国服务业就业人数占总就业比重为 33.2%，② 远低于国际平均水平。

三、对消费的影响

从宏观层面来看，产业及经济规模的大幅度增长与内需不足之间的冲突是这些年我国经济下行的重要原因之一。从经济总量上讲，我国已经是世界第二大经济体了，我国既可以凭借丰富的劳动力资源长期占据价值链中低端，又可以凭借丰富的研发资源攀升至价值链高端，从而形成更加完备的产业体系。经过几十年的发展，我国已经建立了比较完整的产业体系和产业链条。联合国把工业划分为 39 个大类、191 个中类和 525 个小类③，我国工业覆盖以上所有门类，是世界上制造体系完整度最高的国家之一。

我国内需不足是由多种因素造成的，如金融危机之后我国进出口大幅度下降，归纳起来，我国内需不足主要有三个原因，第一，国民收入分配失衡，也就是劳动报酬占国民收入比重低。第二，地方保护主义导致国内统一市场没有形成。第三，由于土地产权制度和户籍制度方面的原因导致过剩农民留置在农村。农民进城缓慢导致的需求不足也是重要原因之一。从以下三组数据来看：

---

① 蔡昉. 哪些因素扭曲了全球供应链？ ［EB/OL］. http：//www.chinavalue.net/Finance/Blog/2019-6-13/1802780.aspx，2019-06-13.

② 中国服务业发展现状及未来发展分析［EB/OL］. https：//wenku.baidu.com/view/5d3c9b96842458fb770bf78a6529647d26283491.html

③ 雪球. 世界上有哪些国家有完整的工业体系 ［EB/OL］. https：//xueqiu.com/5026178364/132554385？from=singlemessage.

（1）考虑到购买力平价因素，"国内城镇中等偏上收入以上的 3.16 亿人的收入水平已接近韩国的平均水平，人口规模接近美国。这部分人口在 2017 年之前，主导了中国的消费升级，但 2018 年以来，消费增速受收入影响，已经大幅下降。"[1] 所以，今后要扩内需，应该围绕着处在中低收入水平的 10 亿人左右居民中展开，要努力提高他们的收入。因为他们才是拉动中国内需的最大主力。而这 10 亿人左右居民里主要是农民和农民工了。如果过剩农民没有留置在农村，那么我国内需就会得到较大的提升。

（2）"2018 年 8 亿农村户籍人口只有农业生产收入和外出务工收入，其收入规模为 13.53 万亿元，其收入消费率约为 80%，消费规模在 10.84 万亿元；而 6 亿城镇户籍人口居民收入规模为 25.48 万亿元，其收入消费率 60% 左右，居民消费规模约为 15.29 万亿元。从工业品供需观察，2018 年产能过剩 11.2 万亿元左右，假设中间产品占 40%，有支付能力的消费需求缺口在 6.72 万亿元。"[2] 还有学者测算过，中国有 2.7 亿人没有本地户籍居民，当我们把所有因素，教育、年龄、性别、收入都控制住，纯粹看户籍身份的差别，一个外来人口比本地户籍人口的消费低 17%～21%。[3] 粗略地测算一下，这个制约造成的消费损失大约是一个百分点的 GDP。

（3）延缓农民进城，导致大量农村劳动力的低效配置甚至无效配置。如前所述，我国用了 27% 的农业劳动力，但第一产业占 GDP 的比重只有 8%。其实，只有 10% 左右的农业劳动力就够了。我们就以 15% 的错配（即延缓过剩农民进城）来计算对收入的影响。2017 年人口迁移和劳动力要素不能正常流动和配置造成的 GDP 损失为 55569 亿元，为当年 GDP 的 6.37%。[4] 这些年来，我国经济规模（尤其是第二产业）不断扩大，总供给不断提高，但是，由于过剩农民还大量留置在农村，这种留置不是理性选择和经济计算的结果，而是由于制度制约了农民进城。由上述分析可知，无论是从我国总需求结构、城乡居民消费能力的差异来看，还是从过剩农民留置（即强制性错配）的结果来看，我国这些年经济下行、内需不足都与过剩农民大量还留置在农村

---

[1] 李迅雷. 国内有 10 亿人还没有坐过飞机 [EB/OL]. 21 世纪经济报道，2019-1-11.

[2] 周天勇. 丢掉幻想：以重大改革和发展举措稳定经济增长 [EB/OL]. http://www.aisixiang.com/data/119492-3.html，2019-12-17.

[3] 陆铭. 结构性扭曲导致中国经济增长下滑 [EB/OL]. https://m.thepaper.cn/newsDetail_forward_2036475.

[4] 周天勇. 以重大改革和发展举措稳经济 [EB/OL]. http://opinion.caixin.com/2019-12-16/101494490.html，2019-12-16.

有关。

由上述可知，过剩农民留置在农村，不仅不利于农村经济发展、不利于城市经济发展，也不利于整个经济的发展。因此，乡村振兴战略关键就是要通过制度创新使我国农民更多地进城、市民化，减少农民在总人口中的比重，农村以土地为核心的财产权利，是新一轮改革的重中之重。"健全农业转移人口市民化机制。有力有序有效深化户籍制度改革，放开放宽除个别超大城市外的城市落户限制。加快实现城镇基本公共服务常住人口全覆盖。以城市群为主体形态促进大中小城市和小城镇协调发展，增强中小城市人口承载力和吸引力。"①

第三节 是加大对农业的投入重要还是给农民赋权重要

改革开放以来，我国为了解决"三农"问题，不断加大农业投入，后来取消了农业税，与此同时，家庭承包责任制给了农民承包权、流动权等。从根本上解决"三农"问题，更重要的还是给农民赋权。

对于农村经济发展来讲，加大农业投入重要，但给农民赋权更重要。这是一个鱼与渔的关系，前者是给农民短期的保障，而后者是使农民具有自我生存和发展的能力。更重要的是，给了"渔"才能使农民真正成为经济主体。这些年来，我国政府非常重视"三农"问题，除了政策上的重视，还有财政上的大力支持。如这些年，36000亿用于西部大开发，24000亿用于东北振兴。仅从2008~2013年，中央财政用于"三农"的支出累计5.85万亿元。2013~2017年，仅农林水支出科目，全国一般公共预算累计安排就超过80000亿元。据农业农村部的统计，乡村振兴5年内投7万亿元，②加上地方的配套投入，国家向农村投入并不少。仅仅给"鱼"存在以下问题，第一，外部投入的分散及达不到最低启动资金的要求。这些年我国各级政府支持农业发展的资金并不少，但政出多头、分散、漏损很多，有些以所谓项目的形式出现，效果并不理想。第二，在实践中，很多外部投资没有用于新技术或

---

① 中共中央 国务院关于建立健全城乡融合发展体制机制和政策体系的意见[N]. 人民日报，2019-05-06.

② 韩俊. 乡村振兴5年内投7万亿[EB/OL]. http://m.sohu.com/a/307654546_100021508，2019-04-13.

教育。研究表明，只有约15%的外部援助资金到位了。第三，制度方面的原因，制度不到位的情况下，外部投入的作用是有限的。

解决"三农"问题不仅仅是给农业增加投入，而更重要的是给农民赋权，使农民成为真正的经济主体。在现代化经济体系中，按照阿马蒂亚·森的观点，"个人应该拥有以下权利：（1）以贸易为基础的权利。（2）以生产为基础的权利。个人有权拥有用自己的资源或在自愿基础上使用雇佣来的资源所生产出来的东西。（3）自己劳动的权利。（4）继承或转移权利。"① 中国农村全面深化改革就是要在农村坚持社会主义集体经济的前提下给农民赋权。充分保障农民土地权利，赋予农民农地和宅基地更完整、更稳定的财产权；要推进承包经营权和宅基地的转让权改革；打破城乡二元分割的土地制度，农业功能多样化、乡村的经济活动多样化。② 日本、韩国在经济发展和城市化过程中，都进行了土地改革。这是它们进入高收入体的重要原因。给农民赋权（财产权、流动的权利、成为市民的权利等）是中国乡村振兴的关键，也是解决"三农"问题的治本之策。抓住这个关键，每年所谓支农投入就可减少。

城市化过程中，农民应该至少有三种收入：土地财产性收入、以农为本的创业收入及经营农产品的收入。为什么要对农民赋权？我们把日本农民与中国农民收入比较一下，1984年日本农民的名义收入已经是中国农民的两倍以上，到2017的差距更大。这主要有三个原因，第一个原因是日本农民在1984年拥有土地的所有权，而中国农民到2017仍未拥有土地。第二个原因是中国农民半数的收入来自农业，而日本农民只有1/5的收入来自农业（尽管数据可能不具可比性）。③ 第三个原因是鼓励迁移来提高生产率。中国农民主要是经营农产品的收入。给农民赋权可多方面增加农民收入。与日本、韩国相比，中国农村户籍人口少了两项最重要的收入，即土地财产性收入和以地为本的创业收入。而与我国城镇居民相比，农村居民的住宅、耕地、林地等只是生活资料，而不是有价值的资产和财富。2018年，农村户籍人口与城镇户籍人口的收入差距为1∶12，资产性财富差距为1∶18。④ 因

---

① 阿马蒂亚·森. 贫困与饥荒 [M]. 王宇，王文玉译. 北京：商务印书馆，2001. 6 – 7.
② 刘守英. 别指望农二代回村庄，也不该把他们当作城市局外人 [EB/OL]. http：//news. sina. com；cn/o/2018 – 04 – 09/doc – ifyteqtq6550426. shtml.
③ 史剑道. 从中日韩经济奇迹的比较判断中国未来能不能繁荣发展 [EB/OL]. http：//www. dunjiaodu. com/jingji/2019 – 11 – 12/5425_ 3. html，2019 – 11 – 12.
④ 周天勇. 丢掉幻想：以重大改革和发展举措稳定经济增长 [EB/OL]. http：//www. aisixiang. com/data/119492 – 3. html，2019 – 12 – 17.

此，真正解决"三农"问题，除了前面所讲的要让农民进城、提高城镇化率外，一个更主要的措施就是要在改革完善农村产权制度的基础上给农民赋权。

给农民赋权最重要的是宅基地权及收益权。宅基地既是农民的住房保障，又应该是农民财产性收入的来源。按规定，宅基地使用权只有占有、使用权，没有收益权。现在我国大量农民工在城市，而在家里的房子是闲置的，也不能把房子卖掉。现在中央提出"加快完成房地一体的宅基地使用权确权登记颁证。探索宅基地所有权、资格权、使用权'三权分置'，落实宅基地集体所有权，保障宅基地农户资格权和农民房屋财产权，适度放活宅基地和农民房屋使用权。"① 要盘活利用闲置宅基地和闲置房屋就必须要明晰产权，并且要市场化。

要把坚持农村社会主义集体经济与给农民赋权结合起来。我国原来有380万个自然村，70多万个的行政村，近些年，随着城市化的高速扩张，使得自然村下降到了100多万个，行政村从70多万个下降到现在的50多万个，减少了1/3。家庭承包责任制是农村社会主义集体经济与给农民赋权结合起来的第一步。这个结合大大地提高了农业劳动生产率。我国经济体制改革的核心是完善产权制度和要素市场化配置，这种改革也包括农村产权制度及要素市场的改革。农村最重要的要素就是土地产权。这其中提出的承包制及宅基地的"三权分置改革"和建立集体经营性建设用地入市制度。这里的关键是如何保障农民财产权益，也就是我们前面讲的，要给农民赋权。

农民这个财产权益怎么给？"2015年国务院发展中心农村经济研究部课题组首次对我国农村总资产进行了量化评估，得出我国农村总净资产高达127万亿元，其中所有权属于集体的为87.35万亿元，占农村总净资产的68.62%；土地资产共达88.81万亿元，占农村总净资产的69.76%。"② 这些资产大多闲置或低效使用。我国不能再回到原来农村集体经济上去了。如果说家庭承包责任制是农村社会主义集体经济与给农民赋权结合起来的第一步。那么，农村社会主义集体经济与给农民赋权结合起来的第二步或关键的一步

---

① 中共中央 国务院关于建立健全城乡融合发展体制机制和政策体系的意见[N]. 人民日报，2019－05－06.

② 张英洪. 向农民偿债：权利，还是权利——纪念杜润生先生[N]. 南方周末，2015－10－15.

是把这些集体资产通过股份制、合作制等真正赋权给农民,并引入现代企业制度进入第一产业,把保障农民财产权益和壮大集体经济结合起来。"根据国家有关部门对1.3万农民工抽样调查显示,仅有21.6%的受访者表示愿意转为城镇户口,37.3%的受访者明确表示不愿意在城镇落户,其余则表示视情况再定。尽管现阶段政策规定,不得以退出农民土地承包权、宅基地使用权、集体经济收益分配权作为农民进城落户的条件,但很多农民工仍然担心户口迁出村集体后权利被收回。"[①] 这些都表明给农民赋权不到位,已经成为制约农民进城的重要原因。

给农民赋权不仅仅是建立激励机制和增加农民收入,而且还有利于建立农村市场体系。给农民赋权的过程也是一个确权、明晰产权的过程。土地等自然资源若没有明晰的产权,就不会成为资产、资本,就不能让市场决定资源的配置。农村经济主体由于缺乏产权(如土地等),长期停留在低级的市场交换活动中。土地等要素是与资本市场相互发展的,我国现行土地制度使资本市场与农业隔离开来。由于这些财产(土地、房子等)产权方面的原因,所以他们不能以此作担保去银行借贷。农村没有完整的土地产权,导致市场制度建立不起来。市场的缺失,背后是农村产权的缺失。现行制度规定,农村集体建设用地,包括农民的宅基地,不准入市交易。中介公司、评估公司、金融机构、法院也不愿意为农村土地房屋提供市场服务。所以中国农村经济是隔离于现代市场经济体系之外的。

第四节 是有限准入秩序还是开放准入秩序

中国"三农"问题还可从诺思等提出的社会秩序理论去分析。诺思把社会秩序划分为三种:原始社会秩序、有限准入秩序与开放准入秩序。"有限准入秩序是指通过限制进入产生租金,以此来维持社会秩序。有限准入秩序最明显的特征是交易制度人格化、特权普遍存在、社会等级分明、贸易准入严格以及产权得不到保障等。开放准入秩序主要指通过政治和经济上的相互竞争而非创设租金来维持社会秩序。开放准入秩序最明显的特征是普及的非人际关系化的社会关系,包括法治、产权保护、公正和平等,即平等对待所

---

① 刘奇. 关于农民工市民化的冷思考 [J]. 中国发展观察, 2019 (17): 44 - 45.

有人的一切方面。"①

改革开放四十多年来，从制度层面来看，我国制造业实施了开放准入秩序，在我国三大产业发展中是绩效最好的，中国制造也走向了世界。其成功的原因最关键的就是两个字"开放"。第二产业是对外资开放幅度最大的领域，在我国制造业总资产中外资占了将近30%。同时，第二产业也是对非公有制经济开放最大的领域，在第二产业除少数领域外对非公有制度经济开放最多。开放准入的秩序及多元的所有制结构是我国第二产业发展迅速的根本原因。值得指出的是，我们是在"机械"的三大产业划分基础上发展第一产业，不是在城乡融合发展的基础上发展第一产业的。我们没有按城市化发展趋势的内在要求及发展第一产业所需要的制度条件去发展农村经济。从制度层面看，我国第一产业发展是建立在有限准入秩序基础上的。现在中央提出建立健全城乡融合发展体制机制就是要打破发展第一产业的有限准入秩序。只有开放发展才能融合发展。

有限准入秩序会产生"布罗代尔钟罩"。"布罗代尔的'钟罩'一词指的是隔开资本主义与市场经济的某种障碍物，这种障碍物让'资本主义'这样的高级经济形式只局限在很小的范围，不能扩张到全部的市场经济活动中。德·索托认为这样的钟罩'不是玻璃做的，而是用法律做的'。"②那么中国农村发展的"布罗代尔钟罩"是什么？当然，中国不存在把资本主义与市场经济隔开的问题。如前所述，我国城市化过程中对农村及农业的发展是有不少观念上的问题的。一些人有形或无形地把城市化与农村发展对立（或隔离）开。在计划经济年代，我们用价格"剪刀差"为工业化积累资本，把城市的发展与农村的发展隔离开。在市场化改革的过程中，计划经济时期遗留下来的农村土地产权制度及户籍制度、城市发展战略及政策又把城市的发展与农村的发展隔离开。

我国第一产业有限准入秩序主要是通过土地制度和户籍制度实现的。土地产权制度是从要素角度限制了农民的进城与非农化的能力。而户籍制度则是对农民流动及成为市民的直接限制。通过有限准入秩序把城市与农村隔离开，从而限制过快的城市化（包括对大城市发展的担忧）对社会稳定的影

---

① 道格拉斯·C.诺思，约翰·约瑟夫·瓦利斯，巴里·R·韦格斯特. 暴力与社会秩序——诠释有文字记载的人类历史的一个概念性框架 [M]. 杭行，王亮译. 上海：格致出版社，2013：56.

② 刘守刚. 财政经典文献九讲：基于财政政治学的文本选择 [M]. 上海：复旦大学出版社，2015：78.

响。我国户籍制度是人格化制度，它明确地把人划分为农民与非农户口，并且是一种典型的人格化制度。这种制度限制了城市化中最重要的要素（人口及劳动力）的流动。这种户籍制度在计划经济体制时期形成，但在我国市场化改革过程中，由于我国城市化发展及产业发展中的错误认知，不但没有被改革，而且形成了路径依赖。

作为第一产业基本要素的土地流转及交易是受到限制的。土地要素及产权制度是决定第一产业发展的关键要素。家庭承包责任制下的土地制度只是解决了把集体的土地分包给个人经营的问题，但它没有解决土地的流动、转让及规模化使用等问题。更重要的是，我国的土地制度不能很好地解决城市化中的土地问题。这是我国城镇化率滞后及"三农"问题产生的深层次原因。城市化的过程，本质是农业用地变成工业用地的过程，这个过程的核心是土地价值几十倍、几百倍地升值。然而，在中国，农村集体土地国有化的过程，地方政府是唯一的权力主体，作为土地的所有者，农民反而被"合法"地剥夺了"宅基地上市流转"的权益。这种土地制度最后还衍生出土地财政。尽管现在中央提出集体土地直接入市的改革思路，但推行中是有障碍的，因为这与我国实施了多年的土地财政是冲突的。土地的行政性配置导致土地要素的低效使用及浪费。现在十九届四中全会提出健全要素市场制度的改革，尤其对土地制度提出了三权分置的改革。"完善农村承包地'三权分置'制度，在依法保护集体所有权和农户承包权前提下，平等保护并进一步放活土地经营权。健全土地流转规范管理制度，强化规模经营管理服务，允许土地经营权入股从事农业产业化经营。"[1]

作为第一产业基本要素的劳动力其流动也是受到限制的。产业的发展是有规律的，政策和制度与这个规律越符合，产业发展就越好。为什么对农村实现有限准入秩序？除了我们前面讲的观念及其制度安排外，长期以来，把城市经济发展与农村经济发展"对立"起来并以城市为中心的观念是深层次原因。这种观念在不同时期都以相应的政策或举措体现出来。"一是在中国在20世纪80年代到90年代大力提倡离土不离乡的农村工业化道路，以维持现行土地制度和户籍制度。二是有人提倡重新用集体化和合作化的方式将农村人口留在农村，以免城市出现所谓的棚户区。三是有人虽然勉强认同城市

---

[1] 中共中央 国务院关于建立健全城乡融合发展体制机制和政策体系的意见 [N]. 人民日报, 2019-05-06.

化的必要性，但又希望将农村人口截留于小城镇，以防止所谓的大城市病。"①。这些做法都主观或客观地维护了我国城市和农村的二元经济结构。这些观念都是韦伯曾经指出过的问题，中国历史上都不重视城市化的作用。

民间资本进入第一产业也是受到限制的。计划配置土地指标的制度，以及对集体土地入市的限制，已不再适应经济结构转型的需要，极大地制约了农村发展、农民致富。我国现行土地产权制度和户籍制度对要素流动的限制是双向的，一方面限制了过剩农民的进城，另一方面也限制民间资本进入第一产业，阻碍了工商业从大城市郊区向农村和内陆地区的迁移，推高了企业的生产和交易成本。我国又有大量资金想进入农业、农村。但是由于农业土地产权制度的不完善，加上我国现行政策是把城乡资本割开的。

党的十九大报告指出，"构建现代农业产业体系、生产体系、经营体系，完善农业支持保护制度，发展多种形式适度规模经营，培育新型农业经营主体，健全农业社会化服务体系，实现小农户和现代农业发展有机衔接。"② 这里的关键是实现小农户和现代农业发展有机衔接。日本是农户＋日本农协，美国是农户＋公司，如都乐公司（Dole Food Company, Inc）在巴拿马种植农作物的公司为当地人提供了比他们以前拥有的工作更有保障、更安全、薪水更高的工作；与在美国本土种植相比，这些产品的生产成本更低、效率更高，并且让美国的个人在高薪部门就业。我国一方面农村资源利用不足，现代农业产业体系没有建立起来，我国农业发展的潜力还很大；另一方面，过剩农民需要进城，并给农民赋权，实现开放准入秩序，让资本与企业进入农业，实现小农户和现代农业发展有机衔接。

乡村振兴战略的实施必须在完善产权制度和要素市场化配置中进行。农民进城，资本下乡，将是我国实施乡村振兴战略的基本趋势。建立农村开放准入秩序，如《意见》所说，"坚决破除妨碍城乡要素自由流动和平等交换的体制机制壁垒，促进各类要素更多向乡村流动，在乡村形成人才、土地、资金、产业、信息汇聚的良性循环，为乡村振兴注入新动能。"③

---

① 文贯中. 结构性失衡、内需不振、过时的土地制度和走出困局之路［J］. 南开经济研究，2010（2）：17-27.
② 习近平在中共第十九次全国代表大会上的报告［N］. 人民日报，2017-10-27.
③ 中共中央　国务院关于建立健全城乡融合发展体制机制和政策体系的意见［N］. 人民日报，2019-05-06.

第八章 产业发展中的组织与制度

第一节 产业发展的制度环境

当前关于我国产业政策的争论必须首先要搞清楚前提，即如何进行政策分析？在科斯看来，"经济政策的根本问题……就在于考虑替代性社会安排在实践中是如何运行的，并评估它们的执行情况。换句话说，我们应该比较替代性社会安排的综合效果"。科斯的政策分析涉及四个基本要素：（1）它是一个整体方法；（2）它强调真实的或实际的分析；（3）它涉及比较制度分析；（4）收益—成本分析扮演重要角色。

首先，从整体分析来看，科斯认为，政府补贴政策不会像它的倡导者所宣称的那样，能带来一个有效率的解决方案，因为政府补贴将通过扭曲性的税收来筹措资金，从而，在矫正一个市场扭曲的同时会产生或者加剧另一个市场的扭曲。在科斯看来，正确的方法是从整体考察现存情况，并把它和被提议的政策改变的整体效果进行比较。其次，从比较制度分析来看，经济分析的基本任务是获得对生产的制度结构的运行的理解，特别是对企业、市场和法律（包括政府）在协调经济活动中所扮演的角色的理解。他认为，"对经济学家而言，如果离开对交易赖以发生的制度背景来讨论交换过程，这没有多大意义，因为制度背景影响生产和交易成本"。我们强调制度多样性的观点。制度多样化的两大核心问题是：界定制度比较分析的边界，比较不同制度的绩效。我们下面对产业发展的导向就是采用这种分析思路。最后，经济政策涉及替代性社会制度之间的选择。对市场失灵进行分析的新古典方法的一个主要缺陷就在于它假定一些形式的税收、补贴或管制方案是好的并且是必要的，或者政府供给公共产品是不可避免的。科斯强调解决市场失灵的多重方案，而且进一步指出"所有解决方案都是有成本的"。对此，可以对产业政策进行收益—成本分析。对产业政策的外部性分析，被选择的行为方案应该考虑三个方面，（1）实施产业政策的所得是什么，所失是什么？（2）谁会从给出的行为方案中得益，谁会从被否决的方案中受损？（3）在促进我们希望达到的目标时，被提议的安排在实践中会导致什么样的实际结果？①

产业发展的制度环境包括两个方面：产业政策与产业制度。两者的区别表现在，前者易变，后者相对稳定；前者有一定的特殊性，后者有一般性。基于上述科斯的政策分析要素框架，我们重点分析一下我国产业制度和产业政策的关系。

一、产业制度是基础，而产业政策是促进产业发展的有益补充

无论是英国还是美国，在其发生产业革命时，产业制度的创新保障是关键。诺斯（2001）认为，创设一项制度，提高适应性效率比配置效率更重要。配置效率是一套给定制度下的静态概念，而适应性效率的关键则是要有一个灵活的制度机制，它能够根据条件的变化来进行调整。产业政策可以带来配置效率，而产业制度可以提高适应性效率。② 在人类发展史上，并不缺乏发明与创造，而激发、鼓励和支持人们大规模参与发明的社会变革和制度创新才是历史上的新事物，才是经济起飞的深层次原因。在美国，既有《反托拉斯法》等一系列具有一般性的产业制度安排，也有涉及不同地区、不同产业发展问题的联邦层面甚至宪法层面的立法。在英国，产业发展的制度优势表现为专利制度、自由企业制度及保护私人企业剩余权的普通法等。在此基础上，欧美国家形成了旨在鼓励和促进创新的新制度，例如系统的专利和版权保护体系、有限责任制度等，极大地推动了以创新为内核的产业革命。

我国的现实情况则是，过多地强调产业政策，而不重视产业制度。例如涉及到产业发展基本规则方面的，并没有上升到产业制度层面（主要表现为立法），而是由各部委出台本部门产业发展方面的政策。可以说，我国是在产业发展制度基本构架没有建立起来的情况下被部委过多的所谓产业政策替

---

① 斯蒂文·G.米德玛.科斯经济学：法与经济学和新制度经济学[M].罗丽君等译.上海：上海三联书店，2007：167.

② 道格拉斯·诺斯.新制度经济学及其发展[J].路平，何玮编译.经济社会体制比较，2002（5）：5-10.

代。以 2007 年出台的《反垄断法》为例，其姗姗来迟既有经济体制和观念的原因，更是利益集团博弈的结果，内容的合理性和规制力度都与预期相差甚远①。执法机构都没有直接加以明确的《反垄断法》，其反对不公平竞争、促进行业发展的作用难以得到有效发挥。此外，我国平等对待公有制与非公有制的制度规定并没有在产业政策中体现出来。在欧洲国家开始为企业和个人创造产业发展的制度环境时，中国还是习惯于自上而下的配置资源。对产业制度的不重视带来的另一个后果是，我国企业家的创新理念与西方企业家不一样。因为很多商业机会源于制度空缺，中国企业领导者更多地将注意力放在利用这些空缺上，而不是专注于原材料、生产工艺或产品的本质创新。我们只注重技术追赶而不重视制度变革，企业可以通过复制在其他国家已有的东西和"拿来主义"取得巨大的成功，而无须进行任何创新活动。这一理念被政府产业政策进一步强化。

二、我国部委制度供给方式对产业政策的影响

我国政府在产业发展中的主导作用超过了当年日本实施产业政策的时候。政府在制定产业政策时囿于自身信息与能力的欠缺，无法对市场做出准确的判断。企业家和企业家精神是在市场竞争中孕育的，因此政府不能通过产业政策的方式来引导创新的发生（熊彼特，1912）。真正的知识是分散在社会每个个体中的，政府自上而下的决策程序使得信息搜集成本很高，而且政治精英主观认知模型中信息不完全性会使回馈机制得不到矫正，从而偏离理性决策②。在中国的产业结构政策中，政策部门要想选择扶持、培育与限制、淘汰的对象，需要对上百个细分行业中众多技术、工艺和产品的前景、经济性与市场进行准确的判断和预测，而这是一项政府部门根本不可能完成的工作③。客观地讲，2008 年我国一些部委出台的产业支持政策及刺激措施是导致我国产能过剩的重要原因。布洛尼根（Blonigen，2011）④ 分析了 1975 ~

---

① 王先林. 理想与现实中的中国反垄断法——写在《反垄断法》实施五年之际［J］. 交大法学，2013（2）：16 – 30.
② 道格拉斯·C. 诺思. 制度、制度变迁与经济绩效［M］. 杭行译. 上海：格致出版社，2014：35.
③ 江飞涛，李晓萍. 直接干预市场与限制竞争：中国产业政策的取向与根本缺陷［J］中国工业经济. 2010（9）：26 – 36.
④ Bruce Blonigen. Industrial Policy and Downstream Export Performance［R］. NBER，2013 – 01.

2000年在主要钢铁生产国家实施的钢铁行业产业政策对其他制造行业的出口竞争力的影响,发现产业政策增加一个标准偏差,会导致处于其下游制造行业的出口竞争力下降3.6%。但是在钢铁作为主要投入品的行业,影响高达50%。

三、权力是否受到制约对经济产生较大的影响

日本在利用财政补贴发展产业的过程中同样出现了严重的政治联系与寻租现象,但却并没有对经济发展产生严重阻碍。为什么日本的寻租没有对经济发展产生严重阻碍?一是日本的政治制度腐败多发生在党派组织中,与企业、市场联系密切的行政系统较为廉洁,寻租的负面影响较小。理查德·博伊德(Richard Boyd, 2004)[1]认为,日本产业政策的目标是提升生产力以及限制竞争,鼓励规模经济,因此政府的经济管理部门偏好裁定给日本企业卡特尔团体以租金,且以此租金来鼓励垄断与合并,形成卡特尔—租网络。因此,尽管寻租行为普遍,但只有以竞争获取市场地位维持卡特尔的持续性才能产生租金。二是从日本产业政策看,查默斯·约翰逊(1981)[2]总结了日本奇迹,肯定了日本模式中通过"通产省"及系列产业政策干预经济发展的方式,并使得"政策导向型"发展成为经济发展的典型模式。日本政府权力是受到制约的,因此,政府目标与公共目标趋同,而我国政府权力还缺乏制约,加之晋升压力、财政分权营造更多的自由裁量权等条件,使得地方政府追求的目标可能与公共目标不一致,地方政府对自身目标的追求更为优先,并有可能被特殊利益集团所俘。

第二节 产业发展的市场结构

从产业发展的市场结构来看,是产业竞争还是产业垄断?这其实涉及产业创新及发展的动力机制问题。一国产业发展动力机制主要有两大因素:一是产权保护;二是市场规模。

从我国产业的创新能力或产业发展的动力机制看,有以下几点:

---

[1] Boyd R. 日本与中国台湾地区的寻租模式及其经济后果[J]. 公共管理评论, 2005: 1-35.
[2] 查默斯·约翰逊. 通产省与日本奇迹——产业政策的成长[M]. 金毅等译. 长春:吉林出版集团有限责任公司, 2010.

一、我国产权结构不利于产业竞争及创新

由于我国真正意义上的市场经济体制还远没有成型，以公有制为主多种所有制形式并存的竞争性产权结构是我国产业创新的微观基础。要把国有企业做大做强，不是要靠垄断国家资源与能源、靠政府政策保护和财政补贴，而是要靠产权保护和市场竞争。从产业的产权结构来看，我们不是通过保护企业的产权（包括知识产权）来促进创新，而是通过政策保护和财政补贴等方式，给一些企业以资源倾斜。这不利于竞争性产业结构的形成，其根源在于产权改革不到位、一些行业国有经济比重过高、政府部门干预经济过多。同时，我国的产权结构也不利于创新，以相机为例，1956年，日本和中国在照相机生产领域在这个时候同时起步，开始仿造生产德国蔡司相机。十多年后，日本的照相机产品及技术已经领先世界，而中国的相机技术依然处于仿造阶段，整体上没有实现产业升级。为什么会有这大差距？这与两国产权制度有关，日本引进照相机技术的是私营企业，而中国当时只有公有制企业。在历史上，私营部门比公共部门更有利于创新。为什么政府花很多钱去促进产业的研发与创新而不花钱去实施产权保护、优化市场型的产业发展环境呢？从创新的鼓励方式来看，我国更注重政府奖励，而知识产权保护还需要加强。政府促进产业创新主要有两种模式，一种是英国的专利法制度；另一种是法国的政府奖励科技制度，按照莫基尔和诺思的分析，前者比后者更具有优越性，更有利于创新。这也是为什么英国工业化比法国更早的重要原因。与过多的产业政策相联系，我国也采用了以政府奖励为主的科技制度。这种模式最大的问题只有利于已经进行了创新的创新者，而不利于产生新的创新者。因为决定自由创新者数量的因素主要有三个，一是有生产组织方式的权利；二是获得资源的权利；三是使用它们的权利，而这些权利是建立产权保护制度基础上的。美国1978年的《拜杜法案》规定即使是政府出钱的研究成果，所有产权也归学校。而以前这些产权是归政府所有的。这种规则的改变加快了发明转化为创新的进程，该法案实施以后美国大学申请的专利实现了爆发式的增长。

二、市场规模

从我国产业发展的横向市场空间来看，由于地方保护主义及市场分割，

使我国产业发展的竞争范围大大缩小。从我国产业发展的纵向市场空间来看，部委制度供给的模式决定了我国产业与产业之间的融通也是受到限制的。我国产业发展的行政门槛太多，管制太多，产业发展缺乏竞争的环境。地方保护和行业垄断使我国市场被分割，不仅制约了产业发展的大国优势和市场规模优势，并且大大提高了产业发展的成本，尤其是制度性交易成本。以信息化为例，由于成本太高，我国上网人数占全国人口的比例正在下降。

三、产业垄断

我国产业垄断并不是市场竞争的结果，它有三大特点，一是政府主导的垄断。如行政许可、行政性合并，行业垄断。二是从产权结构来看，以国有企业垄断为主。2015年进入世界500强的企业中，国企88家民企6家；2016年103家上榜的内地企业中，国企接近九成[①]，依然占据绝对优势，而在前50强中，清一色都是国有控股企业。我们不是从维护市场的竞争来促进产业的发展，而是通过把企业做大来促进产业的发展。三是从产业来看，我国上游产业（石油、天然气、电力等）基本上是行业垄断。我国供给侧结构性改革的一个重要任务就是要打破产业垄断。各大领域的央企制度究竟是提高了产业的竞争力还是降低了产业的竞争力？这需要经济学家们去做一些实证分析。这种行政式的合并不可避免地会存在不少问题。

我国产业垄断有两大后果：

一是推高了我国成本。我国供给侧结构性改革的一个重要方面是降成本。就中美成本比较来看，除了人工成本我国比美国低以外，其他成本，如融资成本、用电成本、天然气价格、物流成本、税费成本、土地成本等我国都比美国高。与美国相比，我国制造业已丧失成本优势。是什么推高了我国的成本？一是产业缺乏竞争从而出现垄断高价。二是政府主导抑制了要素市场的发展。我国这些年成本的上升主要是制度性交易成本的上升，我国降成本也主要是降制度性交易成本。

二是不利于创新。我们现在的一些行业缺乏竞争，尤其是一些上游产业被行政垄断。熊彼特所说的大企业有利于创新是指私营企业，并不是指国有

---

① 前瞻网.2015世界500强企业名单88家国企6家民营企业上榜，https：//www.sohu.com/a/24369853_114835.

企业。越来越多的实证研究证实了地方政府补贴显著地向国有企业倾斜。公司资产规模越大，所获得补贴的额度越高。但在创新等绩效表现方面国有企业普遍低于民营企业。

第三节 以政府为主导的产业发展方式

从理论上讲，我国改革的目标就是市场决定资源配置，在创新上以企业为主体、市场为导向、产学研结合。但是从实际来看，无论是资源配置（尤其在要素市场上）还是在创新的导向上，政府都还发挥着主导作用，在2008年经济危机后，政府主导产业发展的趋势越来越明显。这可以看出成熟的市场经济体制与不成熟的市场经济体制面对经济危机时的差距。美国更多地是由市场主导，政府只是提供有利于产业转型升级和创新的营商环境，不会过多地干预市场和企业的决策行为。而中国完全由政府主导，出台了系列刺激政策稳增长，大大地削弱了市场的主导作用。产业发展是有规律的，市场主导的国家，产业发展的规律遵守得好，产业发展快。反之，政府主导的国家，产业也发展，但是违背产业发展规律的事也会比较多。

市场机制是最有利于产业发展的激励机制。在我国产业发展的导向上，市场机制的作用不是多了，而是少了。一是只有市场经济体制才能使大众创新自下而上渗透至整个国家。二是市场中配置稀缺资源的选择机制能够决定下一个主导性的技术平台。三是成熟市场中对新企业蓬勃发展的支持被视为优于政府"挑选赢家"或按预先计划增长的能力[1]。缺乏市场需求时，无论发明多么好，都不能转化为创新。来自英国和美国的研究表明，源于市场需求拉动的创新占绝大多数。而政府主导的产业和创新很难与这种市场需求对应起来。一方面，创新包含了承认新产品或新工艺的潜在市场。另一方面，创新包括技术知识。试制和设计、试生产和销售正是技术可能性与市场相结合的过程[2]。在市场需求引导下，乔布斯和比尔·盖茨成就了计算机革命，也迎来了日本官方支持的所谓第五代计算机革命，这为上

---

[1] 乐文睿，马丁·肯尼等. 中国创新的挑战[M]. 刘圣明译. 北京：北京大学出版社，2016：194.

[2] 柏林科学技术研究院. 文化VS技术创新——德美日创新经济的文化比较与策略建议[M]. 吴金希等译. 北京：知识产权出版社，2006：321.

述结论提供了佐证。

政府主导的产业发展就是按政府"挑选赢家"或按预先计划增长的能力来管理产业发展，其前提是专家信息、专家知识的使用。按照哈耶克的分析，这是错误的。在哈耶克看来，经济包括产业的发展取决于分散知识、分散信息的有效率的使用，而不是专家信息、专家知识的使用。在经济活动之中，分散的知识和分散的信息通过人的分散决策、自由选择，并且通过价格信号，就可以达到资源的有效配置。没有价格信号的话，每个人只按照自己的利益去做决策，无法达到有效率的资源配置。市场通常是资源配置的有效方式，其根本原因是市场对分散知识、分散信息的使用是有效率的。为什么我们总是走不出政府管制经济的逻辑？因为我们所说的知识和信息，往往都是专家的专门知识。如果从这个角度入手，那就永远证明不出市场经济会更有效率，而只能证明计划经济更有效率。"早在信息技术革命来临之前，哈耶克（1949）和冯·米泽斯（1981）就已指出，现代经济不断增长的科技复杂性需要更高程度上的权力下放。"

市场失灵论是产业中政府主导的理论依据。从"二战"后各国的经验来看，那种取代市场的强有力的计划一旦失败，造成的损失会远远超出市场失灵的程度。因而，选择是在市场和较弱的计划之间进行的，其结论是要以民间的活力为主，同时政府也根据需要进行必要的政策性补充。中国其实不是要不要产业政策的问题，而是我国的产业政策太多，已经窒息了市场经济的功能。政府主导的产业发展模式存在以下缺陷，一是缺少制订产业政策和创新发展的各参与方的开放对话机制。二是创新主体企业对市场变化的响应比由政府主导的科技计划快捷得多，政府对市场变化的响应会十分迟钝。因此，政府主导的创新体系适应性效率低。如2009年政府花了数千亿补贴农民买过时的家电产品，使得中国家电产品的更新换代推迟了五年。三是政府主导模式将放大"不确定性"的破坏作用。如由于许多地方政府都从政策上支持光伏产业的发展导致光伏产品生产太多而价格被压到了成本以下。

产业发展到底是由政府主导还是市场主导的关键在于权力是否关进制度的笼子里。政府与市场的边界本来就是模糊的，若行政权力受到制约，那么市场的力量和作用就会显现出来。这可以从美国和苏联两个案例可看出来。一个是成功把权力关进制度笼子里的。罗斯福新政期间，政府试图大规模干预经济，被许多大公司以自己的法人权利受政府侵犯为由抵制，最高法院宣布政府干预经济的活动违宪，从而制约了政府干预经济。一个是没有把权力关进制度笼子里的。苏联改革中出现了两种不利于产业发展由市场主导的因素，一是抑制国家部门中分权化管理因素，即国家部门支配非排他性拥有的资源，实际上是把租金占为己有。他们通过对财富创造过程的控制而获取租金。各部委的焦点就在于争夺从无效率的经济体制获取更多利益的位置。各部委都想控制更多的资源和掌握更多的规则制定的权力。[①] 二是抑制扩大私人部门的因素。从国有部门向私人部门的转移活动减少了经济官员们获取租金的可能性。为什么国企改革阻力重重？产权不清晰会导致人们争相攫取稀缺的经济资源和机会。如国有经济产权不明晰就会产生大量的租金，国有经济在市场中的腐败成为国有资产流失的重要因素。

产业发展中的政府主导与市场主导并不是绝对的。让市场决定资源配置和更好地发挥政府的作用就是对这两者关系的一个准确的定位。但是处理好这两者的关系有两点，一是政府与市场的边界是否因权力关进制度的笼子里而确定。二是政府促进产业发展的能力是极为重要的。而这两点又是相互联系的，前者更重要。这从中外新能源产业政策上的差异可以看出能力的高低。新能源汽车产业方面，美国以四档税额抵免政策为主，而直接补贴政策以事后性方式落实到消费端，研发补贴侧重于电池和零部件的生产，对车企的帮扶主要采用贴息贷款的方式；日本政府同样注重税负优惠措施，在新能源汽车的购买环节上给予直接补贴。欧盟注重在汽车保有或使用环节的优惠税收政策，在研发方面主要靠企业对市场的需求与竞争作出反映，而非补贴。而我国则是直接成本补贴，以乘用车为例，仅中央政府的最高补贴就够一些车型的成本了，最后导致一些生产厂家直接骗补。国外对产业补贴的特点是以不破坏市场机制为前提，并尽量弥补市场的不足。而我国的产业支持政策则是试图替代市场加快产业发展。

什么样的产业政策对市场干扰最小？我国的一些产业政策几乎替代了市场机制，扭曲了价格、成本信号，扭曲了激励机制，甚至导致寻租盛行。值得指出的是，欧美国家的产业支持以非人格化交换为前提，即市场导向的惯例。而我国的产业支持则是以人格化交换为前提，即创造关系导向的惯例。在这种体制下，只有与政府搞好关系才有资源。这就使大量的潜在创新者难以转化为现实的创新者。

---

① 道格拉斯·C. 诺思，张五常等. 制度变革的经验研究 [M]. 罗仲伟译. 北京：经济科学出版社，2003：82.

第四节　产业发展资金使用效率

中国产业发展的资金从什么地方来决定着钱的使用效率。联合国的课题研究表明，我国一些产业将近70%的研发投入来自不同级政府，而美国、德国、日本产业的研发投入70%主要来自产业自身（企业、个人的投资）。① 这些年来，尽管我国产业发展的资金来自企业的比例在提高，但我国政府通过各种方式投资的资金比许多国家都要高。从政府那里争取产业发展的资金而不是从市场上获取资金从表面上看仅仅是一个资金来源不同而已，但实际上是一个体制问题。如弗里德曼所说，这世界上用自己的钱为自己买东西是最有效率的（下称模式1），而政府一般是用张三的钱为李四买东西是最低效的（下称模式2）。总体来看，同样规模的一笔投资，模式1的效率比模式2的效率要高得多。从历史上看，欧美国家的经济发展，多半由模式1来推动，也就是由私有部门为主组成市场决定资源配置的体制，积极性与驱动力都存在于企业家之中，政府只是起支持作用。而在当代的亚洲、非洲与拉丁美洲，经济发展主要由模式2推动，政府对发展道路的考虑和政府对经济干预较多。②

从产业创新投入效果来看，有三种主要的投入方式：

一是美国革命性创新绝大多数产生于风险资本资助的中小企业，而不是大企业。在产生革命性结果之后，这些中小企业逐步成长为大企业。科尔内教授的分析表明，近百年全世界87个革命性的发明绝大多数都是从发达的市场经济中产生，而其中超过85%都产生在美国，即模式1。

二是欧盟国家设立政府主导的风险资本。与美国不同的是，欧盟国家风险资本的主体是政府，而美国是民间。它类似模式2。投资主体不对，投资再多资金也难产生预期效果。现在中国各级政府建立了好多个政府资助的投资资金，据统计到2015年底总共有780多家政府引导基金，管理着2.18万亿元的投资基金，5倍于世界上其他VC基金的总和，中国现在成了最大的

---

① 成力为. 企业研发投入结构特征与经济增长模式——基于中国与主要国家企业研发数据比较研究［J］. 科学学研究，2017（5）.
② 王国斌. 转变的中国——历史变迁与欧洲经验的局限［M］. 李伯重，连玲玲译. 南京：江苏人民出版社，1998：24.

VC、PE 资金国。① 政府投资基金（模式 2）和私人投资（模式 1）不一样，会产生三大问题：（1）没有办法保证政府的投资基金真正投资于值得投资的项目，因为花钱的人的利益与投资亏不亏没多大的关系。（2）政府的投资基金创造了巨大的寻租空间和腐败空间。（3）政府投资也会导致逆向选择，即不具有企业家精神的人会冒充企业家（张维迎，2017）

三是苏联和东欧集团曾经在相当长的时间里，政府直接投资产业或研发项目，其花费在研发上的费用占 GDP 比例远远高过市场经济占比最高的国家，是全世界最高的。这是典型的模式 2，用张三的钱为李四买东西。我国这些年来尽管采取这种方式的比例有所下降，但考虑到上述政府资助的投资资金，我国政府在产业发展上的出资比例仍然偏高。一方面，政府通过税费及各种方式从国民收入这个蛋糕中切得多多的，然后政府有关部门又以各种方式把这些资金分发到各个产业。这也叫资源重新配置追赶型经济。这种产业发展投入模式除了低效以外，还会产生以下问题：

1. 挤占效应

从宏观上看，政府在国民收入分配中切的蛋糕多并用这块蛋糕中的一部分去投资、支持产业发展，必然导致民间用于投资的减少。我国投资主要由三大块构成，即基建投资、房地产投资和制造业投资。这些投资中政府和国有企业占比比较高。从财产收入结构来看，美国居民的财产性收入占美国 GDP 的大概 1/4；而中国居民的财产性收入占中国 GDP 比重不到 3%。② 从投入方面看，我国经济增长中资本的比重越来越高，劳动的比重越来越低。关键在于，投资较多的政府及国有企业资本的收入越来越高，而劳动的收入越来越低。结果是收入分配向政府倾斜，向国有大企业倾斜。为什么这些年我国内需上不来，重要的原因之一是我国政府占有较高的投资比重。利率管制放开后，本以为市场机制作用的结果应该是民营企业获得的资金会越来越多，因为民营企业的投资回报率是较高的。但是，实际上国有企业，尤其是城投公司（又叫地方政府融资平台）反而明显地在金融市场中挤出了民营企业，占据了更大份额的金融资源。加总上千家城投公司的微观财务数据可以发现，其平均总资产回报率（ROA）明显低于其融资成本（城投债的票息率）。换言之，城投公司的投资回报率覆盖不了其融资成本，相比之下，产业公司的 ROA 明显高于城投公司（见图 8-1）。

---

① 张维迎. 创新需要自由的股权融资体制. https://www.sohu.com/a/125033519_508417.
② 董程，赵东婧. 中美两国居民财产性收入的比较分析 [J]. 中国集体经济，2011-9.

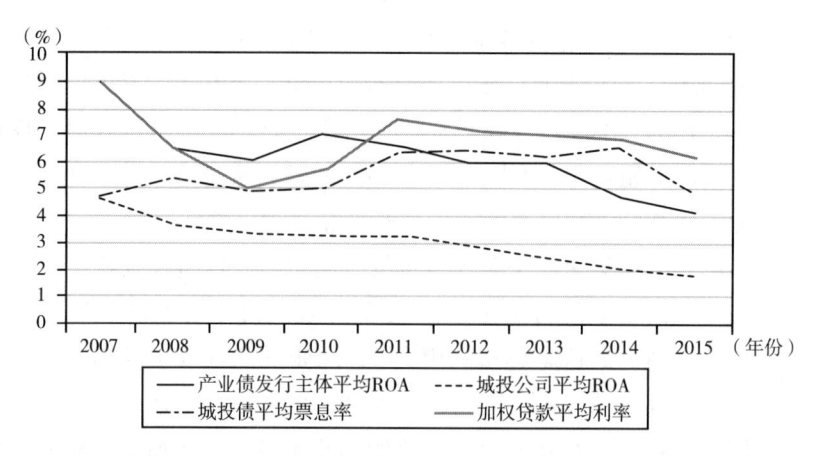

图 8-1　2007~2015 年我国城投公司与产业公司投资回报与融资成本情况
资料来源：Wind。

从微观上看，政府对产业投资或对产业财政补贴是否会影响产业界自身的投资量？从实证分析来看，有挤进的结果，也有挤出的结果。如基于战略新兴产业 254 家上市公司数据进行实证研究（肖兴志，2017）发现，政府财政补贴挤出企业自身的研发投入。但是无论是挤进或挤出都有一个不容忽视的后果，那就是导致企业寻租行为，只有与政府搞好关系的企业才能获得资源，政府补贴将扭曲企业投资行为。

2. 扭曲效应

政府对产业或企业的投资还会产生扭曲效应。从政府投资产业对创新的影响来看，胡等（Hu et al.，2017）[1] 利用中国 2007~2011 年数据，验证了我国专利数量与企业研发投入以及企业劳动生产率的正向关系较弱，专利涌现这一现象更可能是政府激励政策推动的结果，而非企业生产技术日益成熟的表现，再次反映了政府对激励机制的扭曲。为获取政府补贴，得到上述信号，企业也会向政府发送一些虚假信号，如创新类型和盈利表现。由于信息不完全性，政府在挑选研发类补贴对象时依赖于企业上一阶段创新的成果或者企业申报补贴程序中的"研究队伍"等信息，企业会采取行动掩盖自己二次创新或策略性创新的行为向政府发送创新信号以获取补贴[2]。另外，政府

---

[1] Albert G. Z. Hu; Peng Zhang; Lijing Zhao. China as number one? Evidence from China's most recent patenting surge [J]. Journal of Development Economics, 2017 (124): 107-119.

[2] 安同良, 周绍东, 皮建才. R&D 补贴对中国企业自主创新的激励效应 [J]. 经济研究, 2009, 44 (10): 87-98, 120.

出于自身综合目标考虑,会向盈利差的企业进行补贴扶持,故企业会通过"负向盈余操作"以隐瞒自身良好业绩,骗取补贴[①]。政府投资产业(补贴)的扭曲效应表现为,企业把眼睛不是盯着市场,而是盯着政府,政府的许多补贴扭曲了市场价格信号,如电动车的成本基本是政府买单。

3. 漏损效应

政府投资产业许多以项目形式来进行。漏损效应主要表现在两个方面,一是各个部委分发下去的项目,存在着委托代理问题,这表现为有效产出没有保障的问题。无论是委托方还是代理方,都存在信息不对称的问题。这些项目大多是申报制,一些可能与科技发展及社会需要并不十分吻合,但为了把项目申报下来,这里面虚构的部分是不可避免存在的。这些项目也有验收,但并不是市场价值实现的验收,而是同行或专家的验收,不少是走过场的。项目中的经费使用存在许多漏洞。二是各部委或地方委托下去的项目,可能会出现逆向选择和道德风险问题。会申报的或有关系的人会申报到更多的项目,而这些人并不一定是项目的最佳实施人。这些也被工业革命之后许多政府的实践所证明。很多政府都尝试将创新作为工程项目来做,但大多不尽如人意。

4. 错配效应

错配效应是指政府在投资产业过程中,由于信息不对称、体制及利益等方面的原因出现了产业投资的理想领域与实际领域的偏差。这主要表现在两个方面,一是在不同行业投入上的错配。如一般来讲,政府投资产业主要支持基础科学发展,而民用产业则主要由企业提供资金。我国基础研究投入占财政科技投入份额约为10%,占 R&D 支出的比重仅为6%,其他国家在不同发展阶段这一比例大致都稳定在10%~20%。在欧美国家,庞大的用于民用产业的 R&D 都是由企业提供资金的。[②] 但为什么我国政府不热衷于基础研究的投入?这与我国经济体制有关和政府管理体制有关。我国政府长期以来有追求 GDP 增长的考核体制。能够马上带来 GDP 增长效应的不是基础研究,而是那些应用型研究。这些产业的科技投资应该由市场和企业来决定,政府投入到产业,不仅不利于产业科技进步,甚至有可能使产业科技进步的内在动力机制被破坏。政府直接投资产业很难把激励机制搞对。二是同一行业内的错配。政府部门为了平衡各地关系,也会导致产业内投入的错配。

---

① 赵璨,王竹泉,杨德明等. 企业迎合行为与政府补贴绩效研究——基于企业不同盈利状况的分析 [J]. 中国工业经济,2015(7):130-145.

② 理查德·R. 纳尔森. 经济增长的源泉 [M]. 汤光华译. 北京:中国经济出版社,2001:93.

第九章 中国人际关系化产业补贴的有效性分析

第一节 产业补贴及争议

财政补贴作为我国产业政策的常用工具，在集中国家财力，加快推进工业化、调整产业结构方面具有强大优势，其政策效果已经为中国经济的巨大成就所证实。然而，政府通过产业补贴，以"看得见的手"部分替代市场"看不见的手"在资源配置中的作用，一直备受经济学家的质疑，以"林张之争"为代表的对产业政策有效性的讨论是经济学界长久以来的话题。

对财政补贴有效性的评价主要基于财政补贴的目的来衡量，根据评价财政补贴目的的角度不同，现有文献可分为以下几个方面。第一，基于考察企业绩效与财政补贴之间的关系。邵敏（2012）分析不同补贴收入水平对生产率的差异，认为当政府补贴力度提高到一定水平时，政府补贴转而抑制了企业生产率水平的提高。毛其淋（2016）以企业利润率的波动性来衡量政府补贴对企业抗风险能力的影响，并认为政府补贴不会提高风险承担水平。第二，考察企业创新能力与财政补贴的关系。对研发补贴、研发绩效的研究涌现了大量的文献，黎文靖（2016）以企业创新能力为被解释变量，从补贴方式、补贴额度、政策文件等方面考察了财政补贴政策的影响，认为选择性产业政策不能增加企业实质性创新；余明桂（2016）进一步利用竞争、信贷、税收、政府补贴额度、市场竞争四个方面解释了产业政策对创新的作用机制。第三，除了提升企业绩效与创新能力外，还考察了政府为达到其他次要目的而进行财政补贴。林毅夫等（1998）提出国有企业具有"政策性负担"，得到后续大量文献的检验，被认为是国有企业依赖政府补贴的主要原因（唐清泉，2009；杨洋等，2015）。唐清泉、杨洋、张洪辉（2015）讨论了地方政府财政补贴在救助企业，帮助企业扭转亏损状况，维持本地经济发展与自身政绩方面存在显著动机与作用。第四，考察产业发展与财政补贴的关系。宋凌云（2013）认为政府补贴显著地加快了产业结构变动，但政府补贴的结构变动效应具有短期性。周亚虹等（2015）利用上市公司数据探讨了新能源产业补贴的动态变化过程，支持政府在产业起步阶段对企业的扶持作用，并认为产业扩张后的扶持容易造成产能过剩。第五，考察市场发展与财政补贴的关系。孔东民等（2013）讨论在市场化程度较低的地区，政府对资源控制较多，金融体系、产权保护滞后，因此财政补贴能够显著提高被补贴对象的资源竞争优势。卢现祥（2014）认为我国特殊的产能过剩的形成部分来自政府不合理的激励政策的引导，并对动漫产业的补贴政策与绩效进行分析，表明我国政府投资、补贴等形式对创新的激励机制会产生扭曲。

在研究产业补贴的结构方面，由于实施对象与实施目标的不同，直接补贴与间接补贴的政策绩效差别很大。对于产出的政策目标来说，阿金等（Agion et al.，2012）利用中国工业企业数据验证了直接补贴、税收优惠在竞争状态下对企业生产率的促进作用要优于关税和贴息贷款的补贴方式。张同斌、高铁梅（2012）利用 CGE 模型得出在高新技术产业产出增长方面，直接补贴政策比税收优惠政策更能有效地促进高新技术产业的增加值增长。对于投资和研发投入的政策目标来说，柳光强等（2016）利用战略性新兴产业上市公司数据验证了税收优惠政策对企业投资具有不显著的正向激励效应，而直接补贴在一定程度上抑制了企业融资与科研投入。

另外，在研究方法上，已有文献大多采用随机倾向匹配法（PSM）、双重差分（DID）等政策评价的方法估计财政补贴的影响程度与作用机制，但由于政策评价的方法需要政策实施中明确的时间断点，故使用这些模型无法很好地体现现有补贴持续性等特点。伯尼尼等（Bernini et al.，2017）利用随机前沿模型与模糊断点回归法，以 TFP 及其分解项来衡量意大利产业补贴效率，唯一不足是没有得出关于产业补贴导致 TFP 变动的决定性因素的结论，而只能通过分解项中四种效率的时变过程来进行有限推断。

我们搜集了 2003~2016 年 A 股上市公司共 29819 个样本，其中包含 20330 个受补贴的企业样本，补贴占比为 68.17%，根据受补贴样本财务报表中损益表里的政府补贴明细项目，统计了这段时间中政府补贴的规模、数目。由图 9-1 可看出，企业平均获得的财政补贴数额集中在 100 万~500 万元的企业最多，为 6391 家，500 万~5000 万元的企业有 8398 家。与张洪辉

(2015) 统计的 2002~2012 年上市公司获得财政补贴规模分布相比，获得 100 万~500 万元补贴的企业占比增加了 7%，而 500 万~5000 万元的企业占比下降了 6%，可见近 4 年来我国补贴金额有所减少。但是，从图 9-2 可知，2007 年以来，制造业获得的平均补贴金额高于农业，且趋势保持，可见补贴在行业间的差别是持续存在的，在图 9-3 中体现得更为明显，在以直接补贴的四分位数划分的四种补贴程度中（毛其淋，2015），第 4 类高额补贴（即位于第四百分位以上的补贴数额）的行业间的差异比较大，在第一、第二产业中，农业获补贴额度最低，在服务业中，补贴较低的是科研、教育、卫生行业。另外，从表 9-1 已有的补贴名目中可以看出各类补贴方式使用的

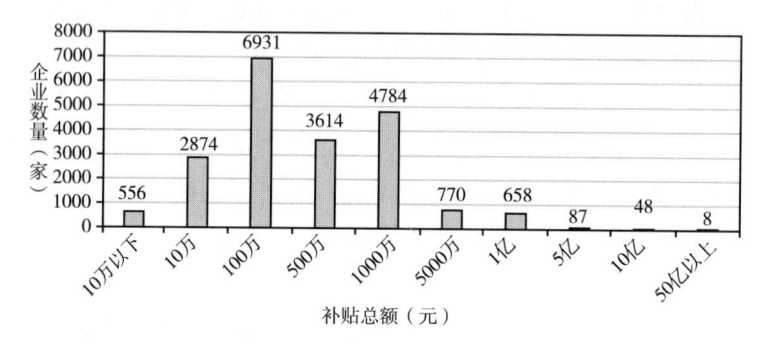

图 9-1　2003~2016 年中国上市公司财政补贴数额与企业数量分布

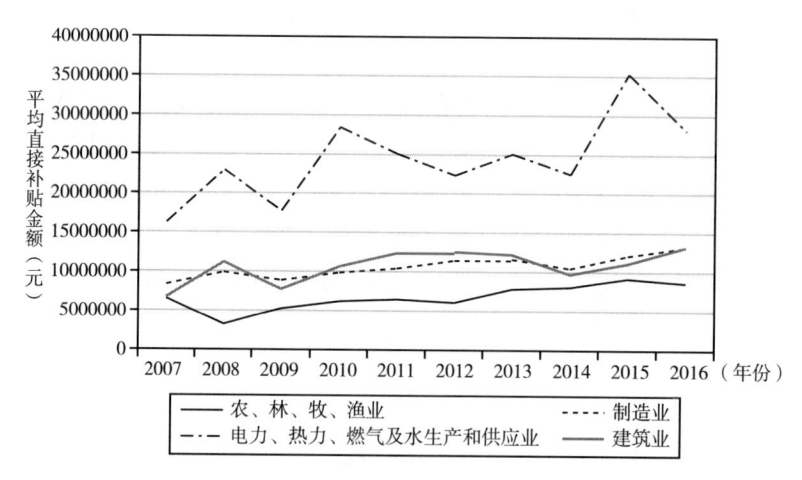

图 9-2　2007~2016 年第一、第二产业企业年均直接补贴数额趋势

注：由于采矿业补贴规模庞大，为方便图示明显，剔除了采矿业进行统计，且采矿业、电力等行业属于国家资源垄断行业，有较为特殊的性质，在补贴指标上不便与其他行业进行比较，故图中当重点关注农业与制造业数据。

频率，直接补贴类是财政补贴的主要方式，且在统计时间与范围内，在直接补贴方式上花费的金额与间接补贴相比大致是3∶1，直接补贴总额比间接补贴总额还要高出200亿元，从表9-2补贴结构的时序变动中可以看到，2008年以前，我国补贴结构比较均衡，但2008年之后，尽管创新补贴比例有所上升，但以直接补贴为主的补贴结构调整较为缓慢。由此可见，现阶段我国财政补贴具有大规模、持续性、多名目且以直接补贴为主的特点，这些特点使得引言中列举的无效率补贴现象屡禁不止，结果是降低了资源配置效率，影响产业发展。

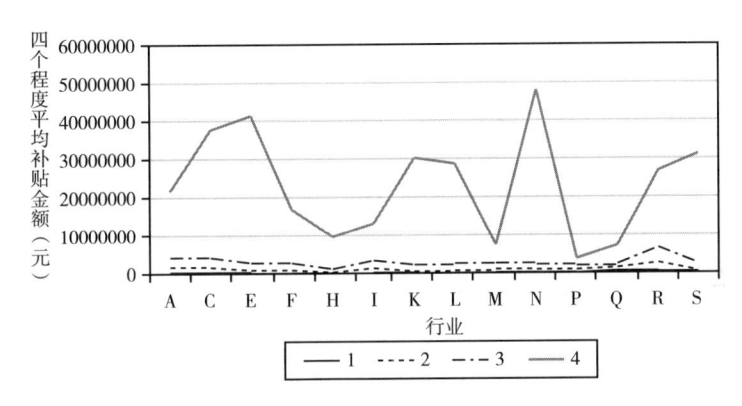

图9-3 直接补贴程度均值的行业间对比

注：此图同样剔除了采矿、电力、交通、金融、居民服务等特殊性质与庞大补贴的行业，以便观察。行业分类采用ISIC一级编码。

表9-1　　　　　　　　　　　财政补贴名目

类型	补贴次数	说明
直接补贴	124665	
——环保类	11537	节能专项补贴、污染防治项目、节水改造等
——奖励类	8137	经济发展奖励、名牌奖励、出口奖励等
——无名目	6961	政府补助、政府奖励等
——其他专项	98030	有具体名目的补贴项目
间接补贴	18813	
——税收优惠	12187	税收优惠、税收返还、税收减免等
——贴息贷款	6626	出口贴息、贷款贴息等
其他	42811	拆迁补偿款、职工安置费等未列入上述类型的补贴

续表

类型	补贴次数	说明
总计	167476	按照企业每年披露的政府补贴明细项目统计 2003~2016 年上市公司获得的财政补贴总笔数
——创新补贴*	25769	科技类补助、研究设计补助等

注：*统计中，创新补贴含有直接补贴与间接补贴两种模式，故单独列示。

表9-2　　　　　　　　　　补贴结构概览　　　　　　　　　单位：%

时段	直接补贴	间接补贴	税收	贴息	另：创新补贴
2003~2006	71.27	25.28	21.63	3.65	7.05
2003~2007	54.21	42.49	39	3.49	2.76
2008~2010	74.85	23.64	20.12	3.52	5.89
2011~2013	73.33	22.89	18.94	3.95	7.89
2014~2016	69.84	26.35	22.86	3.49	7.2

根据财政补贴存在的问题与研究现状，本书提出了一个新的视角来研究财政补贴的有效性问题，把我国政府对产业发展的补贴分为人际关系化产业补贴和非人际关系化产业补贴，以期作为现有研究的补充。基于诺思的国家理论框架，国家目标有两方面，一是使社会总产值最大化，二是使政治精英租金最大化，这两个目标在权利限制秩序下的经济系统中是相互矛盾的，产业发展中存在的财政补贴问题，与国家双重目标的冲突与矛盾相关，因此本书将从制度经济学国家理论视角来剖析产业发展中财政补贴有效性问题，并探究补贴与政治联系、寻租等现象在经济发展中的关系，使用的实证方法是异质性随机前沿分析法。

第二节　理论基础与研究假设

弗里德曼在《自由选择》中曾以表9-3所示矩阵说明"福利救济的谬论"，而我国产业发展的财政补贴也同样陷入相似的谬误中，即以直接补贴为主的财政补贴制度会导致补贴的效率低下。对于企业来说，直接财政补贴如同"花纳税人的钱为企业自身或政府办事"，而对于国家来说，在被特殊利益集团绑架下的大规模财政补贴意味着"花纳税人的钱为利益集团办事",无法实现社会产值最大化的目标。这种形式下若要使资金得到有效利用,需要极高的监管费用,否则资金容易被攫取,而使之有效化的方式是以"单一内容的广泛现金收入补贴计划"(例如税收优惠)取代名目繁多的单项计划,将直接补贴的模式转变成"花自己的钱为自己办事"。美国在进行直接补贴时是十分谨慎的,对经济的必要干预通常通过税收优惠的形式予以实现,联合国的课题研究表明,美国、德国、日本产业的研发投入70%主要来自产业自身(企业、个人的投资)。而在我国实行的财政补贴中,税收优惠仅占较小的份额,多数补贴是通过专项拨款、直接资助实现的,且覆盖范围较广,导致这种补贴制度容易沦落入第Ⅳ种无效率的情况。

表9-3　　　　　　　　　弗里德曼：花钱的Ⅳ种方式

	为你办事	为别人办事
钱是你的	Ⅰ	Ⅱ
钱是别人的	Ⅲ	Ⅳ

注：从Ⅰ到Ⅳ，资金使用效率从高到低。

具体地，这种无效率主要通过政府对经济的不当干预产生。以家电补贴为例，家电下乡、以旧换新政策直接为消费者提供补贴，旨在改善了消费支出约束，提升消费品质，但流于矩阵中第Ⅲ种情况，即个人利用国家的补贴款项购买产品。在这种模式下，需要较高的监督、管理类交易费用来保障制度的有效施行，而现实结果是由于监管不力，造成骗取补贴的黄牛出现，产生大量重复或虚假的需求和交易。例如，2014年浙江一家被首次曝光骗补行为的企业就套走了高达380万元的补贴资金。政府政策对生产者产生了负面激励作用，家电企业转移了对竞争市场的注意力，将生产资源用于生产符合政策实行范围内的落后产品，来迎合国家政策和被黄牛干扰的市场，以获得较高销售利润，结果推迟了企业生产技术的改进。自2009年起至2015年底，政府对新能源汽车行业投入了334.35亿元的大规模直接补贴资金，有的项目获取的中央补贴与地方补贴之和甚至覆盖了生产成本[①]。这种补贴模式同样流入第Ⅳ种无效率的状态，企业并没有实际生产出符合市场需要的产品，而

---

① 李继远. 新能源汽车公司到底得到多少补贴：补贴远远超成本［EB/OL］. http://business.sohu.com/20160418/n444715287.shtml. 2016-04-18.

是生产了一些符合政府人为设计的"补贴政策"的新能源汽车，最终补贴资金被典型企业套走了1/3。

政府的扶植应当以充分发挥市场在资源配置中的决定性作用为导向，以减少对市场的不必要干预、促进创新为目的。但现实中可以看到，现行产业发展的补贴制度以直接补贴为主要形式，且数额要比基础研究这种具有外部性、理当实施政府干预的项目要巨大得多，那么为何这种无效率的补贴制度会一直持续存在？

按照美国经济学家诺思的暴力潜能分配论，国家最基本的目标有两个，一是界定形成产权结构的竞争与合作的基本规则，使政治精英租金最大化；二是在第一个目标框架中降低交易费用，使社会产出最大。但诺思（2013）指出，在不同的社会秩序下，这两个目标的关系也是不同的。在权利受限的自然国家，组织的创建与运行是人际关系化的，政治精英对租金的获取是通过设立特权而产生的，这种人际关系与租金形式使得国家的两种目标往往是冲突的；但是在权利开放秩序的国家中，创建组织的权利是非人际关系化的，这一性质从根本上改变了竞争的本质，使得政治精英的租金通过创造性破坏产生，这种租金的设立有利于创新与提高生产力，从而国家的两个目标能够同时实现。现阶段，我国仍然处于权利限制型社会秩序中，现行财政补贴本质上是一种基于人际关系化的特权。直接补贴的数额有限，只能允许较少的一部分企业获得，且补贴对象由政治精英指定，具有明显的事后识别的特征，补贴范围必然沿着已有的人际关系网络展开，而非按企业生产能力进行资源配置，支持因此大大降低了补贴的效率。而间接补贴覆盖范围比较广，且不需要事后识别，是一种非人际化关系导向的模式。相比较而言，直接补贴的过程实际上是利益集团设立特权、限制进入的过程，并且随着政府提供的补贴项目与次数越多，特权等级越明显，权利受限越多，这不仅会增加税收资金的浪费，还会使得市场进入低效率竞争状态，不利于市场的发展。另外，人际关系化会阻碍创新的产生。在已有的人际关系化政治联盟中，新兴利益集团的进入会打破已有的政治利益均衡，破坏租金分配的平衡，因此权利受限秩序天然会阻碍新兴利益集团的崛起；在以人际关系化交换为导向的市场中，由于交易费用比较低，但转型的成本比较高，从而也会抵制创新的产生（诺思，2014）。因此在现有的补贴制度下，国家无法同时达成两个目标，政治精英往往会为了实现第一个目标而阻碍第二个目标的实现，从而导致了补贴制度的低效率。

综上，在自上而下的资源配置模式下，政府干预、企业与政府之间密切的政治联系与企业寻租会导致利益集团的强势与体制僵化，制约我国经济社会发展。我国产业财政补贴不仅仅在于数量多少，而在于是一种人际关系化产业补贴。人际关系化产业补贴与非人际关系化产业补贴的性质是不一样的，这种性质也决定了产业财政补贴的绩效。为此，本章将以生产技术效率与生产率作为衡量补贴有效性的指标，并建立计量模型对上述补贴制度的运作机制进行检验。

第三节 实证研究

一、计量模型设定

考虑到本章研究的主题，本章参照库姆巴卡尔和洛弗尔（Kumbhakar & Lovell, 2000）所提出的随机前沿模型，研究直接补贴与间接补贴（税收优惠、贴息贷款）对减少生产无效率的影响。随机前沿生产函数模型的一般形式可表示为：

$$y_{it} = f(x_{it};\beta)\exp(v_{it} - u_{it}) \quad (i = 1,2\cdots,N) \quad (9-1)$$

式（9-1）中 y_{it} 表示生产者 i 在 t 时期的实际产出，即实际观察到的产出；x_{it} 表示为生产所需投入的要素，如果有 k 种投入要素示，一般假定 $x_{it} = (x_{it1}, x_{it2}, \cdots, x_{itk})$；$\beta$ 为带估计系数；$f(x_{it};\beta)$ 表示生产确定性边界，即确定性前沿产出；误差项 $v_{it} - u_{it}$ 是两个随机变量的复合结构。其中，$v_{it} \sim N(0,\sigma_v^2)$，独立于投入产出向量；$u_t$ 为技术无效率项，即无法使产出达到前沿的无效率项，测度政府补贴政策对行业生产无效率项的影响正是本章主要探讨的问题。

传统中测度影响无效率项因素的方法是两步法，即第一步随机前沿模型估计出生产函数和生产效率；第二步方程求解出无效率项，对其与外生变量建立计量回归模型进行系数估计。但两步法存在着一定的问题：第二步回归方程中无法保证外生变量与生产函数中的投入要素不相关，另外生产无效率项会随着不同的外部变量变化，无法保证无效率项同分布。为此本章借鉴巴蒂斯和科埃利（Battese & Coelli, 1995）的一步法效率评价模型，利用极大似然估计进行影响因素的分析，可以解决上述影响因素估计的问题。通过对

生产无效率项进行计量建模,可以考察那些影响生产无效率的经济变量与交互机制,具体模型如式(9-2):

$$u_{it} = W_0 + z_{it}W + \omega_{it} \quad (9-2)$$

其中,z_{it}为影响技术效率的外生变量;W_0为常数项,W为外生变量系数;ω_{it}为随机变量,一般假定服从iid。由于本章要研究政府财政给予的补贴资助对于生产无效率的影响,因此外生变量包括财政补贴、政府干预、企业整治联系、企业寻租以及以企业、行业的特征变量为主的控制变量。

关于生产函数形式的选择主要包括柯布道格拉斯(C-D)生产函数形式和超越对数生产函数形式。C-D函数简单易行,然而如果真实的生产技术结构比C-D函数表现得更为复杂的话,那些无法用模型模拟的复杂因素就会混入误差项中,导致技术估计的偏差。超越对数生产函数形式虽然相对复杂,却更加灵活,可以尽量降低技术估计的误差,从而相对准确地估计技术无效率部分。为此,本章选择超越对数形式的生产函数,具体形式如下:

$$\ln y_{it} = \beta_0 + \beta_k \ln k_{it} + \beta_l \ln l_{it} + \frac{1}{2}\beta_{kk}(\ln k_{it})^2 + \frac{1}{2}\beta_{ll}(\ln l_{it})^2$$
$$+ \beta_{kl} \ln k_{it} \ln l_{it} + v_{it} - u_{it} \quad (9-3)$$

根据理论分析与模型设定,本章提出两个实证研究假设:①直接补贴与间接补贴对无效率项的影响方向不同,直接补贴增加生产技术无效率项,间接补贴减少生产无效率项,即直接补贴降低生产效率,间接补贴提升生产效率;②在政治联系、寻租作用下的直接补贴会促进生产技术无效率。

二、数据收集与处理

本章所使用的资料来源于国泰安上市公司数据库(CSMR)、中国知网统计数据库,以2008~2016年A股非金融类上市公司为主要研究样本。数据截取时段一方面因董监高政治背景资料的统计时间受限所致,另一方面以2008年金融危机这一事件为时间起点,便于观察政府利用财政补贴手段"救市"的效果。由于本文首要任务是合理估算出企业生产率及其无效率项的数值,因此在获得上市公司相关财务数据、各省一般性公共预算支出及各省GDP数据后,剔除了在某一年度中企业的固定资产、固定资产折旧、应付职工薪酬、主营业务收入、企业总产值中有任何一项存在负值、零值或空值的观察值,以保证所研究的样本相关数据得到完整披露。最终，在剔除异常值及金融行业后，确定有 2802 家上市公司的 19069 个观察值进入研究。

根据所收集的数据，本章采用以下代理指标来衡量模型中的主要变量（见表 9 – 4）：

企业总产值（y）：衡量生产总值主要有两种视角，一是生产法，二是收入法。本章基于财报数据使用收入法来核算企业产出增加值，且从投入产出表中可知工业增加值的核算方式为"固定资产折旧 + 劳动者报酬 + 生产税净值 + 营业盈余"，故综合考虑数据可得性与合理性，本章采用财报披露的固定资产折旧、劳动者报酬、纳税总额以及营业利润的加计总额来衡量企业总产值。

资本（k）：借鉴鲁晓东、连玉君（2007）计算企业资本存量的方法，按照财报所披露的固定资产净额、在建工程净额、固定资产清理、生产性生物资产净额、油气资产净额项目，加总获得企业资本存量数据，这些项目能够较为准确地测算企业的资本状况。

劳动（1）：使用企业年末"员工人数"来反映企业劳动要素投入情况。

政府补贴（sub）：对于规模不同的公司，相同数额的政府补贴会产生完全不同的效果。因此，此处采用政府补贴与资产总额的比值以消除公司规模的影响。基于研究目的，笔者通过对上市公司损益表中政府补助的明细项目原文摘录进行手工筛选、分类，归并出两种主要补贴类型的数据，一类是间接补贴，主要包括明细项目中包含税收优惠、税收返还、税收奖励、贴息贷款等重要词汇的补贴数据，这类补贴的特点是名目单一，补贴对象广泛，具有事后性的特点。另一类是直接补贴，这是现行补贴占比较大的部分，也是本章要研究的主要对象，主要包括除间接数据，以及职工安置费、拆迁费等项目之外的政府补助，如环保类补贴、无名目补贴、专项补贴以及各类奖励。此处扣除了职工培训补贴、拆迁费、安置费等项目，目的是考察那些无法落实到个人手中使用的直接补贴款项。

政治联系（$politic$）：本章借鉴邓建平和曾勇（2009）的研究，按照公司董监高成员在或曾在政府任职时的机构层级（包含一任多职）对其政治关联程度强弱进行赋分，得到相应的政治关联指数。笔者认为，一任多职能更全面地反映政治权利的大小与强弱。政治联系的具体赋分如下：5 = 中央，4 = 省级，3 = 市级，2 = 县区级，1 = 其他。在运算中，对变量进行对数化处理，其估计系数表示政治联系每变动百分之一，所引致的无效率变动的百分数。本章对政治联系数值按四分位数将政治联系划分成三个等级，将第 25 到第

75百分位数之间的政治联系设定为中等。

寻租（rs）：借鉴赵璨等（2015）衡量寻租的方法，本章通过对上市公司损益表中管理费用的明细项目原文摘录进行手工筛选、整理，得到包含"业务招待费""交际应酬费"等词汇的项目，并将之进行规模化处理，并按照50分位数、75分位数将数据划分成寻租的3个程度。

其他变量：为了控制政府对市场的干预力量，本章采用省（市）一般预算支出与该地GDP比率来衡量财政干预力度（govpower）；为了控制行业特征，本章使用SIC二级行业门类计算的行业集中度（hhi）来衡量市场竞争程度，数值越高说明市场集中度越高，竞争性越低（余明桂，2016）；本章也控制了企业年龄（age）、企业所有权性质（soe）、盈利能力（roa）、公司规模（size）以及企业杠杆（lev）等变量。

表9-4　　　　　　　　　　变量描述性统计

变量符号	变量含义	均值	方差	最小值	最大值
lny	企业总产值对数	19.7319	1.3925	15.9990	23.6408
lnk	固定资产存量对数	15.3507	1.8286	0	23.2988
lnl	企业年末在职员工人数对数	7.5524	1.3470	3.6376	11.0749
$lnk \times lnk$		119.4944	27.5271	0	271.4160
$lnk \times lnl$		117.7358	32.2403	0	258.0314
$lnl \times lnl$		29.4269	10.2148	6.6160	61.3267
$sub1s$	规模化直接补贴	0.0021	0.0035	0	0.0219
$sub2s$	规模化间接补贴	0.0011	0.0039	0	0.0789
$sub3s$	规模化创新补贴	0.0004	0.0018	0	0.0832
hhi_sub1s	直接补贴集中度	0.1082	0.1395	0	1
$lnpolitic$	政治联系对数	2.6330	1.5148	0	5.1299
$govpower$	政府干预	1877.3680	717.2548	1026.8770	5127.0480
rs	寻租	0.0009	0.0018	0	0.0772
sic	ISCI分类一级门类	4.8286	3.6020	1	19
soe	是否国企	0.4440	0.4969	0	1
age	企业年龄	10.8190	6.2684	1	24
hhi_ind	行业集中度	0.1044	0.1090	0.0146	0.6509
roa	企业绩效	0.0402	0.0587	-0.1869	0.2258
lev	企业杠杆	3.3043	3.1608	0.9300	20.3694
$size$	总资产对数	21.6884	1.2995	18.8528	25.5655

三、实证过程与结果

(一) 随机前沿分析

我们在回归中均对模型在企业层面上进行聚类,并对一级行业进行控制。首先对随机前沿模型设定进行检验。表 9-5 中 m1 估计了无具体影响因素时随机前沿函数的结果,可以看出,模型的 σ 值通过了检验,广义似然率远大于临界值,说明与普通回归相比,本章适合使用随机前沿模型。为了检验使用超越对数生产函数模型是否比柯布道格拉斯生产函数模型更加合适,本章构建了如下假设:$\beta_{kk} = \beta_{ll} = \beta_{kl} = 0$,计算发现模型的广义似然比率为 1172.56,拒绝原假设,即超越对数生产函数较柯布道格拉斯生产函数更加合适,且劳动和资本的二次项以及交叉项对产出影响明显。这就说明本章的模型选择是合理的。由 m1 回归结果得出由生产无效率项导致的波动占总波动之比为 56.09%,故有必要探讨影响无效率项的因素。因此,结合研究主题,在 m1 中分别加入直接补贴(m2)、间接补贴(m3)、创新类补贴(m4),并加入其他控制变量,以讨论补贴方式对无效率项的影响。

表 9-5　　全样本随机前沿生产函数及其影响因素模型估计结果

	m1	m2	m3	m4	ma5
生产函数					
lnk	-0.224 *** (-9.77)	-0.278 *** (-3.77)	-0.343 *** (-3.31)	-0.346 ** (-3.25)	-0.428 *** (-4.29)
lnl	0.605 *** (-15.18)	0.562 *** (-4.86)	0.325 ** (-3.03)	0.332 ** (-3.08)	0.353 ** (-3.26)
$lnk \times lnk$	0.0637 *** (-23.88)	0.0671 *** (-7.1)	0.0659 *** (-7.08)	0.0663 *** (-6.96)	0.0723 *** (-7.85)
$lnk \times lnl$	-0.0569 *** (-14.42)	-0.0531 *** (-4.20)	-0.0554 *** (-5.79)	-0.0557 *** (-5.79)	-0.0579 *** (-5.98)
$lnl \times lnl$	0.108 *** (-15.71)	0.101 *** (-5.56)	0.131 *** (-8.76)	0.131 *** (-8.73)	0.133 *** (-8.79)
sic	控制	控制	控制	控制	控制
_cons	14.55 *** (-83.66)	15.04 *** (-33.96)	17.38 *** (-23.99)	17.38 *** (-23.33)	17.98 *** (-25.92)

续表

	m1	m2	m3	m4	ma5
无效率项					
$sub1s$		31.79*** (-4.31)			
$sub2s$			-44.92*** (-4.83)		
$sub3s$				-52.75** (-3.07)	
hhi_sub1s					0.628** (-2.67)
控制变量		控制	控制	控制	控制
$\_cons$	-0.793 (-14.38)	-1.172 (-7.57)	23.29 (-18.11)	23.46 (-18.23)	23.44 (-17.53)
随机扰动项					
$\_cons$	-1.037 (-41.04)	-1.110 (-29.52)	-1.314 (-36.20)	-1.311 (-36.22)	-1.32 (-35.87)
σ	0.595***	0.574***	0.518***	0.519***	0.516***
LR	180***	3025.61***	5760.73***	5725.17***	5754.61***

注：括号中为 Z 值，*代表的显著性水平为：$^*p<0.1$，$^{**}p<0.05$，$^{***}p<0.01$。

由表 9-5 中的 m2 回归结果可知，直接补贴对无效率影响显著为正，意味着对于全行业来说，平均直接补贴增加会降低生产的技术效率。另外，m3 与 m4 模型中间接补贴与创新补贴对生产无效率的影响显著为负，意味着采用事前性的补贴方式或者对创新类生产活动进行补贴，对提升企业技术效率有显著作用，这一结果与本章在理论部分所讨论的补贴制度模式及相应的经济后果相符。

（二）直接补贴对无效率项的影响机制检验

考虑具体的直接补贴的影响机制，本章将衡量政治联系程度的变量与直接补贴程度进行交互回归，以考察在不同政治联系强度下，直接补贴程度对无效率影响的情况。由于制造业样本量大，且属于补贴的重点产业，因此本章以制造业为例进行子样本回归，考察补贴的影响机制，结果如表 9-6 所示。

表9-6　　子样本直接补贴对生产技术无效率项的影响机制

生产函数	m2′	m6	m7
	显著	显著	显著
无效率项			
$sub1s$	41.845***	33.463**	63.205***
	(5.410)	(2.130)	(4.600)
寻租程度			
中等	-0.308***	-0.537***	-0.309***
	(-3.980)	(-2.730)	(-3.990)
高等	-0.373***	-0.840***	-0.371***
	(-4.000)	(-3.980)	(-3.990)
寻租程度×$sub1s$			
中等		40.710	
		(1.600)	
高等		65.530***	
		(2.830)	
政治联系程度			
中等	0.498***	0.631***	0.568***
	(5.960)	(3.230)	(5.830)
高等	0.208*	0.103	0.288**
	(1.820)	(0.400)	(2.130)
政治联系程度×$sub1s$			
中等			-25.976*
			(-1.810)
高等			-30.657
			(-1.380)
soe	0.413***	0.964***	0.411***
	(3.830)	(4.520)	(3.820)
hhi_ind	2.617***	2.617**	2.619***
	(4.640)	(2.490)	(4.640)
其他控制变量	控制	控制	控制
$\_cons$	-1.274	1.498	-1.328
	(-6.950)	(1.640)	(-7.180)

续表

	m2′	m6	m7
随机扰动项			
_cons	-1.246 (-28.540)	-0.917 (-23.960)	-1.245 (-28.540)
σ	0.536***	0.632***	0.537***
LR	90.32***	1076.160***	2595.260***

注：括号中为 Z 值，*代表的显著性水平为：$^{*}p<0.1$，$^{**}p<0.05$，$^{***}p<0.01$。

由 m2′回归结果可知，直接补贴与对无效率项有显著的正向影响，这与假设一致，但不同寻租程度对无效率项有负面作用，考虑到技术无效率实际上是反映企业经营管理制度的效率，因此不排除业务费招待费的开支有提升管理能力的可能。为检验与补贴相联系的寻租对生产技术效率的租用，我们设计了补贴强度与寻租强度的交互项进行回归 m6。在此模型中，补贴对无效率项的影响主要来自补贴强度主变量系数与相对应的交互项系数之和。观察易知，当寻租程度处于高位时，补贴对无效率的影响为正值，意味着在高度寻租的情况存在时，企业获得的补贴有更大的可能性是来源于寻租所得，因此会降低生产技术效率。根据前文分析，这一方面是由于为了获得补贴而进行的寻租浪费了本应投入生产的资源，另一方面也由于通过寻租获得的补贴资金不一定能充分投入生产中去。

由 m2′回归结果可知，直接补贴与政治联系强度对无效率项的影响显著为正，进一步考察其交互机制，由 m7 可知在中等政治联系强度下，主效应与交互效应的系数之和为负数，而高等政治联系符号仍然为正，即存在政治联系下的直接补贴会增加生产无效率。根据上文分析不难理解，当企业与政治市场联系密切时，企业获取补贴的目的并不是单纯地为了发展生产，且政治精英的私人目的也干预着补贴资源的配置，从而影响生产过程对资源的利用效率。另外，在表 9－6 的模型中，国有企业的性质、行业集中度增加也会促进生产技术无效率。这与本章的理论分析保持一致。

（三）稳健性检验

首先，借鉴阿金等（2012）对补贴的定义，以 ISIC 二级行业中直接补贴的集中程度来衡量直接补贴（hhi_sub1s），这样做的好处是能够体现出行业补贴的集中程度，反映了补贴在企业间分布不均的程度。从表 9－5 中 ma5 模型可知，在控制了寻租、政治联系等变量后，直接补贴集中度对生产无效率项有正向作用，意味着直接补贴越集中，越会阻碍企业生产率的提高。

其次，考虑到直接补贴与生产率的关系可能存在样本选择问题，国有企业、成长中的企业、经营亏损的企业更有可能会受到补贴（杨洋等，2015）。因此，不仅补贴会影响企业的生产率，而且影响企业生产率的其他变量也有可能影响到补贴。且观察直接补贴的数据结构可知样本存在断尾的情况，因此本章使用赫克曼（Heckman）于1979年提出的样本选择模型来处理模型可能存在的内生性问题，进而检验模型结论是否稳健。根据前文随机前沿模型回归的结果，进一步计算得到企业全要素生产率的值 tfp，代入样本选择模型中进行回归，结果如表9-7所示。在不考虑交互机制时，直接补贴对生产率有正向作用，符合补贴的初始目的，但在考虑与寻租程度、政治联系、政府干预的交互机制时，补贴对生产率的影响系数之和为负，即与本章的第二个假设相符。

表9-7　　　　　　　　　　Heckman 样本选择模型

	ma1	ma2	ma3	ma4
tfp				
sub1s	234.5363** (2.010)	578.4056*** (3.540)	-295.1995* (-1.840)	-545.2116* (-1.700)
govpower	-0.0028*** (-4.590)	-0.0028*** (-4.530)	-0.0028*** (-4.510)	-0.0038*** (-5.280)
politic	0.09059*** (6.720)	0.09011*** (6.680)	0.05346*** (3.440)	0.09076*** (6.730)
寻租程度				
中等	3.5196*** (3.390)	5.0337*** (4.110)	3.5495*** (3.420)	3.4857*** (3.360)
高等	2.1138** (1.980)	3.9234*** (3.040)	2.1860** (2.050)	2.0695* (1.940)
sub1s × 寻租程度				
中等		-667.7750** (-2.280)		
高等		-683.3472*** (-2.580)		

续表

	ma1	ma2	ma3	ma4
$sub1s \times politic$			18.2688*** (4.820)	
$sub1s \times govpower$				0.4215 (2.610)
hhi_ind	30.517*** (6.660)	30.5900*** (6.670)	30.8368*** (6.730)	30.4958*** (6.650)
roa	38.1199*** (4.910)	37.9515*** (4.890)	38.6758*** (4.980)	38.3890*** (4.940)
age	−0.6528*** (−7.930)	−0.6548*** (−7.960)	−0.6567*** (−7.990)	−0.6548*** (−7.960)
lev	−0.09121 (−0.600)	−0.0895 (−0.590)	−0.0904 (−0.600)	−0.08445 (−0.560)
$size$	−5.4119*** (−12.670)	−5.4020*** (−12.650)	−5.3782*** (−12.600)	−5.3820*** (−12.590)
sic	控制	控制	控制	控制
$\_cons$	99.7909*** (10.180)	98.7769*** (10.070)	99.4338*** (10.150)	100.6234*** (10.260)
$sub1s$				
$netprof$	−3.3707*** (−5.700)	−3.3802*** (−5.710)	−3.4207*** (−5.760)	−3.3641*** (−5.690)
soe	−0.144*** (−6.180)	−0.144*** (−6.180)	−0.145*** (−6.210)	−0.144*** (−6.180)
$size$	0.195*** (20.910)	0.195*** (20.910)	0.195*** (20.900)	0.195*** (20.910)
age	−0.040*** (−21.050)	−0.040*** (−21.050)	−0.040*** (−21.050)	−0.040*** (−21.040)
$\_cons$	−2.730*** (−13.820)	−2.730*** (−13.820)	−2.728*** (−13.800)	−2.728*** (−13.810)
ρ	0.632***	0.632***	0.630***	0.632***
σ	582897.8***	582735.4***	582125.0***	582807.1***
λ	368385.7***	368263.7***	366603.0***	368447.6***
LR	681.48***	681.55***	671.51***	681.97***

注：括号中为 Z 值，* 代表的显著性水平为：* $p<0.1$，** $p<0.05$，*** $p<0.01$。

第四节 改革产业补贴制度

针对当前国内财政补贴现状，我国对产业发展的补贴分为人际关系化产业补贴和非人际关系化产业补贴，运用新制度经济学的相关理论建立了一个理论分析框架，旨在阐明人际关系化的补贴制度有碍国家实现社会总产值最大化的目标，并根据理论框架建立了具有无效率影响因素的随机前沿模型，同时借助赫克曼样本选择模型进行稳健性分析，实证结果证明了：（1）直接补贴相较于间接补贴，对提升生产技术效率存在负面影响；（2）导致补贴无效率存在的机制是通过政治联系、寻租实现的，而这种作用机制体现了人际关系化的补贴制度对社会发展的负面影响。我国财政补贴在提升社会生产率方面的低效率表明，现有的补贴制度是一种政府导向型发展模式的体现，与市场导向型发展模式相比，该发展模式更容易滋长特殊利益集团势力，使得统治者在实现国家双重目标上产生冲突。政府提供的公共服务是为了降低社会经济发展的交易成本，以实现生产总值最大化，但正如西蒙斯（2017）指出的，用国家来补救市场失灵的计划已经扩展到超出公共物品提供与外部效应控制的程度，再分配财富已经成为政府的主要活动，但这并不能阻止那些本来就富有的人通过政治程序变得更富有。

从深层次看，我国经济转型也对我国财政产业补贴形式产生了重要影响。我国正在从人际关系化制度转向非人际关系化制度。在这个转型过程中，我国大多数产业财政补贴采取了直接补贴的形式，这种补贴就是一种人际关系化制度的体现。这也可以解释为什么我国大约70%的产业补贴都采取了直接补贴的形式。如诺思所说，一种促进非人际关系化交换的制度框架形成了，而非人际关系化交换是政治稳定以及获取现代技术的潜在经济收益所必需的。另一种，人情关系依然是许多政治与经济交换的关键。产生这种人情关系的制度框架在演化中既不能带来政治的稳定，也不能使现代技术的潜力得到持续的发挥（诺思，2014）。实证分析也验证了诺思的观点，即人际关系化产业补贴不利于实质的、持续的创新。

要改善这种低效率的补贴制度，出发点是要建立一个包容性的社会制度，发展非人际关系化社会秩序，从"政府导向型"发展模式转向"市场导向型"发展模式。政治制度优先于经济制度，包容性社会的政治制度应当是足够多元化与集中化的，既要求权力制约，也需要权力在精英联盟之外的群体间广泛分散与享有（阿西莫格鲁和罗宾逊，2015）。在权利受限的秩序下，我国的政治制度足够集中，但缺乏多元，解决的关键在于制约政府的权力、强化法治建设，这也是发展非人际关系的第一步（诺思，2013）。同时，包容性的经济制度意味着政府要创造公平竞争环境，鼓励创新。只有当政府处理好与市场的关系时，才能构建起抵御利益集团的制度体系，实现经济的长期发展。

第十章 产业创新组织模式转型

第一节 组织创新比技术创新更重要

发明是技术突破，而创新则是新技术的大规模商业应用。政府与市场在这方面是有分工的。政府的职责不是在创新上，而是在发明上，发明就是技术的突破。新技术大规模商业应用的主体是企业和企业家。新技术的大规模商业应用主要体现在三个层面上，一是科技创新；二是改变生产函数；三是改变制度规则。把发明转化为创新是一个复杂的过程，库兹涅茨认为，在科技黑匣子里面一个较小的黑匣子叫作"研发"，它将输入转化为知识输出。而这个黑匣子里只有一个更小的黑匣子包含了可用的知识。为什么有些社会似乎更倾向于产生新知识并利用这些知识？而有些社会却做不到？只有那些建立了从发明扩展到创新制度体系的国家才能做到产生新知识并利用这些知识，因此，欧洲委员会在探讨是否建立创新的专利体系问题，也就是从制度上将所有权的范围从发明扩展到创新。[1]

创新是技术创新、制度创新和组织创新相互作用的产物。技术创新可以降低生产成本，而组织创新可以降低交易成本、保障创新收益的实现。在一定意义上讲，从发明到创新就需要具有创造性的内在动力的经济组织的产生。在钱德勒看来，技术进步本身就包括组织创新。而组织性问题的实质是解决激励问题。20世纪人类许多创新来自美国这与美国新公司组织的创新是分不开的。短期的技术进步在任何国家都是存在的，现在国与国的差距关键在于能否把技术进步转变为一个稳定的和内生的不断扩张的机制。这种机制就是

---

[1] 柏林科学技术研究院. 文化 VS 技术创新——德美日创新经济的文化比较与策略建议 [M]. 吴金希等译. 北京：知识产权出版社，2006：321.

创新的组织方式能否表现为社会所产生的革新所获得的收益大于发明和开发的成本。从发明到创新需要"惊人的一跳",还需要组织和制度上的创新。这是因为,一是只有在有效的制度基础上,技术潜力才能转化为技术优势。二是有效的创新组织构架为创新产业的集群创造条件。为什么近现代美国在创新上领先于欧洲?我们认为对于转型国家来讲、对于技术追赶国家来讲,组织创新比技术创新更重要。

国家创新体系是指机构和组织在一定制度和组织框架下构成国家创新网络。这个网络系统主要由三个部分组成:

一是创新体系的基础层面。构成美国创新体系基础的是市场经济＋风险资本＋中小企业。这也就是市场决定资源配置在创新体系里的表现形式,国内外的实践证明这是目前为止最为成功的创新体系。我国改革的目标就是企业为主体、市场为导向和产学研相结合的创新体系的建立。创新体系的基础层面还包括知识产权制度、企业制度等。

二是创新的国家战略层面。这涉及国家的创新战略及实施创新的手段等方面,还包括创新多层次体系的构建。美国的创新体系分为三个层次:一是最基层政府加大对教育、研发等方面的投入,从而建立创新基础;二是通过大企业之间的竞争促进创新,把中小企业的发明或创新变成产品、产业;三是全社会加速在高科技领域、科技前沿领域的大项目上的突破。

三是创新的组织形式。埃德蒙·费尔普斯在研究人类创新史中发现了两种创新组织模式。埃德蒙·费尔普斯认为,从宏观层面看,主要有两种创新组织模式,即自上而下的创新组织模式和自下而上的创新组织模式。自下而上的创新组织模式比自上而下的创新组织模式更有效。因为自下而上的创新组织模式发挥了更多人的创造性。[①] 这两种创新组织模式的重要区别在于两个方面,一是投资的来源;二是创新的动力。创新组织模式实质是科技资源配置与制度结合的问题,它涉及创新的激励机制及创新与经济的关系。

衡量国家创新体系创新能力高低的重要指标就是"知识分配力"。创新系统的"知识分配力"就是指把发明转化为创新的能力,即创新系统能保证创新者随时可以得到相关的知识存量。知识的产生和分配力是不同的。知识可能产生于世界各地,但是谁能把知识变成产品、变成财富却取决于知识分配力。知识分配力越强创新也就越多。在诺思看来,发达国家通过制度/组织

---

① 埃德蒙·费尔普斯. 大繁荣 [M]. 余江译. 北京:中信出版社,2013:XVI.

框架的优势把分散知识所固有的潜在生产率转变为了现实的生产率。影响一国知识分配力大小的因素主要有两大方面,一是制度层面的,知识产权、法治等会影响创造者获得资源的权利,选择生产组织方式的权利,以及使用它们的权利,从而决定了创新者的数量,决定了一国创新的微观基础。现在中国只要讲创新似乎就是钱的问题,就是目标问题,以为有了钱,有了目标就可创新、就可一流了。其实关键就是权利问题。许多发展中国家创新上不去并不仅仅是钱的问题,而更重要的原因是创新权利的缺失。二是在分配力方面,自上而下的创新组织模式更多地应用了行政或政府的力量,而自下而上的创新组织模式则应用市场的力量。创新的产权有力保护和自下而上的创新组织模式是发达国家制度/组织框架的基本特征。自下而上的创新组织方式具有竞争的特性,因此组织与组织之间是相互竞争的。

现在制约中国创新的并不仅仅是技术、资金及人才,更重要的是制度和组织层面的创新不足。制度和组织层面的创新不足使中国创新的潜力远远没有发挥出来。在人类发展历史上,组织创新和制度创新比发明与创造性本身还要重要。[①] 从我国这些年创新的结果来看,在数量上、形式上、规模上的创新我们似乎都不错,但在质量上、实质上、颠覆性的创新上我们显得不够。分析这种现象背后的深层次原因主要是创新制度的不足和组织缺陷。

第二节 两种创新组织模式的比较

20世纪50年代至80年代,苏联的科技创新投入都偏重宇航、航天和军工等国家重点发展的领域,而美国的创新则偏重于家电、互联网、汽车等民生及市场需求。这分别代表两种不同创新体系,其根本区别在于:苏联的科研是国家主导和国家出资,是自上而下的创新组织模式,没有留下改变人类生活与生存方式的技术发明。而美国的研发是市场主导,以私人投资者为主,是自下而上的创新组织模式。到底哪一种创新模式创新能力更强?

区分自上而下的创新组织模式和自下而上的创新组织模式的标准主要有三点,一是创新的来源,二是创新的投资主体,三是创新的导向机制。其中投资的来源以及创新的动力来自何处是这两种创新组织模式最重要的区别。

---

① 埃德蒙·费尔普斯. 大繁荣 [M]. 余江译. 北京:中信出版社,2013:85.

一、创新的来源

自下而上的创新组织的创新源于市场需求。研究表明，市场需求拉动的创新（市场需求和企业生产需求合计）占英国创新的73%（美国为78%），而源于技术推动的英国为27%（美国为22%）。市场需求对技术创新的拉动作用是创新的内在源泉。这70%以上的市场需求在自下而上的创新组织方式中被发现是没有问题的。但是自上而下的创新组织模式如何发现这70%以上的市场需求呢？换言之，自上而下的创新组织如何与市场需求相吻合成为其创新的关键。自下而上的创新组织建立在分散信息和分散知识的基础上。那些能有效利用分散知识、分散信息的组织构建更有效率。在自下而上的创新组织方式中，企业家和企业家精神是在市场竞争中孕育的，他们知道在哪些领域创新、如何创新。科技资源不是由政府来决定的，而是在产权明晰的情况下由各个经济主体在市场竞争中决定把创新资源用于什么领域的创新并如何创新。

自上而下的创新组织的创新主要源于政府的发展战略。这种发展战略主要适合于追赶，优势是可以降低决策成本。这种模式在创新追赶模式中还可发挥一定的作用。由政府决定创新什么、发展什么产业及上什么项目方面在一国追赶时期还具有一定的可行性，因为可以参考其他国家的创新路径模仿追赶。

政府主导的创新模式面临主要问题是创新什么，这个创新是如何确定的。自上而下的创新组织模式很难与上述70%以上的市场需求相吻合。即使有重大决策与创新体系各参与方的开放对话机制也很难捕捉到这70%以上的市场需求。那么自上而下的创新组织模式是如何确定创新什么的呢？在自上而下的政府主导的创新模式下，创新什么及创新资源配置主要由政府决定。具体主要有三种方式，（1）自上而下的创新决定建立在专家信息和专家知识的基础上。例如，为了鼓励创新，政府会圈定一些领域、项目作为支持的对象，政府部门在产业发展上就是在按专家信息、专家知识"挑选赢家"。这种组织方式难以搞清楚市场的真实需求，并且容易做出错误的选择。（2）政府官员在推动创新运动中扮演着重要角色，为了更容易得到晋升的机会，他们更可能做一些能够被评价和被上级官员看到的事情。[1]（3）企业会为自身利益

---

[1] 乐文睿，马丁·肯尼等. 中国创新的挑战[M]. 刘圣明等译. 北京：北京大学出版社，2016：296.

最大化会诱导政府出台一些有利于获得收益和创新资源的项目。

这两种创新模式的动力来源也是不一样的。自上而下的创新组织模式是创新者把眼盯着政府，而自下而上的创新组织中的创新者则是把眼盯着市场。这两种创新组织模式的制度是有差别的。自上而下的创新组织模式更强调政府对制度的主导及对创新的激励作用，而自下而上的创新组织模式更强调市场的作用及激励。莫基尔分析了英国工业化比法国工业化更早的主要原因是英国的专利法制度比法国的政府奖励科技制度更有利于创新。英国有一半的发明转化为创新是靠保护私人企业剩余权的普通法来实行的。英国的制度优势＝专利制度＋自由企业制度＋普通法。与这种制度创新相适应，英国建立了人类历史上第一个自下而上的创新组织模式。有分析表明，那些有专利制度的国家比那些没有专利制度的国家更有利于创新，这表现为创新的类别更加广泛。现在美国在计算机互联网领域的创新能力强于其他国家的主要原因是美国在这些领域的知识产权保护要比其他国家更完善。不完善的知识产权制度对创新的影响是双重的，一方面有利于对国外知识技术的模仿和产业的快速发展，另一方面对知识产权保护的不足会阻碍国内企业对研发的投入。

二、创新的主体

创新的动力从根本上说就是谁是创新的主体。创新的动力内源于个人或组织对外部需求的反应并有利于自身利益最大化，可称之为内源性创新。而外源性创新个人或组织来自外部（政府、或其他组织）的委托而实现自身利益最大化的行为，即这些投入主要是政府部门自上而下投入的，而主要不是来自企业、市场需求。这些资金最终是企业或研究机构使用的，但它是一种用张三的钱为李四买东西（外源性的），而不是用自己的钱为自己买东西（内源性），而这本身就会影响产出（专利）。美国大多数研究和开发支出是由私人投资的。① 投资者与创新的动力是相互联系的。粗略地分类，创新的投资来源主要是两大类，一类是来自国家投资为主的，另一类是来自民间投资为主。同样一万亿，用这两种不同类型的投资方式投资下去，结果是不一样的。

从世界情况来看，那些创新成功的国家有一个共同的特征，那就是创新

---

① 威廉·鲍莫尔. 资本主义的增长奇迹［M］. 彭敬译. 北京：中信出版社，2004：5.

的研发投入主要是来自企业或风险投资，这是一种内源性的投入模式，而我国企业（尤其是国有企业）的研发投入主要是来自外部或政府，这是一种外源性投入模式。内源性创新模式以自下而上的组织方式为主，而外源性创新模式则以自上而下的组织方式为主。国家重视创新不等于国家就要直接投资创新领域。这其中的一个重要原因是过去长期的计划经济体制以及现在政府仍然自上而下地控制着创新的资源影响着我国创新能力的提高。

当今世界有三种主要的投入方式，一是美国模式，即市场经济＋风险资本＋中小企业。在美国，绝大多数的革命性或开创性的发明几乎都产生于风险资本资助的中小创新公司；相反，大公司研发则集中于改进型和渐进型的创新。为什么在美国中小公司与大公司有这样的分工？这是因为风险投资中的多个独立投资者是形成风险资本硬预算约束的条件。而大公司的内部资本市场无法模拟硬预算约束机制。这表明，大公司不宜在风险最大的领域从事创新。这种投资模式构成了美国自下而上创新组织形式的基础。从制度上，风险资本依赖发达的金融市场制度和发达的司法制度。二是欧盟国家设立政府主导的风险资本。三是苏联和东欧国家的政府直接投资。这两种投资方式构成了自上而下的创新组织方式的物质基础。当前我国创新投资主要是欧盟式的风险资本与苏联和东欧集团式的政府直接投资为主，民间投资在不断增长中。政府投资基金和私人投资不一样，前者是软预算约束并存在着委托代理问题，而后者是硬预算约束。政府投资基金有两大问题，一是缺乏一种机制保证投资的钱真正投资于值得投资的项目。二是政府的投资基金还有可能为寻租和腐败提供了条件。这两种投资方式还存在委托－代理问题。委托人与代理人之间的合约必然是不完全的，有可能出现逆向选择和道德风险问题。这些问题的严重程度主要取决于制度安排。在这种投入下，委托人与代理人之间的关系就非常重要了。证据显示，正是那些不道德的、机会主义的和无能力的人希望获得好位置而展示忠诚的信号。

三、创新的导向机制

创新的导向机制主要涉及创新组织模式的内在运行机制，尤其是科技资源是如何配置的。可从以下四个方面比较两种创新组织模式的差异：

一是自上而下的创新组织方式是关系导向的惯例，在这种组织下创新的特点表现为，政府控制了基本的科技资源，并认为通过自上而下的指令或政策（项目）把这些资源配置是有效的。我国高等教育、研究系统及产业系统这三大领域就是自上而下的创新体系，是关系导向的惯例。而自下而上的创新组织模式是创新导向。创新导向决定着组织创新的能力，创新导向的惯例是组织能力的微观基础，为什么中国的企业在创新能力上与欧美国家一些企业的创新能力存在较大的差距？缺乏创新的惯例将使得中国企业在形成知识的分配力上存在较大困难，[①] 也就是知识分配力较低。自上而下的组织模式与政府主导的创新是相互强化的。而哈耶克在其自下而上的创新组织模式理论中认为，现代经济在新产品和新工艺的开发过程中要求体制内的个人拥有发挥原创的自由，并充分发挥其由环境和知识塑造的个性。哈耶克开启了自主创新模型的大门，这是一种源于本土的、基于个人的各类观念的创新。

二是企业通过追求外部创新资源并与政府的发展战略是适应的来保证自身的生存和发展。所谓关系导向的惯例就是这种创新组织方式的关键是只有与政府搞好关系才有资源，结果会导致锁定效应，不利于创新导向惯例的形成。[②]中央政府和地方政府均涉足经济活动，从而导致企业与政府的紧密关系。虽然这些联系有助于促进中国经济发展，但也阻碍了企业通过市场竞争形成自己的核心竞争力，[③]自上而下的创新组织模式由于受资源及项目数量的限制只能采取人格化交易，使大量的潜在创新者难以转化为现实的创新者，减少了创新者的数量。自下而上的创新组织形式是非人格化交易。欧美国家的产业支持政策是基于市场发挥基础性作用的，以非人格化交换为前提，有利于创新导向的惯例发挥作用。

三是自上而下的创新组织方式的科技资源配置是相对集中的，并且项目实施具有计划性、强制性，无论是事前、事中还是事后，创新主体对市场的反应是比较迟缓的。主要原因是科技资源的软预算约束，加上创新主体追求自身利益最大化的机制不同于自下而上的创新主体。自上而下的创新组织模式中更多的是行政性荣誉。政府主导模式将放大"不确定性"的破坏作用，这是因为政府在经济发展中扮演"最终的风险承担者"的角色和存在刚性兑付。在一个风险不存在的社会是不可能有真正的创新的，什么都由政府来买单的市场经济并不是真正意义上的市场经济。而自下而上的创新组织模式中

[①][②][③] 乐文睿，马丁·肯尼等.中国创新的挑战［M］.刘圣明等译.北京：北京大学出版社，2016：206，291.

创新者是企业家，创新组织方式是市场导向和创新导向的惯例，这种组织创新方式更有利于减少不确定性和分散风险。自下而上的创新组织方式中的企业有创新多个点，承担损失也有多个点，从而大大地降低创新中的风险并使创新中的损失最小化。

四是两种创新模式都有创新资源的误配，但在误配的程度上是有差别的，尤其是在市场误配的修正机制方面，自下而上的创新组织方式比自上而下的创新组织方式更有优势。由政府引导的科技资源配置，适应性效率比较低，对市场变化的反应也比较迟钝。维塞尔早就指出，在经济学中，成千上万的个体的分散行动比一个单个的权威在上面组织要更有效，因为后者"绝不可能获知无数的可能性"。[1] 综上所述，从创新什么、创新的结果和创新的适应性效率来看，自下而上的创新组织模式比自上而下的创新组织模式的知识分配力更强。

第三节 为什么我国创新组织模式要转变

从前面的分析可以看出自上而下的创新组织模式对我国模仿追赶创新阶段的发展发挥了重要的作用，但在我国从高速增长转向高质量发展的过程中这种模式的局限性也越来越明显，这主要表现在以下三个方面：

一是自上而下的创新组织模式会使创新行为发生变异。由于创新的来源、创新的主体及创新导向方面的原因，我国不少创新是一种策略性创新，也就是为其他目的（如财政补贴）而进行创新；还有的是为获得课题而创新，创新本身变为次要的。为什么会产生这种现象？我国创新的产出（专利）也是一种外源性的，对这些东西追求不是源于对自己创造的价值最大化追求，而是通过这些（专利）去获得财政补贴、资助，甚至通过这些显示企业的创新能力。这种外源性的创新产出模式必然导致数量的扩张而质量难以提高。为什么我国这些年专利增长很快？在这种组织方式和制度下，创新是外源性的，创新的目标本身并不重要了，重要的是否纳入政府支持和鼓励的范围内。如专利、项目、获奖等成为创新主体追逐的对象。企业为了"寻扶持"而增加

---

[1] 赫苏斯·韦尔塔·德索托. 社会主义：经济计算与企业家才能 [M]. 朱海就译. 长春：吉林出版集团有限责任公司，2010：128.

创新"数量"的行为只是一种策略性创新，而缺乏实质性创新[①]。

二是自上而下的创新组织模式容易使创新的资源产生大量的资源错配。这种资源错配表现在，（1）作为政府主导的科技资源配置一般倾向于选择国有企业，这既是制度使然，又可降低交易成本。如前所述，在市场经济体制中，中小企业更有利于搞发明和专利，而大的企业可以把这些发明和专利聚集在一起，变成产品。在社会主义初级阶段，公有制企业与非公有制企业各有自己的优势。如果我们把更多的研发投向非公有制中小企业，中国2001~2007年制造业的生产率增速能够增加33%~50%。[②]（2）因为委托代理的中监督成本太高，创新的目标与创新的结果往往不一致。自上而下的创新组织方式对创新成果的考核体系本身会产生资源的错配。如前所述，许多自上而下的投资创新项目变成了为专利而专利，把专利作为结项的手段。政府对科研机构的定额任务，加上申请专利的补贴，使得很多低质量的专利通过了申请。宽松的审查程序也加剧了我国专利的数量型增长。也就是自上而下的创新组织模式的考核方式也会容易产生资源错配。

三是自上而下的创新组织在项目上寻求短平快，容易形成模仿创新，忽视基础性研究，从而不利于原创性和独到性优势的形成。从投入来看，我国基础投入不足而偏向于应用技术研发。基础研究不够会导致制造业关键核心技术上不去。自上而下的创新组织方式由于考核机制的缺陷，即要尽快看得到看得见的成果，促使整个科技资源配置朝着短、平、快及可见的项目方面发展，这就使我国在实质性、革命性及颠覆盖性的创新方面严重不足。

现代化经济体系的创新要求政府必须下放科技资源的直接支配权，并使之分散。[③] 这也是我国高质量发展的内在要求。在西方国家，技术进步及创新很少是自上而下的，大多数是自下而上的，通常也不需要政府的直接参与，政府只是创造有利于创新的制度环境。但是，在中国唐宋时期，技术进步经常是由政府自上而下发起的。[④] 现在我国理论界和实际部门对这种创新组织模式的转变的重要性和必要性认识不够。为什么我国要从自上而下的组织创

[①] 黎文靖，郑曼妮. 实质性创新还是策略性创新？——宏观产业政策对微观企业创新的影响[J]. 经济研究，2016，51（4）：60-73.

[②] 杨汝岱. 中国制造业企业全要素生产率研究[J]. 经济研究，2015，51（2）：61-74.

[③] 乔尔·莫基尔. 富裕的杠杆：技术革新与经济进步[M]. 陈小白译. 北京：华夏出版社，2008：196.

[④] 乔尔·莫基尔. 雅典娜的礼物：知识经济的历史起源[M]. 段异兵，唐乐译. 北京：科学出版社，2011：227.

新模式为主转向以自下而上的组织创新模式为主？主要有以下四个方面的原因：

一、市场决定资源配置的需要

当今世界的竞争是科技的竞争、是创新的竞争。谁能创新，谁在产业占有核心技术和关键技术，谁就会在竞争中处于有利地位。于是，越来越多的国家向科技增加投入，现在的问题是谁来决定这些科技资源的配置。创新不仅仅是一个投入多少钱的问题，更重要是什么机制来决定这些科技资源的配置。从创新的角度来讲，市场机制是最好的创新机制。但是，创新的组织模式与市场机制是否适应是值得我们探讨的问题。自上而下的创新组织模式是不利于发挥市场决定资源配置作用的。如前所述，自上而下的创新组织模式政府充当了许多投资的角色，包括各种财政补贴，这些投资或补贴有可能扭曲市场信号，使成本、价格失真。分析表明，要提高经济竞争力，新兴经济体需要更强的市场来取代政府机构的指导作用。

二、构建企业为主体、市场为导向、产学研结合的创新体系的需要

科学研究和商业应用之间有着广泛的交换。这通常是由中间组织、委员会、资金财团和联络机构构成的优秀网络来引导的，它们都有着自由搜索的优势。在中国，研究和实际应用之间是脱节的。知识的生成和知识的应用是分开的"双重现实"。技术官僚通过对资助资金的控制有着过强的影响，并且缺乏外部的专业技术判断。国家规定的项目是优先进行的，因此也不利于其他交叉领域的发展。[①] 在自上而下的创新组织下，我国产学研一直是"三张皮"，研究机构、大学及产业都是自上而下的行政垂直管理。产学研结合的效率取决于创新的组织模式，而自上而下的组织模式试图通过行政的方式来使产学研结合，效率是低下的。因此，构建我国现代化的创新体系必须从自上而下的创新组织模式转变到自下而上的创新组织模式上来。

---

① 乐文睿，马丁·肯尼等. 中国创新的挑战［M］. 刘圣明等译. 北京：北京大学出版社，2016：66.

三、高质量发展的需要和我国产业升级的需要

高质量发展的内含是丰富的,一是增长不等于发展。过去我们强调增长比较多,现在要从强调增长转向发展。发展包含结构优化、包容性发展、从过去数量型增长转向质量型增长、产业升级等。二是从过去要素驱动转向创新驱动。三是制度创新、组织创新等。高质量发展是技术创新与制度创新的有机统一。我国正在从过去的高速增长阶段转向高质量发展阶段。实施这个转变取决于两大因素,一是通过全面深化改革和制度创新实现经济发展方式的转变。二是创新驱动。自上而下的创新组织模式有利于数量增长和产能扩大,这已经被中国四十多年的发展所证实。而自下而上的创新组织模式则更有利于高质量发展和产业升级。对于我国来讲,技术层面的转型升级是一个方面,但更重要的是创新组织模式的转变,即从自上而下的创新组织模式转到自下而上的创新组织模式。

四、从模仿型创新向自主型创新转变的需要

近年来,我国总体上还属于模仿型创新,这与我国自上而下的创新组织模式是密切相关的。无论是从经济发展水平来讲,还是从科技教育发展和产业发展来讲,我国模仿追赶阶段都应该结束了,也必须从模仿型创新转变到自主型创新上来。

是不是所有的国家都要从模仿竞争到创新竞争?在德国和美国,人们反对模仿追赶,他们认为模仿竞争会妨碍创新竞争。这种观念和理念有利于德国和美国构建自主创新的体系。"二战"结束以后,德日两国没有接受美国的产业安排,即让德国和日本优先发展钢铁、纺织轻工等传统产业。实际上,德国和日本在发展汽车、电子等高附加值的出口产业的基础上建立了高效完备的国家协作创新体系。这种创新体系就是市场经济+风险资本+中小企业的协作创新体系。

我国应该从体制、制度及政策层面改革模仿追赶的模式了,并且具备了自主创新的物质基础和相应的条件,但是我们的科技体制、经济体制还不足以支撑从模仿追赶模式转向自主创新的模式。如果我们不能从模仿追赶模式转到自主创新的模式,那么我们有可以陷入中等收入陷阱。从竞争类型看,

模仿追赶型模式是一种模仿竞争。如果不改革我国现行的科技体制、教育体制及经济制度，那么仍然难以改变我国是技术引进国和模仿国的事实。我国在经过技术引进与模仿的阶段之后，创新竞争非常重要。在我国现行体制下，企业从模仿竞争转向创新竞争都面临较大的风险。要从模仿竞争转向创新竞争必须从自上而下的创新组织模式转向自下而上的创新组织模式。

第四节　我国创新组织模式转变的难点

从高速增长阶段转向高质量发展阶段以后，我国的创新面临四大转变：（1）要从产业的低端向中端高端转变；（2）从数量型创新向质量型创新、原创性、革命性创新转变；（3）从模仿创新向自主创新转变；（4）要从偏重应用型创新向基础性创新转变。中国有利于创新的制度不足和组织缺陷是制约我国创新潜力难以发挥出来的深层次原因。为什么这种自上而下的方式没有成功过，但现实又客观存在呢（如苏联、东欧的一些国家）？如何解释这种矛盾的现象？既然自上而下的创新组织模式是低效的，但又被一些国家长期采用呢？我们认为，说自上而下的创新组织模式从来没有成功过似乎有点武断，这种自上而下的创新组织模式在一定阶段、一定条件下有可取之处。现在的问题是，在我国还没有从根本是认识到自上而下的创新组织方式对我国创新的不利之处越来越明显，对转变创新组织模式的重要性和必要性我们在前面已经做了分析。由于自上而下的创新组织的"知识分配力"不高使我国许多发明及创意难以转化为商业、产品及产业。这些年来我国研发投入占GDP的比重越来越高，但是创新及创新成果并不对称。解决我国创新体制问题必须从自上而下的创新组织模式转变到自下而上的创新组织模式上来，但这种转变面临以下难点：

一、长期以来，我国的科技体制是建立在目标追赶加举国体制基础上的

举国体制与自上而下的创新组织模式是有内在联系的。这也是阿西莫格鲁所说的资源重新配置的追赶型经济，资源重新配置的目标是实现追赶目标，而资源配置的效率是次要的，资源重新配置是以扭曲一些生产要素价格为代价的。举国体制在我国模仿追赶阶段为我国产业的发展及科技的进步发挥了

极为重要的作用。追赶意识在计划经济年代和现在在一定范围内依然存在。这种意识对我国体制的选择，包括资源配置方式都会产生重要的影响。追赶意识的形成一方面源于我们与别人的差距，另一方面源于政府主导或计划的优势。我国对举国体制有认知上的偏差，一是不分阶段地看待举国体制。这种体制在计划经济年代和在前面有标杆追赶时是有效的。二是容易把举国体制的范围泛化。如宇航、核领域中国、苏联是举国体制，美国也是举国体制。问题是有些人认为这种举国体制还可以适应于其他任何领域。我们认为，我国已经确定了让市场决定资源配置和更好地发挥政府作用的体制。我国由各个部委推动的产业发展主要是基于赶超战略，它与市场需求的关系是什么样的，这些政府不一定清楚。所以过去推动我国研发的力量更多地是来自行政权力而不是源于市场及社会需要。举国体制最大的问题是无法解决创新中的基本激励机制问题。自上而下的部委主导的课题（研发）对行业或企业是一种委托代理关系，其中产出效率不高和道德风险是困扰这种体制的两大问题。在我国高质量发展的过程中应该把市场决定资源配置与举国体制结合起来。市场能做好的领域政府就不介入，政府更多地偏重于投资基础研究、教育及创新的协调。

二、以市场换技术的发展战略实施上的偏差

改革开放后，我国与国外发达国家在技术上的较大差距使我们不得不大力追赶，中国作为最大的发展中国家不可能不发展现代工业，改革开放初期中国政府试图"以市场换技术"。从国家层面来看，若我们在有限的资源情况下，选择引进消化吸收再创新的模式来看，最大的好处是有利于缩小差距。但问题在于，第一，一旦我们以这种模式为主，他们就会影响我们的企业及组织形式，甚至整个产业的发展者都会受到影响，这在前面已做过分析。第二，以市场换技术的发展战略容易忽视制度层面的引进。以市场换技术还涉及制度安排。如我国汽车行业在以市场换技术的发展战略中我们选择了只允许合资并且规定了股权结构，实践证明这种制度安排不利于我国汽车行业技术水平的提高，尤其在关键核心技术上。用市场换技术并没有什么问题，问题是我们这里把技术仅仅作为交易的对象，而没有从制度、组织与技术相互联系的层面引进技术，这里的技术仅仅是模仿和复制，而没有从提高技术创新能力去引进技术。建立在组织创新基础上的技术创新者是可持续的。总的来讲，我国"用市场换技术"的战略是技术追赶阶段可行的一种方式，今后

在引进技术和创新时一定要有相应的制度创新和组织形式的创新。

三、模仿追赶中的路径依赖

模仿追赶中的路径依赖主要表现在以下四个方面：

一是技术模仿中的路径依赖。长期的模仿追赶难以形成创新能力，在发展的早期阶段，这还不是问题，开始试图利用复杂技术之后，这就成为一个日益严重的问题。模仿追赶型创新也有层次之分，有的模仿超过别人了，有的总是在别人后面模仿，与别人的差距并没有缩小。这其中的原因是什么？我们在模仿追赶中，从数量上看我国在技术上缩小了与发达国家的差距，但在核心技术及创新能力方面，与欧美国家还存在较大的差距。对廉价劳力、资源开发、资本投入等形成路径依赖还难以改变，多数企业尚缺乏创新的动力与能力。通过对发达国家的技术和工业管理进行模仿，从而实现经济上的追赶的思维还难以改变。

二是观念及体制层面上的路径依赖。企业家的作用一直没有得到重视，如宋朝的重大发明并非通过自下而上的市场诱因的结果，而是通过政府自上而下的赞助、命令而产生。这些发明很少转化为创新。到明朝和清朝，政府自上而下的控制资源更进一步加强。[①] 新中国成立以后，计划经济体制使人们形成了关系导向的心智模式，从而不利于转向市场导向的思维和行为。因此，我国自上而下的创新组织模式及惯性是有历史原因的，并且会形成观念及体制层面上的路径依赖。

三是企业层面产生的路径依赖。为了适应技术模仿追赶的需要，我们的企业的组织及制度也打上了模仿的印迹，(1) 组织结构和系统需要根据创新的类型来设计，然而，很多中国企业源于制造业模式（贴牌生产），所以它们的组织结构和系统关注的不是创新而是制造效率，而且它们发现很难快速而顺利地转向创新模式。(2) 从企业创新产品来看，长时间生产渐进式创新产品的公司转而生产突破式创新产品的可能性较小。在这些企业中，已确立的规范更能支持渐进式创新而阻碍突破式创新。[②] (3) 从创新获利的方式来

[①] 德隆·阿西莫格鲁，詹姆斯·A. 罗宾逊. 国家为什么会失败 [M]. 李增刚译. 长沙：湖南科学技术出版社，2015：278.

[②] 乐文睿，马丁·肯尼等. 中国创新的挑战 [M]. 刘圣明等译. 北京：北京大学出版社，2016：317.

看，企业必须通过满足消费者需求来获得市场份额。消费者要求企业开发差异化的产品和服务，然而我国大部分企业从过去30年大规模的市场需求快速的经济增长中获利，由于它们已经习惯于建立在低成本战略上的成功路径，因此能否通过创新开发差异化的产品和服务仍有待观察。[①]

四是从模仿创新转变到自主创新对制度创新与组织创新的要求越来越高。新产品、新方法和新的产业结构的引入急剧地增加了监督、实施和协调成本。从这些年我国技术引进的情况来看，我国大量引进技术并没有提高自身的技术创新能力。这需要从观念和制度层面去找原因。现在我们强调创新比较多，但更多的是从战略、技术层面比较多，而不重视制度、组织构架的变革。中国需要的是能够支持突破式创新的制度资本。从历史上看来，我们创新的短板不是缺少技术创新，而是缺少有利于创新的制度资本。威特（Witt）发现中国历史上从来不缺少创新技术，但是他也发现中国缺乏能够利用这些创新来实现经济升级的制度和社会结构。[②]他认为中国根本的问题并不是缺乏创新的能力，而是缺乏正确地形成高收入经济的制度。技术创新能力固然重要，但是必须要有相应的组织和制度创新能力配套，这些创新才能转化为现实的生产力。中国从高速增长转向高质量发展的关键是制度转型。中国创新的制度约束包括财政资源分配效率低下，无效的国家干预市场和对知识产权的保护不足。[③]快速的追赶使我们更不重视制度和体制层面的改革；短期在技术上缩小了与欧美国家的差距使我们容易忽视制度和体制层面的改革；模仿使我们产生了依赖而不是超越。没有相应的创新组织模式及制度变革，没有形成自主创新能力，就难以在实质性创新有所突破。

四、创新组织模式转型中的利益集团阻碍

财税部门花很大力气把税费收上来，并且税负较重，然后各个部委又以不同方式把经费分下去，支持各个产业和创新发展，本意是好的。但是这种资源重新配置追赶经济是不利于高质量发展的，并可能产生出不利于创新的利益集团。他们都不愿从自上而下的模式转变到自下而上的创新组织模式上来。自下而上的创新组织模式的投资主体、决策主体都是企业而不是政府

[①][②][③] 乐文睿，马丁·肯尼等. 中国创新的挑战［M］. 刘圣明等译. 北京：北京大学出版社，2016：290，16，319.

了，如前所述，我国创新组织模式的转变实质上就是让市场决定资源配置。苏联改革过程中也遇到过这个问题，一是各部委不愿意分权，他们总是希望控制资源分配的权力。二是发展国有经济对于自己控制资源有利，这就不利于非公有制经济的发展。这些因素都是不利于我国从自上而下的创新组织模式转变到自下而上的创新组织模式上的深层次阻碍。利益集团的阻碍是我国创新组织模式转型的深层次阻碍。所以，必须按党的十九大提出的让市场决定资源配置的经济体制改革的要求，打破利益集团的阻碍，实施我国创新组织模式的转型。

第十一章 生产技术、社会技术与中国产业升级

第一节 为什么提出生产技术和社会技术

一、生产技术与社会技术的内涵

经济学家思拉恩·埃格特森提出了社会技术与生产技术的范畴。他认为国家的人均产出取决于国家有效使用两种相辅相成的技术（社会技术和生产技术）的能力。[①] 社会技术描述了社会制度创造行为模式的方法或机制。这里的社会技术包括制度、秩序、组织、正式制度与非正式制度等的总称。生产技术描述了将投入转化为产出的方法。这里的生产技术包括技术创新、科学技术、专利、商业秘密等。生产过程也只有在适当的制度框架下才会产生效率。

埃格特森提出的社会技术与生产技术的范畴有三个方面的意义，一是社会技术涵盖了所有制度方面的因素，生产技术涵盖了所有生产技术方面的因素，因而更具有一般性。更重要的是，埃格特森提出的生产技术与社会技术范畴使相应的技术创新与制度创新同等重要，都可以在"技术"这个层面进行比较分析。二是埃格特森提出的这个分析框架不仅有利于探讨经济增长的原因，也有利于分析产业的发展与升级。三是有利于整合相关的理论，并把他们放入到埃格特森提出的生产技术与社会技术这个理论框架中。

关于技术变迁、创新扩散及制度对两者的影响的更长期的动态考察应该

[①] 思拉恩·埃格特森. 并非完美的制度：改革的可能性与局限性[M]. 陈宇峰译. 北京：中国人民大学出版社，2017：27.

在经济分析中起着更加核心的作用。正如拉坦所言，对于生产技术创新和社会技术创新之间相互关系的明确理解一直是困扰发展经济学家和制度经济学家的问题。① 创新是一个复杂的系统，而技术创新和制度创新到底是一种什么关系？是相互联系的有机整体，还是各自相对独立地发挥作用？在创新中，到底是技术创新重要还是制度创新重要？中国产业升级到底是生产技术层面的问题还是社会技术层面的问题？我们先在经济学家思拉恩·埃格特森提出社会技术与生产技术的框架中对技术创新与制度创新的三种理论解释作一述评。

二、生产技术和社会技术相互关系的三种理论解释

（一）马克思历史唯物主义框架具有解释制度如何兴起和制度对经济绩效的作用的特性

日本学者繁人都重认为，马克思用生产力和生产关系相互作用的原理分析社会经济制度和技术进步这些问题是最成功的。②诺思认为马克思的历史唯物主义框架在详细描述长期变迁的各种现存理论中是最有说服力的。③ 马克思关于生产技术（生产力）与社会技术（生产关系）关系的理论解释有以下特点：

一是内生性和历史性。在马克思看来，制度是经济社会中的一个内生变量。马克思把生产技术与社会技术之间的关系看作历史关系，并认为发明和生产技术的变化是一个社会进程。诺思等对西方历史的解释与马克思、恩格斯的解释是极为相仿的。马克思明确指出，古典经济理论的错误就在于把资本主义制度看作社会生产的绝对的最后的形式④。生产技术与社会技术之间的冲突是内生于资本主义制度的。

---

① V. W. 拉坦. 诱致性制度变迁理论 [A]. （英）R. 科斯等. 财产权利与制度变迁——产权学派与新制度学派译文集 [M]. 刘守英等译. 上海：上海三联书店，上海人民出版社，1994：329.
② 繁人都重. 制度经济学回顾与反思 [M]. 张敬惠等译. 成都：西南财经大学出版社，2004：123.
③ 道格拉斯·C. 诺思. 经济史中的结构与变迁 [M]. 陈郁，罗华平等译. 上海：上海三联书店，上海人民出版社，1991：23.
④ 马克思. 资本论（第一卷）[M]. 中共中央马克思、恩格斯、列宁、斯大林著作编译局译. 北京：人民出版社，1975：16.

二是长期性与动态性。在生产方式中,生产力是最革命、最活跃的因素,而生产关系是相对稳定的。马克思关于社会技术与生产技术相互关系的理论框架适用于对长期变迁的分析,并且马克思相信生产技术提供了社会组织变迁、社会技术变化更为动态的力量。

三是矛盾性和规律性。在生产技术与社会技术的关系中,马克思深刻分析了经济发展(结构变迁和社会生产潜力)与产权结构间的矛盾。一方面,生产关系决定利益矛盾。利益矛盾导致生产关系在资本主义范围内的局部性制度变革。另一方面阶级斗争反映了社会技术的演进与生产技术进步之间的不断"冲突"。这样利益矛盾、阶级斗争都会使生产技术和社会技术相互作用,进而决定着经济社会的发展与变迁。诺思认为,马克思企图将生产技术变迁与社会技术变迁结合起来,并在历史唯物主义的框架中将"技术限制与制约同人类组织的局限性结合起来"。[①] 马克思的技术创新和制度创新之间的运行规律是这样的:技术创新总是在既定的制度框架内连续进行的,而制度创新是非连续的、突变的。由此可见,技术创新决定制度创新,而制度创新又反作用于技术创新。

(二) 诺思的制度决定论

制度创新决定着技术创新,制度是经济增长的决定因素。有效的产权、有效的经济组织及有效的市场等社会技术为生产技术创新提供了激励机制,从而促进社会经济发展。制度决定论强调了制度变迁比技术变迁更为重要的观点。诺思在《西方世界的兴起》一书中强调在没有发生技术变迁时,市场经济的扩张和制度创新也能实现经济增长[②]。

为了弄清制度变迁与技术变迁的内在关系,诺思和瓦理斯提出了四种交易或转型"增进"或"消弱"的制度变迁或技术变迁,并且在交易与转型过程中,中间物品在理解历史上的技术变迁和制度变迁相互关联中起到一个关键性的作用。在诺思看来,油田作为一个单位(企业)提高了交易成本(建立组织的成本),但油田的整合降低了转化成本,这可以抵销交易成本的上升。生产技术变迁与社会技术变迁结合起来的效果最终要与成本联系起来,

---

[①] 道格拉斯·C. 诺思. 制度、制度变迁与经济绩效 [M]. 刘守英译. 上海:上海三联书店,1994:177.

[②] R. 科斯等. 财产权利与制度变迁——产权学派与新制度学派译文集 [M]. 刘守英等译. 上海:上海三联书店,上海人民出版社,1994:332.

如阿兰·斯密德所说，技术变迁和制度变迁都能够降低交易成本和转换成本。[①]

（三）哈罗德·德姆塞茨针对强调社会技术（制度）决定论的观点，提出应当扬弃"诺思因果链"

德姆塞茨认为，制度安排的变迁是由技术和自然禀赋等非制度因素决定的[②]。在德姆塞茨看来，不仅技术创新决定着制度创新，而且自然禀赋等因素也决定着制度创新。可以说，德姆塞茨比技术决定论又前进了一步，他把自然禀赋等放在生产技术一起，作为非制度因素来分析与制度安排的关系。这就可以较好地解释不同地区、不同国家、不同时期制度呈现出多样性、差异性。对此，诺思认为应该从两个层次去解释这个问题，一是用地理环境去解释不同地区或国家发展的差异。二是在此基础上，用人口、知识存量和社会制度之间的复杂的交互作用去解释不同国家的发展和绩效[③]。

生产技术与社会技术的相互关系确实复杂，一方面生产技术能使社会技术的收益和成本发生变化，从而成为影响社会技术的一个重要因素。生产技术使产出产生了规模报酬递增，从而建立了如股份公司更为复杂的经济组织形式。生产技术不仅增加了社会技术改变的潜在利润，而且降低社会技术的操作成本。另一方面，社会技术既然影响生产技术竞争的结果，也影响生产技术进步的内容与进程[④]。一些生产技术的使用和推广需要有社会技术的配套。

第二节　经济增长与产业发展的动力

诺思关于产业发展与产业升级及经济增长中的论述中，他认为，社会技术决定着生产技术的发展，他重点分析了社会技术与生产技术及产业发展的关系：

[①④] 阿兰·斯密德. 制度与行为经济学 [M]. 刘璨, 吴水荣译. 北京：中国人民大学出版社, 2004：280, 290.

[②] 科斯, 诺思等. 制度、契约与组织——从新制度经济学角度的透视 [M]. 刘刚等译. 北京：经济科学出版社, 2003：2.

[③] 道格拉斯·诺思. 理解经济变迁过程 [M]. 钟正生等译. 北京：中国人民大学出版社, 2008：85.

一、生产技术和社会技术的相互关系如何成为经济增长与产业发展的动力

生产技术和社会技术相互作用形成的有效的产权制度、有效的市场、有效率的经济组织及开放准入秩序成为经济增长与产业发展的动力。在这些社会技术前面加上"有效"是因为生产技术与社会技术的"良性"相互作用而形成有效的社会技术,从而推动生产技术的进步、经济增长及产业发展。反之,生产技术与社会技术的"恶性"相互作用,或者生产技术创新受到限制不能适应生产技术的发展,就会造成低效的产权制度、无效的市场、低效的经济组织及有限准入秩序。

(1) 有效的产权制度。诺思在研究经济增长(尤其是西欧和美国)和西方世界的产业发展中发现,产权及其制度是非常重要的。只有当创造、创新的私人收益率得到保障也就是产权得到保护的时候,现代意义上的经济增长才出现了。直到现代,有利于创新的系统的产权制度才得以建立起来。有效的产权制度能提高发明和创新的私人收益率[1]。企业家型的发明者需要激励机制来改进技术,从而将发明所创造的价值中的大部分赋予发明人[2]。在这里生产技术与社会技术的相互作用是建立在有效的产权制度基础上的,从而促进了产业和实体经济的发展。

(2) 有效的市场。交易部门和市场(需求、规模等)对生产技术的创新极为重要。诺思所说的"有效市场"就是"当套利性竞争足够强烈且信息反馈足够有效从而接近科斯的零交易成本条件时,各方都是在新古典框架中实现潜在收益时"的市场[3]。有效市场的形成一是取决于产权的充分界定改善了产品市场和要素市场。二是基于更高的专业化与劳动分工的市场规模扩大会增加了交易成本,而组织及制度之类的社会技术变迁则是为了降低这些交易成本,这里生产技术与社会技术的相互作用是通过有效的市场实现的,这些既提高了创新的收益率,又降低了创新成本。

---

[1] 道格拉斯·C. 诺思. 经济史中的结构与变迁 [M]. 陈郁,罗华平等译. 上海:上海三联书店,1991:166.

[2] 科斯,诺思等. 制度、契约与组织——从新制度经济学角度的透视 [M]. 刘刚等译. 北京:经济科学出版社,2003:89.

[3] 约翰·N. 德勒巴克等. 新制度经济学前沿 [M]. 张宇燕等译. 北京:经济科学出版社,2003:32.

(3) 有效率的经济组织。诺思强调了两种类型经济组织的重要性。一种是强调通过社会技术的创新，创立有效率的经济组织。诺思在《西方世界的兴起》一书中把西方世界兴起和西方国家经济增长的原因归结为有效率的经济组织。有效率的经济组织通过社会技术的创新确立财产所有权，使个人在社会性活动中的收益率不断接近社会收益率[1]。二是强调了产业革命中生产技术与社会技术的相互作用所产生的有效率的经济组织。"技术变化进而需要组织创新去实现新技术的潜力。"[2] 有效率经济组织产生的逻辑是：生产技术创新既然降低了生产成本又同时产生了高额的交易成本，按照科斯的分析，若完全使用市场交换，那高额的交易成本将使生产技术创新的好处不复存在，因此就产生了组织。在这里，生产技术与社会技术的相互作用是通过有效率的经济组织实现的。

(4) 有效的开放准入秩序。诺思在《暴力与社会秩序》一书中把社会秩序分为三种类型，一是原始社会秩序，即狩猎采集社会秩序；二是有限准入秩序；三是开放准入秩序。有限准入秩序就是通过政治集中控制来实现经济体系的运行，而开放准入秩序则是通过政治和经济上的相互竞争来实现经济体系的运行。前者对经济的开放是在一定范围内、人格化的范围内进行的，而后者对经济开放是全社会范围内、非人格化范围内进行的。诺思把社会秩序分为三种类型概括了人类社会所有的制度类型（体系）。社会秩序的形成也是生产技术与社会技术相互作用的结果。每种社会秩序中都涉及产权、市场、经济组织、契约等。当今世界大多数国家属于有限准入秩序，而只有少数发达国家是开放准入秩序。生产技术与社会技术的相互作用在什么样的秩序下实现也是至关重要的。我国属于从有限准入秩序向开放准入秩序转型的国家，如在产业上，我国有些产业属于开放准入秩序（如第二产业），而有些产业属于有限准入秩序（如第一产业和第三产业）。从秩序层面更有利于我们分析一国产业发展和经济增长中的社会技术的重要性。

二、社会技术创新适应不了生产技术创新的几种情况

生产技术创新需要一系列诱导机制，这些诱导力量则来自社会技术创新，

---

[1] 道格拉斯·C. 诺思，罗伯斯·托马斯. 西方世界的兴起 [M]. 厉以平，蔡磊译. 北京：华夏出版社，1999：1.

[2] 道格拉斯·C. 诺思. 经济史中的结构与变迁 [M]. 陈郁，罗华平等译. 上海：上海三联书店，1991：190.

从而形成了生产技术与社会技术的互动机制。对于一个社会经济发展来讲，社会技术更重要，也更难创新。如诺思所说，我们现在比较清楚的是，什么样的制度有利于经济发展（如开放准入秩序有利于经济发展），不太清楚的是，怎样才能从一个不利于经济发展的传统制度（有限准入秩序），过渡到一个有利于经济发展的好制度（开放准入秩序）。从国家层面讲，埃格特森认为社会技术创新适应不了生产技术创新有以下三种情况。

（一）新社会技术的移植比新生产技术的移植更难

在人类社会发展历史上，总是存在发达国家与发展中国家的差距问题。这种差距也主要体现在生产技术与社会技术上。于是，发展中国家就要追赶发达国家。

发展中国家追赶发达国家（从中等收入国家进入高收入水平国家）大多数不成功。导致这种现象的原因可能很多，但有一点是可以确定的，发展中国家要缩小与发达国家的差距，可以直接模仿发达国家。这种模仿主要有模仿社会技术和生产技术两种形式。只有那些既模仿生产技术又模仿社会技术的国家（如日本和韩国）才能完成追赶，从而成为发达国家。后发国家因为多种原因往往在保留本国社会技术的情况下，首先通过模仿生产技术，实现经济的快速增长。这种模式虽然可以在短期内取得非常好的发展，但是，由于没有根本制度的变迁，完成生产技术的模仿和追赶以后，就难以转到自主创新的发展路径上来。这是因为若没有相应的制度创新，已有的制度安排通常会破坏人们为引进新社会技术而做出的各种努力。从后发国家的情况来看，有的国家只模仿生产技术，而不引进社会技术，最终模仿的生产技术也没有得到充分利用。

落后国家模仿生产技术比较容易，模仿社会技术比较困难，这主要有几个原因：第一，认知和意识形态方面的原因使模仿制度比模仿技术更困难。第二，引进的制度与本国的文化、价值观、习俗等非正式制度是不相容、甚至是冲突的。第三，要改革制度会触犯一些既得利益，因此落后国家会倾向于技术模仿。

米塞斯就曾指出，东方民族总是重视生产技术，也就是重视工程师和机器，而不重视产生生产技术的社会秩序和社会技术，因为社会技术提供经济自由和经济的原创力。因此，东西方的差距在社会技术而不是生产技术。[1]

---

[1] 朱海就."后发优势"是市场化改革的产物［EB/OL］. http：//www.gmw.cn/xueshu/2018-07/25/content_30077900.htm，2018-07-25.

米塞斯这段话也被日本、韩国的实践证明是不对的。社会技术的移植并不是没有，而是移植进来的社会技术与本国原有的非正式制度的冲突使社会技术的引进不成功。当年日本、韩国在引进欧美国家的生产技术的同时也引进了社会技术，是比较成功的，进而促进了经济的增长并进入发达国家行列。而菲律宾由于引进欧美国家的社会技术与本国的非正式制度冲突，导致社会技术引进的不成功。

（二）新社会技术供给不足成为贫穷国家经济增长的主要障碍

为什么一些发展中国家不愿意采用合适的社会技术？这种合适的社会技术就是我们前面所讲的建立在开放准入秩序基础上的制度、政策等。阿西莫格鲁认为经济制度是一种集体产品，它是集体选择的产物。众所周知，经济制度具有再分配功能，最终经济制度由掌握政治权利的集团供给的。所以要改变经济制度就必须改变权力的分配状况。科斯的一个重要贡献就是把权利和权力的配置作为资源配置背后的因素和条件引入到经济分析之中。而权利和权力配置问题对于转型国家的经济问题的分析至关重要。发展中国家之所以贫穷是因为政治官员选择了造成贫穷的政策。[①] 把制度搞对就是把激励机制搞对，新社会技术供给不足成为贫穷国家经济增长的主要障碍。社会技术的供给要比生产技术的供给要难得多。

除了发展中国家新社会技术供给不足外，转型国家也容易出现新社会技术供给不足。为什么转型国家也存在新社会技术的供给不足？首先，从深层次看，制度转型的难点在于特殊利益集团通过推行某些措施或制度安排来最好地实现自己利益的事实，这些措施或制度安排对经济效率造成的损失要比特殊利益集团从中得到的好处（如无条件的补贴等）要大得多。[②] 转型中利益集团问题是比较复杂的问题，如诺思所说，转型国家缺乏抵御利益集团对经济发展的负面作用的制度体系。其次，对于转型国家来讲，除了生产技术上的追赶以外，也要进行社会技术上的追赶，在这两者的选择中，转型国家容易出现重视生产技术的追赶而忽视社会技术的追赶，从而出现后发劣势。

[①] 德隆·阿西莫格鲁，詹姆斯·A. 罗宾逊. 国家为什么会失败 [M]. 李增刚译. 长沙：湖南科学技术出版社，2015：115.

[②] 曼瑟·奥尔森. 权力与繁荣 [M]. 苏长和，嵇飞译. 上海：上海人民出版社，2005：75.

（三）原有制度的路径依赖使社会技术适应不了生产技术创新的需要

生产技术与社会技术的是相互作用、相互补充的，有什么样的生产技术变迁，就有相应的社会技术变迁相适应，但由于滞后或路径依赖方面的原因，社会技术适应不了生产技术的变迁。例如，在人类经济发展历史中，金融危机是不可避免的。但是，危机的严重程度很大程度上取决于制度。每次重大金融危机后都有制度安排和金融监管制度的重大变化，从而保证不再发生重大金融危机。如20世纪30年代大萧条爆发后建立的金融监管制度就成功地避免了后来几十年发生重大金融危机。而2008年的金融危机就是因为制度没有随着这期间技术变化（最突出的是信息技术和金融技术）以及与之相关的社会变化而发生变化，从而制度出现了重大的问题。生产技术变化了，但社会技术并没有随之发生变化。

原有制度的路径依赖在转型国家比较突出。尤其一些组织方式在原有制度体系和新制度体系中似乎都可适应的情况下，这些组织方式的变革就比较难。如同样的资源，其分配方式既可自上而下分配，也可自下而上分配，从表面看似乎没有什么差别。在传统计划经济体制下习惯于自上而下的创新组织方式，但在转型时期，许多方面市场决定资源配置了，但可能在一些领域，如在科技领域，这些国家还是习惯于自上而下的创新组织方式。

综上所述，马克思生产力与生产关系相互作用的原理既可用来解释长期的变迁和制度变革，也可用来分析短期来经济结构的变化和产业发展。我国政治经济学更多偏重前者，而忽视了后者。诺思在马克思历史唯物主义框架的基础上分析更具体，尤其诺思把生产技术与社会技术的相互作用的框架在用于分析产业发展和升级中是比较有说服力的。社会技术适应不了生产技术发展的需要成为许多发展中国家产业升级的重要障碍。

第三节 我国产业升级中的生产技术与社会技术

我国正在从高速增长阶段转向高质量发展阶段。在这个转换过程中，经济结构优化及产业发展中的三大产业升级的内含是什么？升级的困难在什么地方？中国具备产业升级的生产技术创新的潜力，但如何进行社会技术创新来为产业升级提供支撑？本节将运用生产技术和社会技术相互关系的原理分析我国高质量发展中产业升级的问题。在我国高质量发展过程中，对生产技术的不断投入与社会技术难以适应的冲突是我国产业升级最突出的问题。下面从社会技术的三个层面分析这些年我国生产技术的不断投入与社会技术难以适应的冲突及其表现。

一、有限准入秩序制约着我国第三产业的高质量发展

从三大产业的秩序来看，这些年我国第二产业发展比较好，得益于开放准入秩序，而第一产业和第三产业发展受制于有限准入秩序。我国第三产业发展的最大短板不是生产技术，而是社会技术。现在尽管第三产业是我国最大的产业了，但与我国经济发展阶段及产业发展演变的规律来讲，我国第三产业发展是不够的。

为什么我国第三产业会形成有限准入秩序？主要有三个方面的原因：一是第三产业的文化属性及意识形态决定了我国在不少领域对民资和外资进入的限制。社会主义制度需要意识形态控制。要发展第三产业，政治上要坚持社会主义意识形态，但经济及形式上应该开放。这两者是辩证的关系，要把第三产业在经济上开放与政治上的意识形态控制结合起来，要在发展中控制，要在开放中控制。二是基于意识形态的考虑第三产业公有制占绝对优势。中国进入以服务业主导产业时代的最大问题是生产性服务业的不足严重地制约了我国第二产业的升级。高质量的发展内涵不仅包括提高投资数量，而且还包括建立产业间的互相关联、提高全要素生产率以及产品的附加值。[①] 但是我国第三产业为什么发展还是相对滞后？为什么不能随着产业结构的变化而发展？为了基于意识形态的第三产业公有制占绝对优势的实现，在我国改革开放初期，对于非公有制进入第三产业是有所限制的。我国制造业发展好就是采用了开放准入秩序，但我国服务业是有限准入秩序，服务业国有比重高达70%~80%[②]，效率需要提高，竞争力需要加强。三是对国计民生重要领域的管制。我国在第三产业，尤其在金融领域的对外开放度还需要提高，目前外资金融机构只占整个中国金融资产的1%强。我们在业务、股权比例

---

① 戴维·瓦尔德纳. 国家构建与后发展 [M]. 刘娟凤，包刚升译. 长春：吉林出版集团有限责任公司，2011：8.

② 任泽平. 经济金融形势、中美贸易战和房地产长效机制 [EB/OL]. https://www.sohu.com/a/253350726_327649，2018-09-12.

及营业范围等方面对外资银行还存在一些限制。在有限准入秩序下成立银行、出版社等组织是有条件的，是采用的人格化交易方式，不是谁想进来就可以进来的。在开放准入秩序下，法不限制市场即可为，公民有普遍地组建合法组织的权利。① 综上所述，意识形态、公有制为主及管制构成了我国第三产业有限准入秩序的特点。

我国第三产业的有限准入秩序对第三产业发展的影响表现为三方面：第一，我国线上的网络公司发展比较快，而线下的服务业发展则缓慢得多。我国服务业从2012年开始变成最大的产业，中国进入了服务经济时代。但是相对我国经济发展水平，我国第三产业发展是滞后的。一个值得关注的现象是，这些年我国线上的网络公司发展比较快，而线下的服务业发展则缓慢得多。为什么会有这么大的差别？这表明，一个产业的发展仅有生产技术的创新还不够，还需要社会技术的配套。我国线上网线服务业发展基本上是一个开放准入秩序，而线下服务业发展还基本上是一个有限准入秩序。第二，在商品贸易上我国是顺差大国，但服务贸易上是逆差大国。中国占全世界100多个国家的服务贸易逆差总和的40%。② 我国服务贸易中资本密集、技术密集和高附加值密集的品种出口严重不足。货物贸易运行过程中的保险、清算结算、物流这些服务贸易业务大部分被境外企业做了。③ 我国已经强调更加开放的理念和决心，但缺少自由贸易的制度安排，第三产业发展的社会技术支撑严重不足。第三，市场化服务业与非市场化的服务业的劳动生产率不一样。我国目前工业劳动生产率是服务业劳动生产率的130%。④ 也就是说工业的劳动生产率比服务业高30%。中国在未来的10年里会继续每年增加一个百分点服务业的比重。但是在这个过程中，如果我们服务业的劳动生产率提不上去，那么我国每增加1个百分点GDP的服务业，就会丢掉0.3个百分点的劳动生产率。在我国经济转型和产业升级的过程中，提高服务业的劳动生产率就成

---

① 道格拉斯·C. 诺思，约翰·约瑟夫·瓦利斯，巴里·R. 温格斯特. 暴力与社会秩序——诠释有文字记载的人类历史的一个概念性框架 [M]. 杭行，王亮译. 上海：格致出版社，上海三联书店，上海人民出版社，2013：31.
② 中金网. 我国服务贸易逆差占全球四成 [EB/OL]. https：//www.sohu.com/a/338058751_538698，2019－09－02.
③ 麦肯锡全球研究院. 中国与世界：理解变化中的经济联系 [EB/OL]. http：//m.sohu.com/a/324392638_651625，2019－07－02.
④ 朱民. 要进入高收入国家行列，提高服务业劳动生产率是重中之重！[EB/OL]. https：//baijiahao.baidu.com/s？id=1660423345867527975&wfr=spider&for=pc.

为把中国经济从中等收入推向高等收入的核心问题，这是必然趋势。

为什么我国服务业劳动生产率比较低？仔细观察可以发现，我国服务业可分为市场竞争型和非市场竞争型，其劳动生产率是不同的，市场竞争型的服务业，比如说酒店、餐饮、商业、物流等劳动生产率比较高，但是没有完全放开、非市场的，比如说医疗、教育等劳动生产率就比较低。服务业是非贸易产品，是本土化的，如果不开放，不把国际企业引进来的话就会在本地形成它自己一个小的生态，劳动生产率提不上去。由上述分析可知，有限准入秩序使我国第三产业发展不够、发展的潜力远没有发挥出来。我国产业升级的最大障碍并不是生产技术，而是社会技术不足。我国教育、医疗、金融等服务业领域远远满足不了人们对美好生活的需要，这些领域发展的潜力很大，这些领域要发展就要在两个方面改革，一是开放准入秩序，二是要让非公有制经济进入这些领域。与制造业相比，服务业对制度和制度环境的要求更高。如教育、医疗、金融在我国产业发展中为什么缓慢？一个重要的原因，这些领域仅有生产技术是不够的，它们对社会技术的要求更高。如金融与法治水平的高低密切相关，我国金融发展的不足并不是没有生产技术，而是相应的社会技术（法治、法规、监管等）还满足不了金融发展的需要。在第三产业的发展和升级过程中，社会技术比生产技术还要重要。

二、我国第二产业升级中的产权保护与市场规模

尽管我国第二产业是开放准入秩序，但是产权保护和市场规模方面的社会技术不足仍然是制约我国产业升级的重要因素。我国第二产业除了少数领域有所限制外基本上属于开放准入秩序，经过近四十多年的发展，我国第二产业门类齐全，有二百多种产品产量世界第一，我国第二产业（制造业）高质量发展就是要解决"大而不强"的问题。由大到强实质上就是产业升级。而解决我国第二产业"大而不强"问题的关键是产权保护和市场规模。

一是产权保护与产业发展的关系。产权保护得越好，越有利于产业的发展与创新。这已经是被实践所证明的。在产业革命中，先进的组织形式和产权结构有利于技术创新。[①] 作为发展中国家和作为法治还在不断完善的国家，在经济发展的高速和追赶阶段，我国产权保护还存在不足。但在产业升级阶

---

① 埃德蒙·费尔普斯. 大繁荣 [M]. 余江译. 北京：中信出版社，2013：101.

段，产权包括知识产权的保护会成为产业升级最为重要的一部分，这个时候产权保护在升级中发挥着极为重要的作用。产业升级的核心就是创新和创新能力以及知识的分配力。创新有三种，一是原创，二是合成创新，三是引进消化吸收再创新。这三方面投入的多少可以看出一国或地区产权保护的程度，产权保护越严格，原创及合成创新就越多。而在产权保护不到位的情况下，企业就只会去复制别人的技术。这些年我国企业研发投入也不少了，但由于产权保护方面的原因，企业把大量的钱投入到引进及实验发展上了，对于基础研究和原创方面的投入严重不足。只有产权保护严格才会有自主创新。中国知识产权制度在不断完善，尤其实施机制还需要加强。我国在知识产权保护中存在的问题包括：知识产权侵权案件数量不断增长中；国内知识产权法律解释与知识产权国际标准还存在不相符的情况。对知识产权保护的力度不够制约了外商在中国的创新型投资。[①] 对知识产权保护的不足会阻碍国内企业对研发的投入，尤其不利于产业的创新发展。随着我国制造业的升级及高质量发展的要求，产权制度保护越来越重要。产权保护的程度决定着产业升级的进展。

国内外产业发展的实践证明，制造业的高质量发展是生产技术与社会技术相结合的产物。我国制造业大而不强与现代企业制度及现代管理的缺失是有关的。华为的成功给我国制造业的发展及升级提供了重要的启示。华为构建了现代企业的制度体系与组织体系，如华为的产品研发体系和供应链体系是 IBM 设计的，财务体系是普华永道设计的，销售体系是埃森哲设计的。华为的成功并不仅仅是舍得研发投入，更重要的是华为舍得引进现代企业制度及有利于产业发展的社会技术。可以说，从微观层面看，华为是把生产技术和社会技术有机结合的典范。

二是产业发展与市场规模的关系。诺思指出，产业发展及升级主要取决于两大因素，一是产权保护，二是市场规模。产权保护是产业发展和升级的激励机制，而市场规模是产业发展和升级的前提条件。在创新缺乏产权有效保护的情况下，市场规模会通过影响创新的私人收益率从而影响技术变化的步伐。"以往技术变化率的提高是与经济扩张相联系的"[②]。为什么我国互联

[①] 最高人民法院. 中国法院知识产权司法保护状况（2019）[EB/OL]. http://sysjs.hljcourt.gov.cn/public/detail.php? id = 2274，2020 - 04 - 26.

[②] 道格拉斯·C. 诺思. 经济史中的结构与变迁 [M]. 陈郁，罗华平等译. 上海：上海三联书店，1991：186.

网经济及线上交易（百度、阿里巴巴、腾讯等）利用中国的市场规模发展起来了，而大量的制造业企业却没有产生类似的企业？中国市场（线下）是地方保护主义导致的分割的市场，并没有形成强大统一的市场，企业产品进入国内市场需要付出巨大的交易成本。市场规模及统一的国内市场对制造业的升级发展极其重要。如我国许多产品产量世界第一，其中一个重要原因是这些产品在我国多个省生产（因为市场分割），这些不同省生产同一种产品的数量加总起来可以成为世界第一，但许多企业达不到规模经济，结果利润都不高，从而不利于我国制造业的发展。市场规模不是一个生产技术的问题，而是一个社会技术问题。从表面看，我国市场规模很大，但实际上由于地方保护主义和市场分割，我国实际市场规模并不大。对于我国产业发展及升级的影响？我国医药行业流通环节交易成本相当于国外的 2~3 倍，这是因为地方保护主义和市场分割导致药品零售环节连锁率较低。[1]

哪些因素决定一国市场规模？为什么实际的市场规模与潜在的市场规模不一样？美国工业中的规模经济更多的是社会技术创新的产物，而与生产技术关系不大[2]。工业革命都是结果，而制度及有效率的经济组织的建立才是生产技术进步、生产率提高的原因。美国铁路是形成美国市场规模的生产技术因素，而形成美国市场规模的社会技术是美国的法律、联邦制度。例如，当初，铁路和电报打开了美国中部和西部的辽阔草原和牧场，使之成为美国工业化东海岸的肉库和粮仓，并打入了欧洲的庞大市场。新鲜牛肉供应链的建立是由斯威夫特这家公司完成的。斯威夫特是波士顿一家小型屠宰批发公司，靠着垂直整合整条供应链（从牧场放养到牛肉上餐桌），建立起横跨北美大陆的经济帝国。它不仅缩短、规范化了斯威夫特牛肉运输的时间，还极大地提高了信息传递的速度和质量。在供应链的创建中，技术和创新都重要，但政府的支持和制度保障也很重要。当时，东部的批发屠宰户试图保护自己的垄断地位，于是，他们要求制定法律，由牛肉食用地的官方出面，在屠宰之前 24 小时内对活牛进行检查。这种制度就是试图阻止冷藏火车运输冻肉系统的形成。1890 年，美国最高法院宣布，这类法律违背了跨州贸易。在最高法院的支持下，冷冻牛肉市场才得以继续存活。仅仅有生产技术进步，而没

---

[1] 郭丽岩, 刘志成. 降低制度性交易成本是确保"降成本不反弹"的关键实招 [J]. 中国经贸导刊, 2016 (28): 25-26.

[2] 艾尔弗雷德·D. 钱德勒. 战略与结构：美国工商企业成长的若干篇章 [M]. 北京天则经济研究所等译. 昆明：云南人民出版社, 2002: 110.

有社会技术（美国的法治、联邦制度、统一市场制度等）那么这个新鲜牛肉供应链就不能形成。

三、产业创新的组织模式比较

从产业创新来看，产业创新的组织模式至关重要。从这些年创新的结果来看，我国在数量上、形式上、规模上的创新远远超过了在质量上、实质上、颠覆性的创新。为什么产生这种现象？理论上有两种解释，一是阿西莫格鲁认为中国现行体制下缺乏"创造性破坏"的创新。[1] 二是戴维·瓦尔德纳认为，国家主导产业发展的国家能打破格申克龙集体困境（即阻碍新工厂的资本积累和投资），但不能解决卡尔多集体困境（即阻碍工业企业经济绩效的提高）[2]。他们都是从体制、制度、组织等社会技术层面分析我国产业创新的不足。在诺思看来，发达国家在产业发展上的优势就是通过社会技术创新把分散知识所固有的潜在生产率转变为了现实的生产率。除了体制和制度层面的原因外，导致我国产业创新数量上去了但质量还需要提升的原因还与产业创新的组织模式有关。

埃德蒙·费尔普斯把创新组织模式分为自上而下的组织模式和自下而上的组织模式两种类型。后者比前者更有效，这是因为它发挥了更多人的创造性。[3] 这两种模式都是生产技术与社会技术相结合的产物，它涉及创新的激励机制问题。这两种创新组织模式的重要区别在于三个方面：

（一）组织创新投资的来源

创新主要有两种，一是内源性创新，即建立在自下而上的组织。二是外源性创新，即建立在自上而下的组织。与此相对应，创新的投资来源主要是两大类，一类是来自民间投资为主，如美国大多数研究和开发支出是由私人投资的。[4] 另一类是来自国家投资为主的，自上而下的组织存在委托代理问

---

[1] 德隆·阿西莫格鲁，詹姆斯·A. 罗宾逊. 国家为什么会失败 [M]. 李增刚译. 长沙：湖南科学技术出版社，2015：189.
[2] 戴维·瓦尔德纳. 国家构建与后发展 [M]. 刘娟凤，包刚升译. 长春：吉林出版集团有限责任公司，2011：35.
[3] 埃德蒙·费尔普斯. 大繁荣 [M]. 余江译. 北京：中信出版社，2013：XVI.
[4] 威廉·鲍莫尔. 资本主义的增长奇迹 [M]. 彭敬译. 北京：中信出版社，2004：5.

题并且是软预算约束。我国许多研发投资来自政府。国家投资的资金如何用于值得投资的项目、如何保证投资项目的效率是自上而下组织的最大难点。同样的资金，由于自下而上的组织是硬预算约束和产权明晰，其研发投入更接近值得投资的项目，所以效率更高。相反，自上而下的组织由于是外源性创新，其预算约束是软的，只要完成研发的任务就行了。另外，自上而下的组织要筛选谁来创新，基本上是人格化交易，这就使大量的潜在创新者难以转化为现实的创新者，减少了创新者的数量。而自下而上的组织是谁有能力就谁来创新，其创新的人数更多。就如费尔普斯所说的，这种组织发挥了更多人的创造性。

（二）组织创新的动力

组织方式不一样，其创新的动力不一样。这可从两个方面来比较，一是组织的创新源于什么，也就是为什么创新的问题。无论哪种组织方式创新最终都是为了满足市场的需求。自下而上的创新组织的创新源于市场需求占70%以上。[①] 但是自上而下的组织模式如何发现这70%以上的市场需求呢？自下而上的组织建立在分散信息和分散知识的基础上。那些能有效利用分散知识、分散信息的组织构建更有效率。而自上而下的组织如何与市场需求相吻合是其创新中的难点。二是谁来创新。在自下而上的组织方式中，是由企业家来发现市场需求并推动创新。自上而下的组织的创新主要源于政府的发展战略，并形成委托代理关系。这种发展战略主要适合于追赶，优势是可以降低决策成本。追赶阶段更多的是引进、模仿发达国家的生产技术。自上而下组织方式一般是政府引导和委托企业创新，而这种企业一般是国有企业比较多。关于国有企业与非公有制企业在创新的差异已经有很多研究了。一般来讲，非公有制企业在创新能力上要优于国有企业。但是公有制企业获得的科研资源却比非公有制企业要多得多。自上而下的创新组织模式更强调政府对制度的主导及对创新的激励作用，而自下而上的组织模式更强调市场的作用及激励。

（三）组织创新的特点及结果

我国研发不差人，迄今我国科技人员占到世界的第一位。我国研发不差

[①] 罗小芳. 高质量发展中的创新组织方式转型研究 [J]. 经济纵横，2018 (12)：34 – 41.

钱,近年来,中国的研发开支从 2000 年的 90 亿美元增长到 2018 年的 2930 亿美元,位居世界第二,仅次于美国。① 我国不差科研成果的数量,我国学者在许多领域发表的论文在世界处于前列了。一个值得我们关注的现象是,我国科技成果的转化率仅有 10%,比美国 80% 转化率低 70 个百分点。② 一个长期困扰我们的问题是,我国科技成果为什么转化率这么低?为什么我国 90% 以上的科技成果不能转化为生产力?一是少数成果缺乏实际需求而无人问津,二是大量的成果没有达到可以向生产转化的成熟度。也就是讲还不是真正的成果,90% 的成果是无效或低效的。③ 中国的 R&D 投入中试验发展经费多年居高不下(占 85% 左右),而基础研究、应用研究加起来只有 15%。这表明不是我国不重视发明的转化问题。产生这种结果的原因与我国自上而下的组织方式有关。自上而下的组织的结果有数量方面可以上去,但质量上不去。这个原因就在于自上而下的组织主要是用"张三的钱为李四买东西"(所谓政府项目、国家工程较多),投资方向的确定主要不是根据市场需求而是政府目标。这可以回到阿西莫格鲁提出的中国现行体制下是否缺乏"创造性破坏"创新的问题上来,客观地说,我国是存在"创造性破坏"创新不够的问题。随着我国市场化改革的深入,尤其是在产业创新发展上,我国自下而上的组织(尤其是企业)正在逐步替代自上而下的组织,形成以自下而上的组织为主,自上而下的组织为辅的格局。这种转变也是我国市场决定资源配置和更好地发挥政府作用的必然结果。

第四节 协同推进生产技术与社会技术创新

一、中国产业升级需要生产技术与社会技术创新的协同推进

改革开放以来,我国在产业发展方面依据马克思生产力(生产技术)决定生产关系(社会技术)的思想,改革了一些不适应生产力发展的制度和政

---

① 麦肯锡全球研究院 2019 年中国经济发展报告(完整版)[EB/OL]. https://www.sohu.com/a/377023581_488166.

② 沈健. 中国科技成果转化率与美国差距有多大,问题在哪里?[EB/OL]. https://www.sohu.com/a/355364310_139908.

③ 任玉岭. 对改变科技成果转化率过低的认识与建议[N]. 企业家日报,2014-08-24(9).

策，从而大大地促进了我国产业的发展。如我国农村家庭承包责任制的改革大大地提高了农业劳动生产率。制度变革得越好的产业，发展就越好、越快。尤其在转型国家，我国产业的发展验证了诺思的观点，制度在增长及产业发展方面起着极为重要的作用。我国产业发展的差异与制度安排及其变化密切相关。如前所述，我国第二产业的开放准入秩序使我国成为制造业大国，我国这三大产业发展的不平衡充分表明社会技术的重要性。在我国高速增长阶段，制度变迁及改革发挥了极为重要的作用。但是社会技术供给的不足也制约了我国产业发展，尤其是产业的升级。在我国高质量发展和产业升级过程中，现在大家都重视从创新驱动、增加研发投入等来促进产业升级，这都是正确的，但问题是仅仅重视这些生产技术的投入是不够的。还需要增加社会技术的创新和投入。众所周知，英国、美国等在产业升级和成为制造强国的过程中，不仅重视生产技术的投入，而且也重视社会技术的投入。诺思认为英国产业革命的原因是制度创新在先，社会技术适应了生产技术的变革。

二、中国产业升级的最大短板是社会技术

制约中国产业升级的短板是生产技术创新不足还是社会技术创新不足？中国产业升级的最大短板不是生产技术，而是社会技术。在我国高质量发展过程中，对产业生产技术的不断投入与社会技术难以适应的冲突是我国产业升级最突出的问题。理论界探讨中国产业升级的文章很多，强调生产技术层面的比较多。制约中国产业升级的并不仅仅是生产技术，重要的是社会技术创新不足。社会技术的创新不足使我国创新能力的潜力远远没有发挥出来。不进行社会技术创新，中国的产业升级就会遇到"天花板"。从我国三大产业发展来看，改革开放以来，我国第二产业是开放准入秩序，使我国在较短时间内成为世界制造业大国。开放准入秩序有利于进入第二产业发展，这主要表现为非公有制经济发展比较快和大量的外资企业进入，使第二产业呈现出竞争状态。但是，社会技术创新不足是我国第二产业大而不强、创新能力不足、缺乏核心技术和关键技术的重要原因。这种社会技术不足，主要表现为产权保护不够、市场规模被分割。再就是自上而下的资源分配创新组织方式适合于追赶型、模仿式创新。从我国第一产业和第三产业来看，为什么我国第一产业（农业）基础还不牢靠、第三产业发展滞后？这主要是我国这两

大产业还是一种有限准入秩序。改革开放以来，我国一直重视技术、管理的引进（生产技术），而对制度及社会技术的引进是不够的。我们重视模仿生产技术和工业化模式，但是不重视模仿社会技术。而第一产业和第三产业的有限准入秩序则制约了我国这两大产业的发展。我国重视自上而下的创新组织方式是制度转变中的路径依赖现象。其实，我国十八大就提出了让市场决定资源配置，但现实中政府自上而下主导资源分配这种现象还难以转变。这种路径依赖现象还需要改革来打破。

三、全面深化改革为产业升级提供社会技术支撑

我国三大产业升级不仅仅是投资、创新驱动发展的问题，更重要的是处理好生产技术和社会技术创新的关系，要全面深化改革为产业升级提供社会技术支撑。

第一，产业发展必须从有限准入秩序向开放准入秩序转变。在习近平中国特色社会主义经济思想的指导下，我国第一产业和第三产业正在从有限准入秩序转变到开放准入秩序转变，这将大大地释放我国第三产业的潜力。有限准入秩序最突出的特点就是进入的限制，这主要表现为对金融、教育、医疗等开放力度不够。以金融业的发展为例，这表现为两个开放不够，一是对外开放还不够。如对外资银行限制过多，现在准备加大开放的力度。二是对内开放还不够。现在银行业与科技公司的竞争越来越激烈，我国商业银行大型国企资源的垄断以及政府保护的优势，而科技公司则有技术优势，还有低成本、资金雄厚和广大的客户优势。从2011年央行向27家第三方支付公司发放支付牌照开始，[①] 正式标志着科技公司进入金融业。这是我国更加开放的表现。随着我国市场化改革的深入，一大批经营不良的中小银行会先后淘汰，最后大型科技公司会与商业银行中的第一梯队（"四大行"和交通银行、招商银行等）竞争并存促进我国实体经济的发展。我国三大产业发展现在不是生产技术的问题，而是如何从有限准入秩序向开放准入秩序转变的问题。只有更加开放，我国产业升级才会有动力。

第二，要从产权保护和扩大市场规模两个方面为产业升级提供制度保障。

---

① 央行发放首批第三方支付牌照 支付宝等27家获牌 [EB/OL]. https://business.sohu.com/20110526/n308614360.shtml.

从社会技术层面来看，我国产业升级如何处理好让市场决定资源配置和更好地发挥政府作用的关系？那就是产业如何升级发展是企业和市场决定的事情，而政府就是在产权保护和扩大市场规模上做文章，也就是提供社会技术的支撑。尤其是二、三产业发展，这方面的社会技术不足也制约了我国产业的升级。完善产权制度和要素市场化配置改革是我国经济体制改革核心。首先，完善产权制度与产业升级的关系已经被历史与实现所证实。如诺思和托马斯在《西方世界的兴起》中所说，在近代，英国之所以超过法国等竞争者，就在于首创了专利法来保护知识的所有权。诺思与托马斯在对欧洲经济发展的历史作了重新考察的基础上发现，产业革命所包含的技术创新、规模经济、教育发展和资本积累等现象本身就是经济增长，明晰的产权制度的确立是近代欧洲经济增长的原因，而产业革命只是其结果。美国产业发展和做强与完善的产权制度密切相关。其次，政府用社会技术创新把我国市场规模做大，加快建立要素市场化配置的体制机制。产权保护和市场规模是产业发展与升级的两个轮子。地方保护主义、市场分割对我国产业发展的影响已经有很多学者探讨了。当前扩大内需和产业升级更需要有统一的国内市场和市场规模的支撑。

第三，要转变产业创新的组织模式，提高产业的知识分配力。从产业发展的资源分配方式来看，我国应该从自上而下的组织转向自下而上的组织，这种转变并不仅仅是一个资源分配方式的改变，更重要的是这是创新激励机制的变化。在我国经济追赶时期，自上而下的组织模式在经济追赶阶段确实发挥了极为重要的作用。但是我国产业升级需要自主创新、需要知识分配力的提高，更需要社会技术的支撑。转变产业创新的资源分配方式需要认识到这三点，一是我国过去是以自上而下的组织方式为主，要逐步转变到以自下而上的组织方式为主。这两种方式是并存的，只是谁为主的问题。这是由产业发展的阶段决定的。维塞尔早就指出，在经济学中，自下而上的成千上万的个体的分散行动比一个自上而下的单个的权威在上面组织要更有效，因为后者绝不可能获知无数的可能性。[1]哈耶克在其自下而上的创新组织模式理论中认为，现代经济在新产品和新工艺的开发过程中要求体制内的个人拥有发挥原创的自由，并充分发挥其由环境和知识塑造的个性。二是要处理好举

---

[1] 赫苏斯·韦尔塔·德索托. 社会主义：经济计算与企业家才能 [M]. 朱海就译. 长春：吉林出版集团有限责任公司，2010：128.

国体制与市场决定资源配置的关系。这两者并不是对立的,一般来讲,大多数产业要由市场决定资源配置。而少之又少的领域可以采用新举国体制。三是要让科技资源从市场需求及竞争中去形成,而不是政府再分配切一块去搞研发创新。要充分发挥以民间资本为主的风险投资、现代金融市场等在产业升级及创新发展中的作用。

第十二章　中国制造业升级中的路径依赖

面对发达国家高端制造业发展计划，以及新兴经济体低端制造业迅速追赶的双重挤压，早在"十二五"规划中，中国就明确提出"制造业转型升级"的战略目标。中国目前仍处于工业化后期，制造业作为实体经济的基础，关系到国家经济命脉，要把实体经济尤其是制造业做实做优做强①。"十三五"和"十四五"时期是中国向高质量发展转变和实现创新驱动发展的关键阶段，制造业作为国民经济的重要支柱，仍具有广阔的市场空间和较强的扩张动力。因此，要想实现发展方式转变，遵循《中国制造2025》的指导，推动制造业转型升级将成为必然趋势，具有极其重要的意义。

第一节　制造业转型升级的必要性与路径依赖

一、制造业转型升级是高质量发展的必要条件

（一）推动经济社会高质量发展的必然要求

习近平总书记在党的十九大报告中指出，中国正处于转变发展方式、优化经济结构、转换增长动力的攻关期，经济已由高速增长阶段转向高质量发展阶段，而后者也将成为新时代中国特色社会主义发展的重大目标，也预示着中国制造业会迈入高质量发展的阶段，为此必须推进制造业转型升级，这也是发达国家实现现代化的共同经验。一个多样化且具备创新性的强大制造

---

① 把实体经济做实做强做优——习近平在陕西考察时的讲话 [N]. 经济日报，2020-04-25 (001).

业及其所带来的就业机会，能够为发达经济体的繁荣发展提供支撑[①]。制造业有较长的产业链和较强的联动性，使制造业对其他产业产生重要影响，不仅可以为农业和服务业提供技术支持，而且其所形成的市场需求是构成农业和服务业需求的重要部分，是推动中国经济增长的重要力量。只有实现制造业的转型升级，才能缓解当前资源环境对制造业发展的约束，促进新旧动能转换，打破技术瓶颈，推动产业链向高附加值攀升，"加快建设制造强国，加快发展先进制造业"，这正是经济社会高质量发展的重要内容，也符合"十四五"规划的远景目标。

（二）应对新一轮工业革命和疫情冲击的现实需要

纵观发达国家现代化进程，无论是英国通过第一次工业革命以大规模工厂化的生产形式取代手工作坊，率先实现制造业兴起；还是美国通过第二次工业革命，以蒸汽动力为基础进行机械化，推动"美国制造体系"普及和发展[②]，都给制造业转型升级提供了机遇和挑战。面对当前信息技术、互联网技术和数字技术等新兴技术发展，并与制造业的交融孕育新一轮工业革命，将对制造业发展理念、发展方式产生重要影响，欧美等发达国家已经相继重启工业化战略，诸如印度等新兴经济体也开始振兴工业化战略。此外，产业结构转型升级孕育于摆脱危机的出路之中，是危机的副产品（蔡昉等，2009）。在2020年由于新冠肺炎疫情冲击，制造业面临贸易收缩、需求下降和劳动力不足等现象，尤其对劳动密集型产业造成巨大影响。因此，顺应现阶段各项技术融合和产业边界模糊的局势，把握新一轮革命"时间紧缩"和"空间崩溃"的特征（罗仲伟、李先军，2015），积极推进制造业转型升级，促进与新技术和产业的融合，才能更好地应对新技术、新理念和新业态所带来的各种不确定性以及市场垄断和关键领域国际竞争的加剧，缓解当前"中低端分流"和"高端回流"的双重挤压（丁文珺、杜志明，2018），从而抓住历史机遇，努力迈入制造业中高端领域，实现"中国制造"向"中国智造"的跨越。

（三）实现"深度工业化"和自身可持续发展的迫切需要

发达国家曾认为当制造业体系发展到很高程度之后，产业体系发展将会

[①][②] 瓦科拉夫·斯米尔. 美国制造：国家繁荣为什么离不开制造业 [M]. 北京：机械工业出版社，2014：Ⅳ，24-29.

迈入后工业时代，此时服务业将成为国民经济主导产业，工业将逐渐萎缩。由此，20世纪80年代，发达国家相继开始"去工业化"浪潮，从最初劳动密集型制造业外迁发展到资本或技术密集型制造业非核心部门外迁。而之后金融危机冲击让它们再次认识到制造业重要作用，过度"去工业化"所带来的制造业萎缩可能会产生"产业空洞化"，不利于国家产业竞争力提高（金碚，2011）。因此"深度工业化"才是工业化后期制造业发展基本路径。尽管中国目前制造业总量已位居世界前列，但人均水平与发达国家相比，仍有较大差距，并且制造业增加值占GDP比重呈现逐年下降的趋势，从2005年的32.09%下降至2019年的27.17%，在一定程度上呈现出"去工业化"特征，不利于为其自身乃至经济社会可持续发展提供动力（魏后凯、王颂吉，2019）。同时面对当前要素、资源和环境等方面约束，以及制造业长期供给质量较低、供需错配等问题，传统粗放型发展模式已难以持续。因此，实施制造业转型升级，推进"深度工业化"，在加速制造业内部转移和比较优势续接的同时，促进制造业信息化、服务化和绿色化，不仅有利于制造业本身提质增效，实现可持续发展，而且也能够为中国经济社会发展提供持续支撑力。

二、制造业转型升级中的路径依赖

企业是市场经济活动的微观主体，因此制造业转型升级离不开企业转型升级。众多学者立足于企业，分析制造业转型升级的内涵（杨蕙馨等，2020），其中升级层面主要是指，通过自身能力的改善和提高从而逐渐向更先进或者更高层次演进。而转型层面则主要包括两方面内容，一是行业性质的变化，即不同行业或者领域之间的变动；二是组织形式的变化，目的是为适应市场环境变化以及降低运行和交易成本。因此，制造企业转型升级是整个制造业转型升级的基础，从某种意义上说，制造业转型升级不仅仅局限于制造业整体结构体系的转变，而且体现在企业乃至整个产业战略政策抉择和走势的变化。主要表现为：由高消耗、高污染、高投入和低附加值的"三高一低"的粗放型发展模式向高附加值、低消耗、低污染和低投入的"一高三低"的集约型发展模式转变；以及沿着"资源—劳动—资本—技术"这一路线演进，是一个逐步迈入"资源有效利用、环境污染减少、生产效率提高、产业质量增强以及市场需求契合"的过程，朝着有利于经济社会发展方向转变。

经过改革开放40多年的发展，我国制造业取得了巨大成就，从总量水平上来看，已经具备了转型升级的物质基础。但是不可否认，当前中国制造业仍呈现出"大而不强、聚而不集"的特征，低端产业产能过剩，关键核心技术缺乏，主要体现在以下几个方面：(1) 创新能力较弱，核心竞争力不足，缺乏关键核心技术的多元组织和创新体系，技术吸收和二次创新方面较为疲软，自主创新面临多重困境，关键领域核心技术存在突破瓶颈，在智能设备、新能源等新兴领域以及超高精度数控机床、精密设备等方面尤为突出。(2) 质量保证能力不足，产品附加值较低，现阶段中国制造业虽然数量充足，但质量、价值增值等方面仍处于劣势，并且供需结构性问题较为突出，在"微笑曲线"上也处于较低端，国际分工体系中更多的是从事组装和加工等环节，数据上的反映就是"高 GVC 参与指数"和"低 GVC 地位指数"并存。(3) 产业集聚层次较低，品牌效应较弱，在2019年最新世界品牌500强榜单中中国仅有40个，[①] 与数量规模并不匹配，同时企业之间缺乏统筹协调以及对新兴集群效应的培养，体制观念并没有完全适应市场经济发展的需要，模仿同质化以及产业结构不合理较为普遍，"僵尸企业"尚未解决以及规模效益明显的行业集中度不足。

随着中国发展进入新时代，经济增长的推动力也由最初的要素驱动逐渐向创新驱动转变，中国制造业也逐渐迈入"技术为王"的重要时期（张志元、李兆友，2015），尤其是在当前人口红利逐渐消失的情况下，急需培养新的红利为制造业转型升级提供动力，创新作为产业转型升级的根本动力（Acemoglu et al.，2018），势必成为关键影响因素。此外，市场活力在一定程度上也可以为制造业转型升级提供动力，但是其依赖于灵活的组织方式，尤其在市场经济逐渐成熟的情况下，组织方式的约束始终存在，组织创新作为一种新型要素，能够为制造业提供新动能（余东华，2020），其中最主要的就是妥善处理政府与市场的关系，政府干预程度会产生重要影响（宋林、张扬，2020）。而市场规模和结构在这一过程中也发挥重要作用（孔伟杰，2012），其作为产业转型升级的前提条件，能够在产权保护不充分的情况下影响私人收益率，从而推动制造业转型升级。通过上述分析可以看出，整个制造业的转型升级是一个覆盖整个行业各个环节的动态过程，而当前中国制

---

① 北京日报客户端. 2019年度世界品牌500强出炉，中国40个品牌入围 [EB/OL]. https：//baijiahao. baidu. com/s? id = 1652690267980060121&wfr = spider&for = pc.

造业"结构红利"逐渐弱化、发展动能面临转化、出口结构多元化以及市场环境复杂化等,这些都要求制造业转型升级不仅要注重数量层面的"结构优化",而且更要注重技术、组织等方面的"能力提升",其中技术创新和制度优势将成为重要的支撑力。

然而正如诺思所提出的制度变迁的路径依赖理论,在制度演进和变迁的过程中,充满着路径依赖。一种制度一旦形成,无论其是否有效,其在一段时间内将会持续存在,并且会对未来选择产生影响,就如同迈入某一特定路径。本章在此引用狭义的路径依赖定义,即一旦经济系统沿着某一种路径发展,尽管此时可能存在其他更有效的路径选择,但由于改变路径存在较高的转换成本,现有制度会阻碍对当前状态的改变,此时制度可能就会陷入"无效率"状态。诺思指出,报酬递增和具有显著交易成本的不完全市场是导致制度变迁路径依赖的两大力量,并且由于制度初设成本、组织学习效应、协调效应和适应性预期等方面所形成的自我强化机制将进一步增强当前路径[1]。通过对不同社会制度变迁与经济发展之间的关系研究,诺思进一步强调,路径依赖的形成除了由历史偶然事件引起之外,还包括行为人的有限理性和较高的转换成本和交易费用等方面。但是路径依赖并非意味着完全没有选择的余地,只是缩小了选择的范围,它与其说是一种惯性,不如说是过去历史经验施加给现在选择集的约束。该理论强调历史、制度等因素的重要性,而要想打破这一路径依赖,就需要引入新思想、新制度和新意识形态,从而改变或创造新的激励结构,为制度变迁的路径转向提供动力。基于该理论,上文分析所述因素都能够对制造业转型升级带来重要影响,并且这些因素从表象上来看都已经有一定的改善,但为何对中国制造业转型升级的推动作用尚不明显?现有文献对此类问题研究相对较少。因此,基于路径依赖理论的分析思路,笔者认为组织方式、研发活动和市场分割(社会技术),以及创新方式(生产技术)等因素存在路径依赖现象,并且这四个方面路径依赖并非相互独立,而是一个相互联系的完整系统,形成了制造业转型升级的网络结构。不仅每一条单一路径都会影响制造业转型升级。更重要的是,在网络结构内部各路径依赖之间还存在多层次递进,相互之间的作用关系共同制约着我国制造业转型升级。

---

[1] 道格拉斯·C. 诺思. 制度、制度变迁与经济绩效 [M]. 杭行译. 上海:格致出版社,2014:111-118.

第二节 创新方式的路径依赖

一、何谓创新方式的路径依赖

创新作为经济发展第一动力,可以通过对生产率和产业链的调整创造结构红利,从而对制造业转型升级产生影响。而制造业转型升级的创新主要是指依靠知识和人才,利用多元化创新要素实现对各种有形要素的组合,以达到要素和资源集约以及环境友好目标,推动制造业可持续发展,其本质上是发展动力的转换,即从模仿和引进向自主创新转变。中国尽管"十一五"规划明确提出要走"自主创新"道路,并且这也是未来很长一段时期重大战略决策,但不可否认,当前制造业创新方式似乎形成一定的路径依赖,仍是以"模仿—赶超"战略为主,主要来自发达国家的技术扩散,即通过"干中学"消化吸收发达国家成熟的先进技术,并在此基础上加以改进。

(一)中低端技术价值链为主,关键核心技术依赖进口

现阶段的中国,始终保持着"重引进轻开发,重模仿轻创新"的特征,技术模仿和引进已从最初的设备为主转变为如今的技术为主,据《2019年中国科技统计年鉴》的数据显示(见图12-1),在2018年技术费占中国国外引进技术合同总金额的比重为97.4%,并且以专有技术转让和许可为主,这也在某种程度上反映出中国技术引进过程中对"硬技术"的重视,而对于管理、思想和制度等方面的"软技术"关注不够。此外,据《2019年中国科技统计年鉴》的中国制造业中约80%为传统产业,在高技术产品进出口贸易额中,尽管近些年进口贸易额所占比重不足50%,但总体上呈现小幅上升趋势,其中除了计算机与通信技术处于贸易盈余状态外,其他诸如电子技术、计算机集成制造技术、航空航天技术等均显著处于贸易赤字状态。根据工信部的关键基础材料调研指出,在计算机和服务器高端专用芯片以及高端数控机床和装备仪器、航空发动机、汽车发动机及关键零部件的制造和检测设备有超过95%依赖进口,并且在高技术产品出口贸易中超过50%为进料加工贸易。这些都意味着对于中国制造业而言,尚处于全球价值链的中低端,技

层次不足、关键核心技术受制于国外，"软技术"对"硬技术"的可持续发展支撑力不足，所形成的技术缺口使得中国高技术产品出口大多依赖外资产品贡献且从中获益较低，在创新方式上普遍倾向于技术获取的拿来主义和复制性模仿。

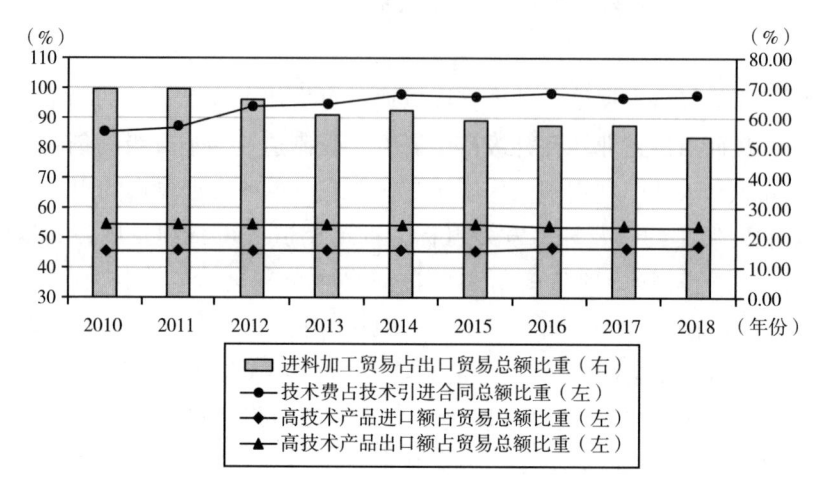

图 12-1 技术引进和加工贸易状况趋势

（二）创新支持能力不足，创新活动方向存在偏差

如表 12-1 所示，与发达国家相比，从支持能力角度来看，中国的物质基础设施、法律监督环境等层面支持力不够问题较为明显，与当前制造业规模和强国目标并不匹配。从专利角度来看，尽管专利授权数量名列前茅，但是可以发现很明显的区别是中国专利授权数中实用新型占很大比重。从侧面说明，中国制造业仍主要侧重于模仿和技术引进、改造，存在将国内外已有专利成果进行调整之后重复申请的现象。《2019 年中国专利调查报告》指出，2018 年国外在华有效发明专利维持年限平均比国内高 3.4 年，中国在 29 个技术领域发明专利拥有持续 10 年以上的数量与国外相比更少，专利质量有待进一步提升。上述数据都可以从某种程度上反映出，当前中国制造业在创新活动方面，更多注重于降低成本和同质化竞争等方面，对于质量提升和差异化竞争较为忽略，同时对创新活动的支撑力度尚显不足，创新方式在追赶的过程中仍呈现出模仿技术偏向，没有转向自主创新的发展路径。

表 12-1　　　　　　　制造业创新支持能力和专利授权对比

指标分类		中国	美国	德国	日本	韩国
创新支持能力（分值：0-100）	能源政策	40.3	68.9	66.0	62.3	50.1
	物质基础设施	55.7	90.8	100.0	89.9	69.2
	法律监管环境	24.7	88.3	89.3	78.9	57.2
	全球创新指数	54.82	61.73	58.19	54.68	56.55
专利授权数（件）	发明专利	345959	22915	9664	28094	8623
	实用新型	1471759	1688	737	2138	806

资料来源：创新政策和基础设施、能源政策、物质基础设施、法律监督环境资料来源于《2016年全球制造业竞争力指数》，全球创新指数资料来源于《2019年全球创新指数报告》，专利授权数相关资料来源于《2019年中国科技统计年鉴》。

二、创新方式路径依赖的形成因素和影响

（一）创新方式路径依赖的形成因素

在过去 10 年，我们的中高端产业上升了 2.6 个点，[1] 到目前为止，我们明显高于发展中国家的平均水平，接近高收入国家的边界。专利申请和授权数量位居世界前列，《2019 年全球创新指数报告》显示，中国创新产出指标在全球排名第五，高于一些创新型发达国家，但在这一过程中，新创新方式引入势必会增加实施、监督和协调成本，还会面临其他制约因素，使得当前中国制造业创新仍呈现路径依赖状况。（1）后发优势所带来的报酬递增，为"模仿—赶超"战略的实施提供支撑。由于后发国家和先进国家之间技术差距，为后发国家"模仿—追赶"战略在短期内提供了潜在优势。利用模仿和创新在成本投入上的差异以及技术发展路径选择上的经验优势，后发国家在模仿技术过程中可以吸收先进国家经验而少走弯路（Bronfenbrenner & Gerschenkron, 1962; Zander, 2007）。因此，中国作为后发国家，逐渐形成这种发展模式，通过引进成熟技术，掌握这些技术并迅速转化为产能，从而促进技术积累和生产效率提高。（2）产权保护不完全，为"模仿—赶超"战略的实施提供契机。受制于知识积累、技术水平不足，对于增长和发展所需创新而言，后发国家更多是适应性和模仿性，几乎完全依赖发达国家。而相对宽

---

[1] 唐杰. 研究了 7000 家企业 5 年数据，发现"深圳奇迹"的秘密 [EB/OL]. https://www.163.com/dy/article/FP3S312Q0531G0IB.html.

松的产权保护,使得模仿等活动限制较低,这些国家长期以来认为在这一市场环境下,能够降低不必要的交易成本,更好地对全球知识技术扩散和转移进行利用,实现产业升级和技术进步(C. Chin & H. Grossman,1988)。(3)中国具有很大的市场空间,使得企业习惯于建立低成本的战略路径,通过生产规模扩大获得近期收益,尤其是在市场需求扩张的情况下这一动机更加强烈;企业之间模仿意识强烈、竞争形式单一,以同类比拼和价格竞争为主,使得创新活动的空间狭小。并且企业之间缺乏合作意识,使得即便存在创新项目,也会因为缺乏组织而难以长期持续。(4)品牌竞争力劣势,限制了"模仿—赶超"路径的转向。当前国际市场竞争中品牌重要性越来越高,而后发国家品牌竞争力相对处于劣势,使得中国更多地通过贴牌生产等模式参与国际市场,使得制造业的生产更多地关注效率而非创新,加上长时间生产渐进式创新产品,从而限制了制造业创新方式的转变。

(二) 对制造业转型升级的影响

对于当前正处于向高质量发展转型关键期的中国而言,创新无疑是第一动力,正如上文所说,后发国家的"模仿—赶超"创新方式,可以凭借模仿相对于创新而言的成本优势,以及跟随者可以学习先行者技术发展路径选择的经验优势,形成后发优势,实现资源快速积累,通过跨越效应和递增效应,为自主创新道路奠定基础,从而促进制造业技术进步和发展。但是后发优势受适配性等多种因素影响,作用发挥存在一定限度,在短期内是一种效益好的路径选择。长期来看,随着新一轮工业革命的影响,制造业发展格局发生转变,制造业智能化、信息化和绿色化等新兴发展模式将成为新趋势;面对来自发达国家和新兴经济体的"双重挤压",国际竞争格局也正发生重大调整。并且随着TRIPs等协议的出台,发达国家对中国等发展中国家加强产权保护的压力越来越大,技术的转让、使用和模仿成本都会增加,甚至可能出现技术封锁,从而压缩后发优势的发挥空间。因此,继续保持"模仿—赶超"战略,其边际效益将会逐步减弱,如果没有实现向自主创新道路的转向,将会导致国家产生模仿依赖,使得在既定模仿成功率下投入更多资源,模仿强度下降,挤占FDI和造成创新收缩,而没有创新的模仿和引进无法真正实现技术本土化,不能充分吸收新一轮工业革命所带来的技术红利,从而无法为产品和工艺的更新换代提供原动力,无法推动制造业生产方式和发展动力的转变,不利于制造业提效增质目标的实现,最终无法打破技术发展水平门槛,从而陷入"模仿陷阱",收敛于较低水平的均衡状态,对中国制造业竞争力和盈利能力产生不利影响。

第三节 组织方式的路径依赖

一、何谓组织方式的路径依赖

在诺思看来,制度是社会游戏的规则,而组织是社会玩游戏的角色,并且组织也会为经济活动提供结构,组织层面因素也会对制度变迁产生重要影响[1],能否形成与这一变革相适应的组织方式,在很大程度上决定了转型升级能否成功。而根据埃德蒙·费尔普斯所述,组织方式可以划分为自上而下和自下而上两种类型,前者更多应用行政力量和关系导向,后者则更多依赖于市场力量和创新导向,这也就意味着后者赋予人更多的自主性和创造性且更加有效[2]。组织方式可以视为资源配置和制度相结合的问题,反映了政府与市场之间的关系。对于中国而言,现阶段组织方式也呈现路径依赖现象,仍是自上而下的,社会资源配置更多由政府根据发展战略决定,经济活动更多地展现出人格化特征,与市场配置资源的机制适应性较低。

(一)介入模式以外源性为主,产品出口和产能过剩并存

长期以来,中国政府对制造业行政干预较多,在很多重要领域采取以政府取代市场机制,具有较强"管制性",政府不仅引导投入规模,而且还像企业家一样参与项目谈判等具体经济活动。在这种主要由政府引导和决定的介入模式中,资源配置方式实质上是"用张三的钱为李四买东西",介入方向也可能偏离市场需求。这一外源性模式在一定程度上阻碍了要素市场化进程,强化了要素价格扭曲,其中包括土地等资源的低价供应,间接降低制造业生产成本,从而使得中国制造业能够凭借成本优势增加国际市场占有率(施炳展、冼国明,2012),制造业制成品出口总体保持显著增长趋势,但同时产能过剩现象也较为普遍,在钢铁、船舶等传统行业,产能利用率甚至不

---

[1] 道格拉斯·C.诺思.制度、制度变迁与经济绩效[M].杭行译.上海:格致出版社,2014:3-6.

[2] 埃德蒙·费尔普斯.大繁荣[M].余江译.北京:中信出版社,2013:16.

足 75%[1]，甚至在诸如风电制造等新兴行业，也面临产能利用不足。

（二）产业政策以选择性为主

现阶段中国制造业产业政策具有明显的"选择性"，其目标更多侧重于企业规模扩大、市场集中度提高及产业结构调整等方面，政策措施多集中在产业目录、市场准入、项目核准、供地审批以及强制性清理等方面，这种"选择性"不仅只对特定产业支持，而且还涉及各产业中特定技术、工艺或者产品，这在科技支持政策方面尤为明显，早在"十一五"时期电子信息制造业、中药、船舶、汽车和重大技术设备产业已经成为重点支持产业[2]。通过表 12-2 也可以清楚地反映这一特征，在 2018 年所有 25 类制造业中，下述 11 类制造业占据 84.46% 的政府研发资金来源，其中不乏医药制造业和计算机、通信和其他电子设备制造业等高技术产业。

表 12-2　按行业类型分规模以上工业企业研发政府资金来源

行业类型	政府资金占比（%）
化学原料和化学制品制造业	5.04
医药制造业	5.39
有色金属冶炼和压延加工业	2.56
金属制品业	2.52
通用设备制造业	5.46
专用设备制造业	8.19
汽车制造业	6.19
铁路、船舶、航空航天和其他运输设备制造业	15.93%
电气机械和器材制造业	7.87
计算机、通信和其他电子设备制造业	22.36
仪器仪表制造业	2.95
合计	84.46

资料来源：《2019 年中国科技统计年鉴》。

此外，国有企业和大型企业所具有的规模优势，使得在选择性产业政策下，相较于中小型和非国有企业而言，能够在税收优惠、财政支持等方面受到更大政策支持和关照，往往更容易获得土地、银行信贷等稀缺性资源，甚至在一些合同契约签订方面也受到更小约束。通过研发政府资金来源就可以

---

[1] EPS 数据库。
[2] CNRDS 中国研究数据服务平台。

看出，内资企业在这方面极具优势，但是其中的私营企业并不占优，占比只达到18%（见图12-2）。也正因此，许多企业有强烈动机去接近政府，企图通过聘请具有政府任职背景的高管等途径"傍靠山"，建立政商关系，以降低企业经营活动中的不确定性和增强资源获取竞争力（田利辉、张伟，2013）。

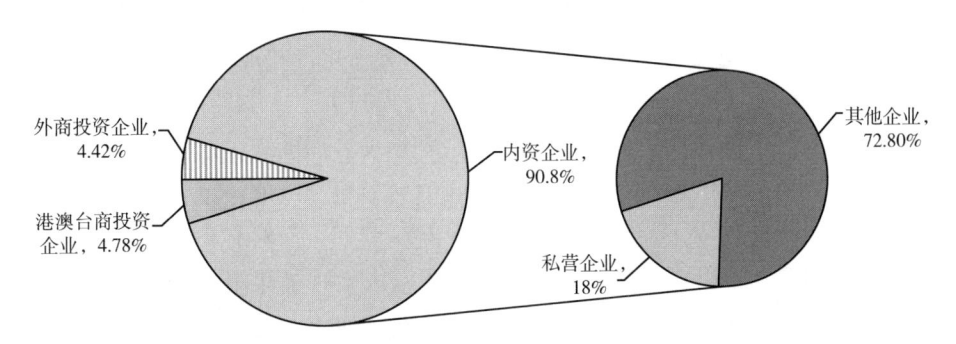

图 12-2 按企业类型分规模以上工业企业研发政府资金来源

资料来源：2019年《中国科技统计年鉴》。

二、组织方式路径依赖的形成因素和影响

（一）组织方式路径依赖的形成因素

自上而下的创新组织方式在我国技术追赶和模仿创新中发挥了极为重要的作用。在我国从高速增长阶段转向高质量发展的过程中，创新组织方式也要从自上而下的创新组织方式为主转向自下而上的创新组织方式为主。但是自上而下的创新组织方式形成的原因及转向中的成本都有可能导致路径依赖，（1）"东亚模式"所带来的经济奇迹，为自上而下组织方式的实施提供依据。在"二战"之后自由主义思潮长期居于主导地位，以日本为首的部分东亚国家凭借政府对经济的指导和干预实现了迅速发展，其中包括选择性产业政策的运用，"东亚奇迹"所带来的以政府为主导的东亚模式引起全球关注，并逐渐受到国内认可，早在改革开放初期，国务院发展研究中心通过对该问题的研究编制《中国产业政策的初步研究》，指出国家发展需要重新审视和关注日本等国竞争和干预相结合的经济体制的成功经验，并认可产业政策作为政府调控市场机制的重要手段，搭起了政府与市场之间的桥梁。（2）计划经济观念的存在，为自上而下组织方式的实施提供支撑。从某种程度上可以将中

国当前组织方式视为计划时期产物,这种以政府为主导的自上而下组织方式带有很强计划经济色彩,与党的十二届三中全会及之后所提出的建立有计划的商品经济、"国家调节市场"等改革理念相契合。伴随着计划经济管理模式的惯性,经过1989~1993年立足于有计划的商品经济的初步尝试、1994~2001年结合市场经济体制的进一步发展以及2002~2012年伴随宏观调控加强的深入演进(江飞涛、李晓萍,2018),逐渐形成关系导向的心智模式,助推了以选择性产业政策为主要表现的自上而下组织方式的不断强化,并最终形成中国特色。(3)制度环境和战略布局,为自上而下组织方式的实施提供契机。中国实施自上而下组织方式还有一个重要制度背景,即分权治理模式,这种治理模式形成一种独特的"政治集权、经济分权"的中央和地方政府关系,并赋予地方政府总量和质量双重任务目标。在这一制度环境下,面对有限资源,政府有很大动机利用其权力和手段干预资源配置,以求实现效果最大化,由此形成委托代理关系并使得地方政府与企业密切联系。加之在长期以来中国作为所实施的追赶战略中,形成"追赶"意识,强调资源配置目标是实现追赶而非效率提高,以政府为主导的模式所具备的决策成本优势,进一步加强了自上而下组织方式在这一时期的可行性,为这一组织方式实施提供了契机。

(二) 对制造业转型升级的影响

中国自上而下组织方式路径依赖作为限制制造业由大变强、由散变集的重要阻碍之一,除了自身制度成本和既得利益集团干扰和技术方面影响外,而且更重要的可能是制度框架以及相应规则和思想所带来的后果(Heffernan,2003)。决定制造业能否转型升级一个重要方面就是"资源分配力",其可以理解为把资源要素转化为转型升级动力的能力。正如诺思所言,发达国家通过制度或组织框架将知识等资源要素所固有的潜在生产率转换成现实生产率,因此组织方式在一定程度上决定了"资源分配力",进而对制造业转型升级产生影响。对于此前尚处于追赶时期的中国而言,自上而下组织方式具有可行性,这种以政府为主导的模式能够有效利用后发优势,并且通过一些逆经济周期行为降低企业经济活动的不确定性,"集中力量办大事"以实现中国制造业的"大"。但要想实现由"追赶"向"超越"转变,推动制造业"由大变强、由散变集",需要调整这一组织方式。当前组织方式决策更多依赖政府及专家知识和信息,倾向于以政府代替市场做出判断,使得资源配置方式逐步演变为"挑选赢家",偏离市场需求的研判很可能做出错误选择。在这一模式下，企业在追求利益最大化过程中倾向于诱导政府出台一些有利于获得收益或资源的项目，形成政企关系，逐步偏离转型升级目标；并且这种软预算约束和委托代理关系会诱导政府官员更多投入上级关注的项目或工程，追求短平快，甚至出现逆向选择和道德风险，导致创新和转型升级行为的变异，从而造成制造业量的提高和质的停滞。此外，这种更多应用行政力量和关系导向的组织方式，国企和大型企业与其他企业之间资源配置地位不均等以及委托代理关系中监督成本较高，使得社会资源产生大量错配和寻求"政治保护伞"现象。结果会产生锁定效应，不利于产学研或企业家集合等协同机制的形成和组织方式的转变，社会资源无法集中在更有利于发明和创新的中小型企业，而创新成果无法集中到更有利于将其产品化的大企业，从而导致制造业创新和发展成为"两张皮"（卢现祥，2014）。由此可以看出组织方式能否有效推动制造业转型升级需要具备适度竞争性和惠及企业广泛性，而这正是中国当前自上而下组织方式所不完全具备的。任何组织方式一旦形成，若没有大的因素导致变革，从而会产生"锁定"效应，形成路径依赖。

第四节 市场分割的路径依赖

一、何谓市场分割的路径依赖

根据"市场范围假说"，市场规模越大，社会分工会更加细化，从而产生规模经济以及本地市场效应，尤其当前疫情冲击使得世界经济增长趋缓、国际贸易受阻，如果仅依靠国外市场实现规模经济，将难以长期持续，这意味着国内市场一体化重要性进一步提高。如何利用国内市场一体化所带来的足够大的需求规模，实现两大市场需求空间转换，已经成为制造业转型升级的重要活力支撑。对于中国而言，尽管从表面上看市场规模很大，但由于市场分割，中国实际市场规模并不大。而市场分割作为中国经济转型期的典型现象，已经被众多研究证明持续存在，其虽然呈现出整合趋势，但在未来一段时间内仍难以完全消除，存在路径依赖特征，扭曲和分割了要素和产品市场。广义上的市场分割包括自然性市场分割、技术性市场分割和制度性市场分割三种类型，而本书根据分析需要，引用的是制度性市场分割这一狭义概念，即在经济社会发展过程中，不同地区之间因受到政治制度等人为因素影响,进而形成以地方保护为特征的不同市场。

(一)要素流动配置存在壁垒,要素过剩与不足并存

资源要素配置效率改善是中国制造业实现向高质量发展和创新驱动发展阶段转换的重要支撑,但是以保证本地企业获取更多资源和发展机会为目的的要素市场分割限制了要素自由流动和共享,扭曲了要素配置,结合图12-3,对比广义长三角地区的三省一市发现,江浙沪皖作为区域一体化的城市群,按理并不应该存在明显的市场分割,但事实上其要素扭曲度在近几年差距有扩大趋势,并且地区之间要素市场发育相互差距也有所加大,这些都从侧面反映了要素市场分割现象[①]。其中劳动力市场尤为明显,劳动力要素市场分割在某种程度上不仅导致"体制内"或者"正式"劳动力竞争较低,而且使得"体制外"或者"非正式"劳动力竞争过度,进城务工更多集中在传统部门(银温泉、才婉茹,2001);同时由于户籍、社保等制度限制,使得劳动力尤其是外来人才流动受到限制,这在长三角地区尤其是上海较为明显,其对本地或江浙沪毕业生存在明显政策倾斜,包括今年刚发布的《2020年非上海生源应届普通高校毕业生进沪就业申请本市户籍评分办法》,长期政策倾斜必将使得外来毕业生和人才偏离长三角地区,流向珠三角等地,上述这些都能反映出劳动力要素存在过剩和不足并存现象。

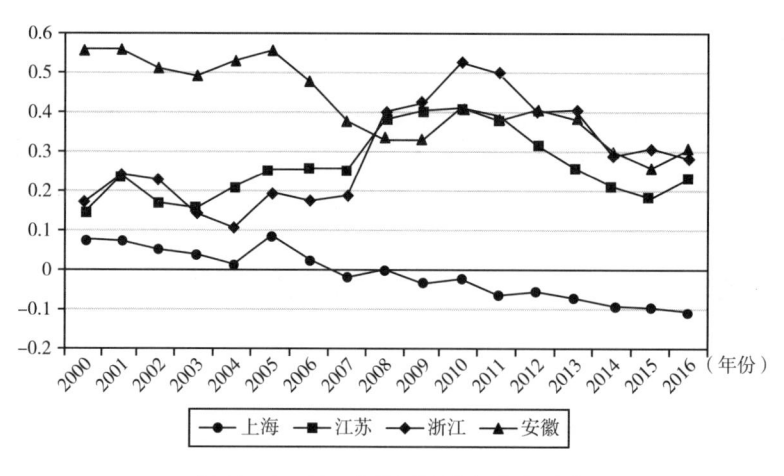

图12-3 长三角地区要素扭曲度对比

---

① 借鉴张杰等(2011)要素扭曲测算方法,即(各省份地区总体市场市场化进程程度指数-要素市场市场化进程程度指数)/总体市场市场化进程程度指数,资料来源于《中国市场化进程报告》。

(二) 市场规模呈现"条块化",市场主体经济行为扭曲

上述要素市场分割也会通过影响市场主体经济活动作用到产品市场。而产品市场分割的目的是保护本地企业和防止外部竞争,但这种"条块化"的市场格局抬高国内市场准入门槛,增加了市场主体跨区域经营成本,甚至高于跨国经营成本,并且在产品跨区域流通过程中也存在大量寻租现象,阻碍了制造业产品国内自由流动,扭曲了竞争环境,形成"诸侯经济"。早在2012年武汉、黑龙江、山西等地政府相继出台政府采购环节优先考虑本地企业的相关措施;而广州市政府也对公务车采购做出明确规定,指定优先选购本地广汽"传祺"品牌[①]。此外,不同地区出租车市场也存在本地品牌垄断现象,例如上海出租车多为桑塔纳和途安,长春和成都多为捷达和速腾。在这一市场环境下,企业"自选择效应"发挥受限,拥有较高生产率企业无法参与更大范围市场竞争并扩大市场规模,同时也限制了企业兼并或重组,使得生产率落后企业免于竞争难以退出市场,弱化了优胜劣汰市场机制,企业为了维持既得利益和实现市场扩张,不得不将更多时间和资源用于与政府建立关系,呈现出对非生产性活动的倾向,国内部分企业出口决策也呈现出不考虑自身竞争能力和生产成本便以国际市场替代国内市场的"扭曲激励"(朱希伟等,2005),市场主体经济行为出现扭曲。

二、市场分割路径依赖的形成因素和影响

(一) 市场分割路径依赖的形成因素

纵观欧美等发达国家发展历程来看,也曾出现过市场分割现象,现阶段尽管也存在政府干预市场失灵,但其国内市场基本已实现一体化。对于中国而言,市场分割更多是从计划经济体制向社会主义市场经济体制转轨过程的产物。为何发达国家能够逐渐解决分割问题,而中国却形成了对这一路径的依赖?不仅需要关注社会技术等方面因素,而且也需要了解决策者选择这一路径的动机。(1) 助力实现发展目标所带来的报酬递增,为市场分割行为提供基础。正如诺思所言,报酬递增是形塑制度变迁路径的力量之一,而市场分割确实能够带来报酬递增,这就为决策者偏好这一制度提供利益支撑,其

[①] 资料来源于《21世纪经济报道》2012年8月22日和《南方都市报》2012年8月24日。

在一定限度内可以产生积极效应,能够更好地满足绩效硬指标要求和实现经济社会发展目标,这也是为何内陆欠发达地区更希望以此在短期内实现地区产业结构等方面跨越式发展;除此之外,市场分割所形成的保护性措施,能够保障地方政府获取计划经济时期工业部门人为扭曲要素价格和产品价格所产生的潜在"租金"(Young,2000)。(2)分权式经济改革赋予地方的双重身份,为市场分割行为提供强化。自20世纪80年代以来中国经济改革凸显财政包干和分权式特征,具有收入向地方倾斜的色彩,造成中央和地方政府之间财权和事权不匹配的同时,也强化了地方政府作为调控主体和利益主体的双重身份,逐渐形成自身利益体系,并且此时企业实际地方所有制,尤其是国企普遍成为政府附属物,从而激励地方政府凭借其公权力采取地方保护主义,对区域内企业等市场主体的经济活动进行干预以追逐自身利益最大化。(3)地区博弈竞争所形成的"囚徒困境",为市场分割行为提供黏性。基于上述因素双重激励,为了在较短任期内取得立竿见影的成效,更好地适应区域异质下政府竞争,地区之间普遍实施市场分割行为,从而构成一种纳什均衡,在这一状态下,市场分割对于地方政府而言是一种占优策略,即无论其他地区是否实施,自己采取行动都更加有利,这就产生一种各方都没有足够强的动机去率先做出改变的"囚徒困境",使其难以根除。(4)传统体制和意识形态所带来的历史遗留,为市场分割行为提供框架。在传统体制下的工业布局中,国家不仅强调建设全国性独立工业体系,而且强调各区域也要建设各自地区性独立工业体系;并且受到长期发展过程中"追赶"意识影响,地方政府所采取的保护性措施也逐渐由最初免遭国际竞争发展成现阶段免遭国际和国内其他地区竞争,这种条块分割、画地为牢的布局为市场分割提供了框架。

(二) 对制造业转型升级的影响

正如上文所述,市场分割行为在一定限度内会产生积极效应。从短期来看,其通过优惠政策吸引招商引资,确保地方政府财政收入、区位分工地位的提高。根据幼稚产业保护理论和"新李斯特经济学",也使当地企业尤其是中小型和幼稚期企业免遭外部竞争而具有稳定市场和利润,为企业技术改造升级和实现高级化跨越奠定基础。在面临新冠肺炎疫情所导致的经济放缓和国际贸易受阻的情况下,短期市场分割也可能是一种效率改进,避免本土企业出现较大震荡,这些都助力地方制造业转型升级。但其所带来的报酬递增具有边际递减效应,并且也存在代价,其最直接影响就是限制市场规模。

狭小市场空间弱化了优胜劣汰机制，阻碍优势企业生产可能性边界扩大，使过剩产能无法消化，妨碍企业之间共享资源、技术和信息，限制产业集聚及知识和技术溢出效应发挥。加上地方政府盲目追求自身利益，"援助之手"逐渐转为"掠夺之手"，寻租和上马高边际收益产业，导致重复建设和产业同构现象屡见不鲜，从而阻碍规模经济。此外，所形成的流动配置壁垒直接导致要素无法依据价格信号和边际成本原则在要素富裕程度不同的地区和行业之间自由流动，难以投入到边际产出最高领域，无法实现要素报酬最大化或成本最小化，产生配置效率损失，扭曲各地区根据自身比较优势的生产分工模式。更为重要的是，市场规模分割作为社会技术创新不足的表现之一，也是中国制造业大而不强、创新能力不足的重要原因（卢现祥，2020）。市场分割所营造的"温室性"市场环境和"非创新性获利空间"会降低企业创新研发压力，条块化分割导致产品多样性受限，消费者无法获取最有效益商品，造成消费者效用损失和市场需求规模缩小，影响创新研发收益空间，从而逐渐消磨企业家精神，抑制"需求引致创新"。并且市场分割对中国企业出口的"扭曲激励"也会使得创新资源更多集中在出口部门，但由于中国出口企业多为加工贸易或代工贴牌方式而产生"生产率悖论"，长此以往会导致中国本土制造企业被锁定在全球价值链低端环节并加剧低端竞争，对创新能力提高的贡献有限。同时外资企业凭借其超国民待遇能够充分利用技术、品牌等方面优势抢占国内高端市场，进一步挤压本土企业向高端领域进军的空间。长期来看，这种牺牲规模效应和比较优势、抑制企业家精神的市场分割行为，不利于依托统一市场充分发掘和利用国内巨大的市场潜力，长期大规模的市场分割势必会成为禁锢制造业转型升级的枷锁。

第五节 研发活动的路径依赖

一、何谓研发活动的路径依赖

在全球化和知识经济的浪潮下，研发作为影响一国制造业核心竞争力的重要指标，相关活动已经成为国家或地区企业之间竞争的主要表现之一。根据波特（1985）所提出的"价值链"概念，可以将制造业研发活动视为包括研发投资、过程、产出、成果和反馈机制等基本活动，诸如企业内部资金流动和固定资产等资源支撑，以及获取外部环境中的资源和信息等辅助活动在内的企业增值价值链。并且在互联网+时代下，更加推动企业整合内外部创新要素，与外部环境中要素拥有者相互协作，以巩固和加强自身竞争力。这种开放模式已逐渐成为企业研发活动的必然趋势，这也就要求不能仅从企业自身研发层面，应立足于整体考察研发活动所呈现的路径依赖特征。

（一）研发投入产出低效率，与经济社会发展阶段不同步

研发活动作为一种面对市场竞争和机遇，实现制造业转型升级的重要途径，对于中国而言，存在明显的投入不足，水平较低的事实。尽管长期以来中国研发经费支出总额、研发人员和有研发活动企业个数始终保持上升趋势，但经费支出和研发人员增速明显放缓，其中有研发活动企业个数在规模以上工业企业中的占比始终不到30%，其中可能不少还是部门"指定"挂牌，真正立足于商业模式的凤毛麟角。更为重要的是，截至2018年，规模以上工业研发投入占主营业务收入比重才上升至1.23%，远低于国际标准中具有竞争力的水平，甚至低于维持生存水平（Balkin，2000）；而全社会和规模以上工业研发强度（经费支出/GDP）也仅分别上升至2.14%和1.44%，按照国际经验[1]分别只处于工业化中期和初期，明显滞后于现阶段普遍认为的中国已经进入工业化中后期阶段[2]。此外，在经费支出总量不断增加的同时，投入和产出指标之间也出现缺口，在不考虑研发投入影响滞后的情况下，简单通过即期数据得出的投入产出比（研发经费支出/新产品销售收入）从2008年的0.054上升至2018年的0.066，从一定程度上反映出产出效率值偏低[3]。

（二）研发资金结构不合理，研发活动存在"短视"行为

随着《国家中长期科技和技术发展规划纲要（2006—2020年）》实施，中国研发活动日趋频繁，企业似乎已成为经费支出主力军，截至2018年，企

---

[1] 根据国际经验，在工业化初级阶段，R&D强度（R&D经费/GDP）应该在0.7%~1.8%之间，中级阶段则在1.5%~2.5%之间。

[2] 联合国教科文组织在1971年出版的《科学应用与发展》中，把各国工业化发展的过程分为四个阶段：工业化前阶段、工业化初级阶段、工业化中级阶段和工业化高级阶段。尽管众多研究将中国目前工业化所处阶段笼统地划分为中后期，但根据美国经济学家钱纳里（1989）和陈佳贵等（2006）的划分，可能在2011年前后中国就已经迈入工业化后期。

[3] 上述数据均来自EPS中国科技数据库。

业研发投入占比达到 76.63%[①]，从数据表象上反映，中国在经历了 1997～1999 年短暂的政府企业双主导投入模式后，似乎已转变为企业主导模式了。这与发达国家同处于工业化中期时政府企业双主导模式为主，以及工业化中后期由双主导模式逐渐向企业主导模式转变的现象不符。虽有日韩两国特例的存在，需要注意的是，日韩两国在工业化中期作为追赶型国家存在特殊性，在引进技术模仿的同时还注重消化吸收，其引进技术费用和消化吸收费用之比在当时分别达到 1∶5 和 1∶8，而对于已经进入工业化中后期的中国而言，这一比例在 2018 年也仅有 1∶0.196[②]，存在较大差距，也反映出当前中国研发活动也仅为满足短期目标，依赖简单模仿，缺乏吸收消化再创新的意愿和能力。这无疑降低了日韩两国发展轨迹的借鉴意义，使得学术界不禁对现阶段中国研发企业主导型投入模式的合理性及其是否名实相符产生疑问。究其原因，除了加强对小企业研发活动调查和科研机构转为企业使得政府和企业研发投入此消彼长之外，更重要的是大量国企研发资金难以界定。正如上文所述，由于企业实际地方所有制，尤其是国企普遍成为政府附属物，如果将国企研发资金实际调整为政府投入，则企业的主导性可能会发生变化，研发投入来自政府部分甚至接近 70%（罗小芳、卢现祥，2018）。这也就意味着造成当前中国研发强度不足且滞后于经济社会发展阶段的实际原因可能是尚未形成以企业为主体的研发体制，企业研发活动规模和强度不足，并非表象显示的政府投入不足。但同时也不能忽略政府投入部分尚存在明显的"所有制歧视"和"规模歧视"，大量研发资金偏向于国企和大规模企业。如何彻底将现阶段研发活动导向机制由政府转移到市场是关键。北京大学国家发展研究院张晓波教授和哥伦比亚大学魏尚进教授的合作研究显示，国家的创新补贴大部分流向了国有企业，但国内大部分的创新成果却都是由民企贡献。

此外，在研发资金结构方面还存在一个明显的路径依赖现象，在研发活动类型中，基础研究注重理论和学术性，虽然长远来看会产生巨大收益，但由于在较长时间跨度内存在不确定性，以及短期经济价值不明显，故企业投入意愿不强（Kleer，2010）；而试验发展则是在现有知识、技术上延伸，针对性更强，更容易满足企业追逐利润最大化目标。因此在中国三类研发活动中，基础研究占比严重偏低，而试验发展占比偏高，并且这一趋势长期保持

---

① 《2019 年中国科技统计年鉴》。
② EPS 中国科技数据库并经过简单处理得出。

稳定（如图 12-4 所示，分别维持在 5% 和 83% 左右）。图中数据也反映出，尽管基础研究由政府提供比重逐年降低，但仍超过 60%。此外，由于共性技术的学科交叉性和应用公共性以及中间试验环节收益风险不匹配性，在这两个方面全社会研发支持力度也明显不足。中国目前在实验室成果、中间放大试验和产业化三个阶段的资金配置远低于发达国家 1∶10∶100 的平均水平，这在一定程度上说明，正是由于长期以来企业为了更快实现经济利益和商业利润的"短视"行为，普遍忽视对基础研究等环节的投入，造成了这方面全社会投入不足和强度偏低。这种基础研究严重不足，三个方面活动发展不均衡不合理的资金结构，势必会导致中国制造业转型升级根基不稳、后劲不足。

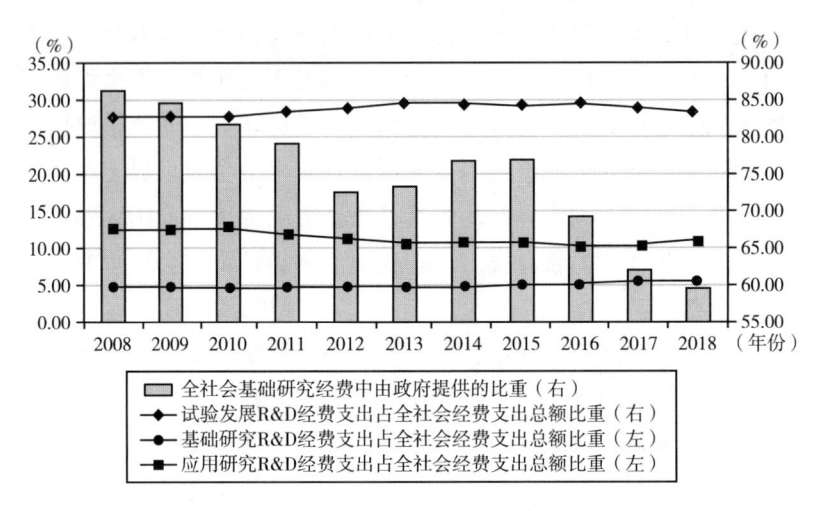

图 12-4　三类研发活动资金结构比较

资料来源：由 2009~2019 年《中国科技统计年鉴》和《中国财政年鉴》数据处理得出。

二、研发活动路径依赖的形成因素和影响

（一）研发活动路径依赖的形成因素

纵观发达国家发展历程，无论是研发投入规模和强度，还是投入模式和资金结构转变，都随着经济社会发展阶段而做出适应性转变和调整。为何中国研发活动尚未达到"帕累托最优水平"，并呈现路径依赖？

第一，研发活动自身特性所引致的"市场失灵"，自我强化了研发活动路径依赖。研发活动作为一种战略性行为有其特殊性，和其他"公共品"一样，具有溢出性或外部性，不可避免地存在"搭便车"，并且其本身极高保

密性使研发活动偏向于各自为战,缺乏企业集聚,加之具有高度不确定性,使得整个活动私人收益率低于社会收益率(Arrow,1972),活动主体难以获得全部研发资金。此外,研发活动还具有跨期性,由于其经费支出发生于即期,而收益明显滞后,在当前会计核算刚性规定下,可能影响财务报告中即期企业绩效,进一步抑制风险回避型为主的经理人的研发意愿。因此这些特性形成的所谓研发活动"市场失灵",必然使得仅凭市场机制无法调动企业积极性,导致研发活动,尤其是基础研究这类周期更长、见效更慢的活动类型,难以达到"帕累托最优水平"。

第二,功利旋涡下对"短视"行为报酬递增的追逐,为研发活动路径依赖提供黏性。研发活动具有逐利本质,行为逻辑理论认为,动机产生行为,行为导致结果,研发活动主体在效益最大化目标驱动下,必然会采取理性的研发行为。在当前不合理的研发经费管理、人才评价和绩效考核等体制下,受制于企业之间,尤其是区域低端过度竞争,助长了急功近利动机。市场主体为了在任期内追求政治回报、快速效益等以实现个人效益最大化,倾向于短期实现收益的"政绩工程"等项目,甚至通过发送"创新类型"虚假信号将所获研发资金用作他途,并且在现阶段实体经济"冷"、虚拟经济"热"的背景下,大量实体经济资本转向金融或房地产行业逐利,这种"脱实向虚"的行为会进一步挤占研发活动。此外,中国长期存在要素市场扭曲以及自上而下政府的干预和控制,也会激发市场主体对有形要素的利用,甚至通过寻租迅速获取超额利润和收益,从而忽视对创新要素和研发活动的利用。

第三,外部环境和制度影响所形成的约束,进一步固化研发活动的路径依赖。研发活动需要持续期内巨大投入和高额固定成本,面临较高调整成本(Himmelberg and Petersen,1994),仅依靠内源性融资难以满足需要,因此具备有效融资体系支持尤其是外源性融资极其重要。但由于研发活动自有特性,当企业试图为该活动外部融资时,会面临较高债务利息率,从而压缩价值增加额中获益空间;并且由于债权人只享受利息固定收益且缺乏等值抵押品,却面临高风险性,会降低债权人贷款意愿。而金融发展滞后和金融压制体制作为经济社会发展常见现象(King and Levine,1993),所存在的"金融歧视"尤其是"所有制歧视"和"规模歧视",进一步限制民营企业和小企业研发活动。此外,研发活动极具机密性,面临比其他活动而言更严重的信息不对称,这不仅加剧了资金供给方和需求方的信息摩擦(Hall,2002),并且也会使得市场主体研发行为表现出"策略性",为迎合政策规定,存在传递虚假研发信息欺骗政策支持以及衍生出研发活动的逆向选择和道德风险。

第四，产权制度作为制度激励机制，能弱化研发活动自有特性所造成的"搭便车"和道德风险等现象，故通过产权制度赋予研发主体有限垄断是引导研发活动资金结构更加合理、更加均衡，避免"短视"行为所必须接受的罪恶（Schumpeter，1942），但现阶段中国产权制度不完善使其很难对实体经济研发投入，尤其是基础研究等长期性项目承担刺激重任。

由此，上述外部环境和制度因素与研发活动自身特性之间相互作用，随着市场竞争日趋激烈，市场主体为了追赶领先者，缩短研发活动产生效益的滞后期，长期依赖模仿活动，执着于增加应急性的研发投入以实现"弯道超车"，必然会造成投入产出低效率，形成研发活动"索洛悖论"，这些都强化了对研发活动路径依赖的约束。

（二）对制造业转型升级的影响

研发活动作为新经济增长理论中促进技术创新重要因素之一，无论是国际研发溢出还是国内研发活动，都对发展中国家产生重要影响。然而面对当前发达国家越来越严重的技术锁定等现象，要想促进制造业转型升级，其根本动力还在于民族企业的研发创新。一般而言，研发活动通过投入资金和人员，能够提高人力资本存量，促进新知识和新信息的产生，有助于提高企业消化吸收再创新的能力，并且在整合内外部创新要素的基础上推动新工艺和新产品的创造，提高企业生产效率和技术水平。而根据"创造性破坏"理论，这会进一步使企业掌握有限垄断，可以在一段时间内享受差异化产品所带来的超额利润，并通过增加预期未来现金流量和锁定经营风险对外传递利好信息，推动企业未来市场价值的提升，对于中国制造企业实现由代工生产向自主设计，甚至是自主品牌转变，促进价值链地位和国际竞争力提高确实能够发挥重要作用。为何在中国研发活动日趋频繁、研发投入逐年上升的情况下，技术水平尤其是关键核心技术始终无法突破？正是因为研发资源的有限性，并且其作为一种要素投入本身也具有边际报酬递减规律（Ejermo et al.，2011），甚至存在系统失灵问题（Edquist and Mckelvey，1998），高投入并非一定对应高收益，不合理的配置可能会产生负面效应。一方面，中国现阶段三类研发活动资金结构不合理，而基础研究作为研发活动尤其是应用研究的基础中的基础，发挥着更为重要的作用（Griliches，1986），该类型活动配置严重不足，必然是导致中国现阶段"卡脖子"和原创性成果、高端发明匮乏的重要原因。另一方面，研发资金配置所呈现出的偏向于国企和大规模企业，也容易忽视小企业的眼光长远、交流协作便利、机制灵活和更具企业家精神所带来研发活动的"行为优势"，以及民营企业相较于国企而言，在代理链、产权明晰、管理者激励、政策负担和预算约束方面所带来的"效率优势"；并且对共性技术和中间试验环节研发投入不足，也会阻碍研发成果在价值链上下游之间转化，形成成果转化瓶颈。此外，现阶段以政府为导向机制的研发活动会造成科技投资和资金使用监管问题，造成大量科研人员将时间和精力耗费在项目申请甚至是寻租，并且投资和成果的验收也只是经历政府"粗线条"验收，没有经过市场检验，从而对整体研发活动产生挤出效应（卢现祥，2015）。这些都不利于中国制造业未来可持续发展，使得制造业转型升级根基不稳、后劲不足。

第六节 破解中国制造业转型升级的路径依赖

改革开放以来，中国制造业保持良好的发展态势，但是随着"人口红利"的削弱，我国在世界市场主要依赖的低成本竞争优势逐渐消失。面对发达国家高端制造业发展计划，以及新兴经济体低端制造业迅速追赶的双重挤压，中国创新方式、组织方式、市场分割和研发活动四个方面的路径依赖使得制造业转型升级遭受瓶颈。而这四个方面路径依赖并非相互独立，是一个相互联系的完整系统，这与经济学家埃格特森提出的社会技术与生产技术范畴相契合，其中社会技术描述了社会制度创造行为模式的方法或机制，即本书中的组织方式、研发活动和市场分割，而生产技术描述了将投入转化为产出的方法，即本书中的创新方式。而诺思在产业发展和升级及经济增长的论述中也强调，社会技术决定着生产技术的发展，为生产技术创新提供激励机制。由此，笔者认为四个方面路径依赖形成了制造业转型升级的网络结构，不仅每一条单一路径都会影响制造业转型升级，而且更重要的是，在网络结构内部各路径依赖之间还存在多层次递进（如图12-5所示），相互之间的作用关系共同影响制造业转型升级。其逻辑在于，市场主体受到产业技术机会诱导和市场竞争驱动，竞相进行技术创新，获取制造业转型升级的第一动力，同时影响研发活动预期收益。而研发活动作为技术创新的基础，其导向机制是政府还是市场，将增强或减弱制造业技术创新的水平和能力，决定着创新产出，其倾向于发明还是创新。上述过程是制造业转型升级最重要的路径，并且该路径的运转并非自成体系，还会受到内外部环境和制度的制约和影响，其中就包括市场分割和组织方式。市场分割行为所形成的要素配置壁垒和市场规模"条块化"，造成低端过度竞争，直接影响了研发收益空间和企业家精神，而自上而下组织方式所带来的政府外源性介入和选择性政策支持，在助长市场分割行为的同时，也加重了市场主体经济行为的"短视"和扭曲以及研发资源配置歧视，正是这些组织、管理和经验的差距阻碍了技术进步机制的形成，造成了国与国之间的"技术差距"。

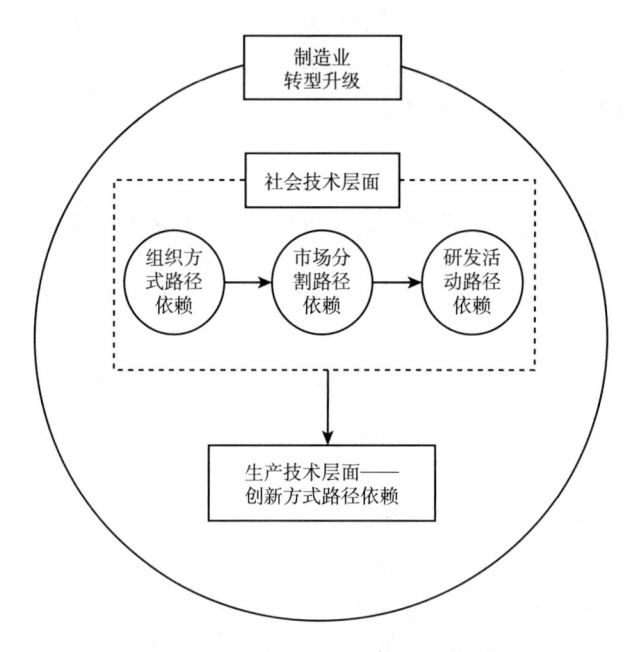

图 12-5 中国制造业转型升级路径依赖及网络结构

综上所述，对于任何一个国家而言，都不可能做到在任何领域都处于国际领先地位，两种创新方式都不可或缺。而自上而下组织方式和短期市场分割行为的存在也有其合理性，短期内确实可以满足利益诉求，在一定范围内确实产生积极效应。因此，从某种程度上来说，无论是"模仿—赶超"和自主创新、自上而下和自下而上组织方式，还是分割性和统一性市场，都是适应不同经济社会发展阶段推动制造业转型升级的形式。在当前不完全市场环境下，这一报酬递增形塑了上述四个方面路径方向，加之长期发展过程中的制度改革和战略布局，以及所形成意识形态等因素，进一步自我强化了路径依赖。因此，调整和破解路径依赖的过程是渐进的。对于现阶段中国而言，破解制造业转型升级路径依赖，当务之急并不是对其中任何一种方式的完全否定，而是强调两者之间的主次关系，即朝着以自主创新为主，并辅之以必要的"模仿—赶超"路径转变，形成以自下而上为主、自上而下为辅的组织方式格局，在全国统一性市场趋势下，允许以适度分割行为支持部分弱势主体以及实现研发活动的导向机制逐步由政府向市场转变等。关键在于以下方面：

一、从模仿创新到自主创新

基于技术创新战略的不同，将技术创新归纳为独立创新、合作创新和引进消化吸收再创新三种类型。其中独立创新是指企业主要依靠自身科技资源，在内部不断开展技术创新积累经验、诀窍与能力，创新成果属个体所有，且将其商业化的创新模式形态；合作创新是指企业间或者企业、研究机构、高等院校之间的联合创新行为；引进消化吸收再创新模式，也就是从外部购买新技术实施技术创新，常见的技术引进消化吸收再创新方式主要有技术许可和转让外包等（张伟，2017）。傅家骥（1998）根据企业的不同发展阶段所应该确定的技术创新战略，把技术创新分为模仿创新、合作创新和自主创新。本纳和塔什曼 Benner and Tushman（2003）将创新划分为探索式创新和利用式创新。目前，我国就应该加强自主创新、合作创新以及引进消化再创新的弱点的管理，提升我国的自主创新能力。面对当前国际形势，加强产权保护已成必然趋势，研发活动和自主创新作为制造业转型升级的重要驱动力，其所存在的风险和不确定性要求作为承担这些风险和不确定性的回报。创新者必须对其创新活动所带来的成果掌握产权，并且也要确保所签订的合同或契约能够得到认可和承诺[1]，否则就不能希望他们会在这些未来预期收益不确定的活动中投入资金和时间。因此，必须要在全社会普及产权保护意识，加强产权保护制度建设、强化执法力度和监管机制。但需要注意的是，产权保护战略的确定并不能"一刀切"，需要根据不同地区和行业的模仿威胁和模仿能力实施差异化的产权保护标准和类型。此外，考虑到研发活动

---

[1] 威廉·鲍莫尔. 好的资本主义，坏的资本主义 [M]. 刘卫，张春霖译. 北京：中信出版社，2008：96.

和自主创新的长期性和巨大资金需求,必须完善制度对创新的支持,加快现代市场体系建设和深化供给侧结构性改革,从政策性、开发性和商业性三个方面加强金融支持机制。通过推动垄断行业改革,放宽市场准入限制以破除行政性垄断,并允许地方市场监管部门实施独立监管,加大对不正当竞争行为的立法和执法力度,逐步消除当前仍存在的"所有制歧视"和"规模歧视"等体制上的不利因素。辅之以适度的政府补贴,为企业等市场主体,尤其是民营企业和小企业提供外源性融资支持。同时改变创新成果等评价机制,从根本上消除功利漩涡等短视效应的制度根源,激励对创新基础层面的投入。更为重要的是,面对制造企业合作意识以及成果转化能力和平台缺失,高校和科研机构支持不足等现象,必须构建国家、区域、产业和企业四个层面的创新系统。通过信息共享、建立技术中心、股份合作等形式,加强企业与高校、科研机构之间的对接与合作,充分发挥各自优势,解决研发和制造之间的脱节问题,促进创新成果转化和创新价值发挥。而这其中还涉及一个关键问题,即创新人才的教育和培训,建立创新的教育体制,加强国际交流与合作,强化对高水平人才的培养和激励,加快人力资本积累,充分发挥其作为知识的载体和创造者的作用,创造人力资本红利。

二、从以自上而下的创新组织方式为主转变到自下而上的创新组织方式为主

埃德蒙·费尔普斯认为,自下而上的创新组织模式比自上而下的创新组织模式更有效,发挥了更多人的创造性;更有利于减少不确定性和分散风险。维塞尔指出,在经济学中,成千上万的个体的分散行动比一个单个的权威在上面组织要更有效,因为后者"绝不可能获知无数的可能性"。[1] 在诺思看来,制度变迁路径依赖存在认知根源,先存心智构念在形塑人们对价格变化理解的过程中发挥作用,通过价格信号改变人们互动中的激励[2],以及对偏好和目标函数产生影响,进而改变对现实的理解和影响主体行为(Mukand &

---

[1] 赫苏斯·韦尔塔·德索托. 社会主义:经济计算与企业家才能 [M]. 朱海就译. 长春:吉林出版集团有限责任公司,2010:128.
[2] 道格拉斯·C. 诺思. 制度、制度变迁与经济绩效 [M]. 杭行译. 上海:格致出版社,2014:99–101.

Rodrik，2018），成为制度变迁重要来源。目前中国尚未完全形成崇尚创新、包容失败的思想观念，并且在历史进程中形成了"追赶"意识和以"官本位"为主的关系导向意识形态，以及在市场中存在的"护犊子"和"唯学历论"的思维扭曲，这些意识形态与中国实践经验和未来发展方向并不相符。因此，要想破解现阶段制造业转型升级路径依赖，首先需要认识到"强政府"也需要以市场配置资源为基础，了解其政府支持的实质和重点，即在传统技术领域政府支持是有效的，分阶段分领域地看待自上而下组织方式，避免将其范围泛化。

第二篇

技术创新与制度变迁

第十三章 我国研发投入的导向机制：从政府到市场

第一节 研发投入制度决定着研发的绩效

研究和开发（R&D）在国家创新体系中占有重要地位。按照经济合作与发展组织（OECD）的定义："R&D 是在一个系统的基础上的创造性工作，其目的在于丰富有关人类，文化和社会的知识库，并利用这一知识进行新的发明"。一个国家 R&D 投入的力度，是经费和人员投入的总和。如费尔普斯所说，这些年来，中国在研发投入的速度和规模方面超过了美国，但是在研发投入的产出和效果方面与美国相比还有相当大的差距，这不是钱的问题，对于中国来讲，重要的是如何有效地分配和使用这些资金的问题。R&D 经费投入强度（以下简称"R&D 强度"）是指一国或地区年度 R&D 总支出与其当年国内生产总值（GDP）之比。研发力度与研发强度是不一样的，研发力度大不等于研发强度就大，研发强度能在一定程度上衡量一国自主创新的能力。

研发投入的绩效取决于一国吸收知识的能力。一个国家国内吸收知识的能力越高，技术创新也会发展得更快。而科学技术知识的吸收转化又需要高水平学术机构的参与、受过高等教育劳动力的投入、企业部门和研究机构之间的合理分工以及对知识产权的保护。只有在具备了这些条件的前提之下，研发投入才能更加有效和更多地转化为技术生产力。根据专利质量的一个衡量标准（其他国家引用一国专利的情况）来看，日本韩国专利的全球生产力已经达到美国专利（公认的行业领导者）生产力的 70%~80%。

研发投入的绩效取决于研发投入的运行机制及相关的制度安排。在投入已定的条件下，研发投入的资源配置绩效涉及三个层面：一是研发投入在企业、大学、国有及民营研究机构之间的配置；二是研发投入在基础研究、应用研究、试验发展之间的配置;三是研发投入的经费和人员如何有效发挥作用,即研发资源如何有配置的问题。这三个层面从表面看是一个研发投入的资金分配问题,在一些人看来,只要规划好这些比例问题就可以提高技术创新能力。现实中,许多国家和或地区并不能有效地解决这些研发资源的配置问题。其深层次涉及研发投入的导向(是市场还是政府)、研发投入的运行机制及相关的制度安排。

(一) 从历史来看,创新不仅仅是投钱

苏联的研发经费占 GDP 的比重可能还高于欧美,但苏联从来都不是一个创新型大国,这与制度非常有关系。创新也不仅仅是人的因素的问题,中国的人口远超过英国和美国,为什么在 19 世纪或者更早时期没有多少创新成果?爱尔兰经济学家理查德·坎蒂隆在 1755 年的研究中指出,在 18 世纪的中国城市里有着数量众多的企业家,但严重缺乏开展自主创新所需要的经济制度和经济文化。[①] 在西方,技术进步很少是自上而下的,通常也不需要得到权威部门的许可。但是,在中国,技术进步经常是由政府发起的,这在唐宋时期的官僚体制中表现得尤为突出。[②] 自主创新建立在经济活力的基础上。经济活力是创新背后的深层动力与制度的综合体:创新的动力、必要的能力、对新事物的宽容度以及有关的支持制度。现代经济的特性是给商业创意的构思、开发和推广提供回报,包括物质回报和精神体验,从而鼓励人们对资源的利用进行创新探索。

(二) 从国与国之间的比较来看,为什么不同国家会存在技术差距

技术进步的关键在于一个社会能否把它转变为一个稳定的和近乎自我维持的不断扩张的机制。只有在有效的制度基础上,技术潜力才能转化为技术优势。在人类历史上,并不是所有国家都能建立起技术创新与制度创新的有效互动机制。在近代,英国之所以超过法国等竞争者,就在于制度创新和组织创新,就在于首创了专利法等知识产权制度来保护知识的所有权,使创新的私人收益率接近社会收益率,从而形成了有利于创新的激励机制。技术创新需要一系列诱导机制,这些诱导力量则来自制度创新,从而形成了技术创

[①] 埃德蒙·费尔普斯. 大繁荣 [M]. 余江译. 北京: 中信出版社, 2013: 17.
[②] 乔尔·莫基尔. 雅典娜的礼物: 知识经济的历史起源 [M]. 段异兵, 唐乐译. 北京: 科学出版社, 2011: 227.

新与制度创新的互动机制。社会制度和行为之间的互动是非常重要的。

（三）从总量看，我国研发力度上去了，但研发强度还不够

自主创新中研发投入及其绩效能在一定程度上反映一国自主创新的能力。2012 年，中国全社会研发经费支出达到 10298.4 亿元，超过日本，位居世界第二，全社会研发经费占 GDP 的比重由 2002 年的 1.07% 上升到 2012 年的 1.98%。发达国家为 3% 左右，世界 500 强企业为 5%~10%。[1] 从人均研发经费支出看，我国为 140 美元，而日本为 1000 美元，我国仅为日本的 14%。从研发投入的比较来看，我国与欧美国家的差距还是比较大的。2011 年，美国研发投入占全球的 29.6%，欧洲占 24.6%，日本占 11.2%，三者合计接近全球的 2/3。在英国贸工部发布 2005 年"全球企业研发排行榜"上，在全球 1000 家企业当中，美、日、德 3 国上榜企业研发投入占全球 1000 家企业总投入的 71.9%，上榜的中国大陆企业仅有 4 家，研发费用都未达到 2200 万英镑，前 15 家研发投入额最多的企业日本占 3 家，研发费用都在 25 亿英镑以上。在西方主要工业国，公司用于研发的费用往往占利润的 3% 以上，苹果甚至到 8%~10%，而中国公司的平均值是 1%。2011 年在中国，企业平均研发投入超过 3% 的城市只有深圳。我国企业研发投入占销售收入不足 1%，远低于发达国家 2.5%~4% 的水平；大中型企业建立研发中心的仅为 27.6%，其中不少还是部门"指定"而挂牌的。特别是我国商业模式创新更是凤毛麟角。

（四）从研发投入的效果来看，数量上去了，但质量尚需提高

我国科技人力资源数量居全球之首，科学论文数量跃居世界第二位。发明专利申请首次超过美国，跃居世界第一。我国在一些领域也处于世界前列，如在影响未来研发走向的 10 大关键性领域中，我国有 8 项进入研发领先国家前 5 位，其中，在农业和食品生产，信息与通信等 4 个领域进入前 3 位。现在的问题是，从宏观层面来看，中国科技进步贡献率只有 40% 左右，远低于西方发达国家普遍 70% 以上的水平。根据《国家中长期科学和技术发展规划纲要（2006—2020 年）》，2020 年中国的科技进步贡献率才能达到 60%。从

---

[1] 观察者网. 最新报告：万亿研发经费，中国都花在哪儿了？[EB/OL]. https://baijiahao.baidu.com/s?id=1627228882402003305&wfr=spider&for=pc.

微观主体来看，博斯公司针对全球最大 2000 家上市企业进行的第九年度《2013 年全球创新 1000 强》研究显示，75 家中国企业上榜，但博斯公司全球合伙人范贺文（Steven Veldhoen）指出，加大研发投入并不能提升创新表现，创新资金的利用方式远比其金额多少更为重要。可以说，创新不足是制约我国经济长期增长的最大瓶颈，中国在少数科技领域已达到国际领先水平并不能掩盖我们在整体上仍属于技术引进国和模仿国的事实。中国有自主创新的潜力，但这种潜力远远没有发挥出来。创新竞争非常重要。在德国和美国，人们已经普遍认为模仿竞争会妨碍创新竞争，并且可能会降低企业的国际竞争力。我国不仅研发投入不够，更重要的是研发投入的低效。低效又转过来制约着研发投入的增长。因此，通过制度安排提高研发的绩效非常重要。

第二节 两种研发投入导向机制的比较

为什么中国自主创新的潜力远远没有发挥出来？科斯提出"与英国 18 世纪、美国 19 世纪的工业革命相比，中国工业革命在技术创新上稍逊一筹。中国自主创新的困难在哪里？"回答科斯之问，这不是研发投入的问题，也不是人的问题，而是我国技术创新的制度体制及研发投入的机制出现了问题。在此我们主要探讨研发投入的导向机制问题。研发投入的决定机制实质上涉及两大基本问题，一是研发投入占 GDP 比重的增长是由谁决定的，是根源于政府主导的增长还是根源于市场需求的增长，从表面看，这好像是研发投入的钱的增长问题，但实质上涉及一国研发投入增长的动力机制问题。二是研发投入运行机制问题，也就是建立主要由政府决定或由市场决定技术创新项目和经费分配、评价成果的机制问题。

从研发的机制来看，我国研发投入的形成机制、研发投入的实现机制主要由行政主导和部门分割。发达国家和新兴工业化国家 R&D 来源结构模式虽然存在一定差异性，但就其共性而言，一般经历了政府主导型、政府与企业双主导型、企业主导型等几个发展阶段，最终形成企业投入占 2/3 左右、政府投入占 1/3 左右的 R&D 来源结构。从科技政策来看，我国偏重于提高科技研发能力，在提高科技吸收能力、促进技术的扩散等方面存在较大欠缺。政府过多主导研发投资导致研发产品交易受到限制。

从研发投入来看，我国还是一个政府主导型的结构。一是从研发人员的分布来看，我国研发人员并不少，但主要在科研机构，企业研发人员过少，且缺乏科研投入积极性。创新是经济升级的动力，而创新必须依赖市场主体。二是从研发投入的结构来看，对我国大多数企业而言，用于新产品开发的资金少（24%），用于基础研究的资金更少（低于10%）。在新产品开发中，也主要是注重短期项目，缺乏对长期性、有市场前瞻性的项目进行研究。在企业技术创新方面，目前申请专利的多为实用型或外观设计方面的技术，那些更有技术含量的创新不多，比较偏重于短期经济效益。

这些年我国研发投入占GDP比重的提高中政府决定的因素明显高于市场（企业）决定的因素。在此我们重点探讨的一个问题是科技经费从什么地方来的问题。研发投入是从政府来还是从企业、市场、民间来在一定程度上决定着研发投入的效率及回收。资金从什么地方来在一定程度上决定着资金的使用效率。如中国大约70%的研究与开发是来自政府，而在美国、日本和德国则是由工业界负责70%以上的研发支出（联合国，2012）。工业界会更重视从市场的需求去开发新技术和新产品，因而更具有商业实用价值，而我国这种研发融资体制不利于实用技术的发展。近年来，在几乎所有的OECD国家里，企业资助的研究与发展（R&D）的比例比政府还高。目前，企业提供了研究与发展投入的大约60%，参与了全部研究工作的67%。[1]

即使我国科技研发的这70%来自政府，但从结构上来看，也有不合理的地方，以我国国家的研究机构运作为例，这些机构的运作经费30%来自财政拨款，而70%是来自一些部委的"竞争性课题"。这种行政主导和部门分割的研发投入体制大大地降低了我国研发投入的效率。一方面，这种多头的科技资源供给体制很难集中资源进行原始创新、集成创新，并且这些部委的课题由于专业、技术、信息、利益等方面的原因难以反映科技发展和社会经济发展的需要，并且会导致重复投入。另一方面，这些研究机构及科技人员要花很多时间和精力去争取这些竞争性课题，科研机构难以有效的整合资源，资金低效使用，考核成本高。更重要的是，在这种科技资源分配体制下，科技人员难以"静"下心来从事科技研究，这种体制很容易导致科技数量增长、课题导向的增长，而不是自主创新能力的提高。[2] 更有甚者，在这种体

---

[1] OECD. 以知识为基础的经济 [M]. 杨宏进, 薛澜译. 北京: 机械工业出版社, 1997: 8.
[2] 卢现祥. 自主创新的春天还差体制这把火 [N]. 湖北日报, 2013 – 05 – 07.

制下，一部分研发投入成为设租和寻租的对象，我国的科技人员不是把眼光盯着市场和社会需求，而是盯着政府和官员。

综上所述，两种研发投入机制的差别主要体现在以下几个方面：

一、政府主导的研发投入机制可以把发明搞上去，但无法搞出创新

而市场导向机制既有利于发明也有利于创新。市场导向机制的独特之处在于创新而非发明。历史与现实中的许多事例已经证明了这一点。从现实来看，许多国家也有许多的发明，然而，它们都缺乏创新机制，缺乏把发明转化为商品、产业的机制，更不用说将这种机制固定下来成为一种常规。从历史来看，中世纪的中国和古罗马也曾有过大量的发明，但是，由于缺乏一种系统化的创新机制，这些发明中的绝大多数都没有得到应用。市场机制通过经济利益上的激励来获得它的效率，并满足消费者的愿望，即通过给那些效率更高、产品最适合消费者需要的企业提供更高的回报。即使对于中国，尽管在那里诞生了令人惊讶的、丰富的发明，但是从发明的应用和传播的意义上看，只有很少的创新，大多数的发明都没有投入到生产性用途，并且常常很快就消失并被彻底遗忘了。① 市场需求可能来自私营公司、政府或普通消费者。但缺乏市场需求时，无论发明多么好，都不能转化为创新。一方面，创新包含了承认需求，或者用经济学术语更准确地说——承认新产品或新工艺的潜在市场。另一方面，创新包括技术知识。试制和设计、试生产和销售正是技术可能性与市场相结合的过程。创新不等同于发明。从发明到创新仍有一段漫长的路要走，获得一个专利后，将创新引进市场所得到的利润能否抵消将发明转化为创新所有的努力和成本。因此，人们已经试图将所有权的范围从发明扩展到创新，欧洲委员会已经签订了研究创新专利体系是否可行的项目。②

二、自主创新中的研发投入的市场导向比政府导向更有效率

日本著名经济学家小宫隆太郎教授认为，影响创新及其成败的三个关键

---

① 威廉·鲍莫尔. 资本主义的增长奇迹 [M]. 彭敬译. 北京：中信出版社，2004：70.
② 柏林科学技术研究院. 文化VS技术创新——德美日创新经济的文化比较与策略建议 [M]. 吴金希等译. 北京：知识产权出版社，2006：321.

是：创新主体、创新激励、创新资源条件。什么样的激励机制最有效？草根创新（而非科技成果）是19世纪30年代到20世纪60年代美国创新的主要源泉。市场机制最有利于草根创新。在历史上，激发创造力和远见、推动知识和创新增长的体制只能在私营部门爆发，而非公共部门。[①] 现代经济体之所以能取得这样的成就，是因为它们的体制结构能够很好地推动和实现大众参与的创新。大众创新的创新自下而上渗透至整个国家。正是整个创新过程的存在，而非仅仅是它的发明部分，将资本主义的增长机制与其他所有经济安排形式最直接的区别开来。[②] 就像鲍莫尔所讲的那样"回顾历史我们会发现很重要的一点。人力资本虽然很重要，但它并不足以保证创新总是能带来经济增长。这需要一套有力的激励机制，就像自由市场提供的机制，它保证了发明及其转化的产品从创新阶段就直接服务于生产并带来产量的增加。"企业占用创新收益的方式划分为三大类，即专利制度、保密和与首创开发相关的各种优势。组织是保障创新收益实现的保障。正是组织上的差异，尤其是造就创新和从创新中获益的能力上的差异，而不是对具体技术控制上的差异才是形成企业间持久、不易模仿差异的源泉。如果没有能引导和支持R&D，并使企业能从这些投资中获利的新组织形式的发展，我们就不可能获得技术进步。[③] 在知识产权保护严格的美国，研发投资的私人回报率是物质资本投资回报率的两倍多。研发的私人回报率的高低取决于专利保护的时间长度、商标保护的范围、司法系统的效力、企业运营监管制度等。[④] 有效的制度能使研发的私人收益接近社会收益。美国的制度结构建立了一个特别有利于私营部门创新的框架。经济上的非干涉原则，有利于资本积累的税收制度以及对社会需求充分敏感的私立精英教育制度，共同创造了既提供机会又吸引着私有产业承担创新责任的氛围。创新是由个人所发动的，这个人必须感受到做新事情的机会，愿意面对将新事物引入社会体系所带来的风险，以及具有将其完成的能力。三个重要因素决定了自由创新者的数量，选择生产组织方式的权利，获得资源的权利以及使用它们的权利。[⑤]

---

① 埃德蒙·费尔普斯. 大繁荣 [M]. 余江译. 北京：中信出版社，2013：41.
② 威廉·鲍莫尔. 资本主义的增长奇迹 [M]. 彭敬译. 北京：中信出版社，2004：59.
③ 理查德·R. 纳尔森. 经济增长的源泉 [M]. 汤光华译. 北京：中国经济出版社，2001：135.
④ E·赫尔普曼. 经济增长的秘密 [M]. 王世华，吴筱译. 北京：中国人民大学出版社，2003：40.
⑤ 斯韦托扎尔·平乔维奇. 产权经济学——一种关于比较体制的理论 [M]. 蒋琳绮译. 北京：经济科学出版社，1999：93.

三、从面对不确定性和风险承担来看,市场主导的研发机制比政府主导的研发机制更有利于减少不确定性和分散风险

由于不确定性,技术变化使中央当局不可能制订出有效的计划,也难以在技术易变的领域里对 R&D 的资源进行有效的配置。① 从历史上看,有过几次政府支持促进了基础科学发展的事例,但政府对产业 R&D 的帮助则还没有过一次良好的历史记录。在美国及其他国家,庞大的用于民用产业的 R&D 都是由企业提供资金的。② 应该将技术发展新领域的搜寻过程交给企业和市场,这是一个基本信念。这是因为,分散性搜寻可以使技术失败造成的损失最小化,并且还可以使这些损失分摊到许多不同的经济实体。政府不应该在经济发展中扮演"最终的风险承担者"的角色。什么都由政府来买单的市场经济并不是真正意义上的市场经济。

四、美国和苏联研发投入决定机制的差异给我们带来许多启示

美国的研发是向下、向企业、向市场,而苏联则是向上(政府)、向政府。美国研发决定机制的特点表现为,一是研发投入的市场导向和生产型。即企业为主体、市场为导向和产学研相结合。在基础研究、应用研究、试验发展的资源配置中,美国的 R&D 资源,无论就人员或是经费都向生产部门倾斜,就三类研究来说,则是向下游倾斜。美国比较注重科技成果的商品化和产业化,使科技和经济结合得更密切,结合得好,R&D 的投入就能产出更好的经济效益。这可能是 20 世纪 90 年代美国经济走强的最重要原因。而苏联的研发资源由政府配置,科技和经济形成两张皮,各个环节之间也是脱节的,这种脱节造成资源的极大浪费和闲置。二是美国 R&D(人员或经费)资源分布的大头都在企业,企业里不仅进行开发研究,应用研究,还进行基础研究。竞争机制引入到研发投入领域。企业里不仅出效益,出世界名牌产品,还出诺贝尔奖得主。正是这种创新体系,不仅为经济带来活力,也给科技带来了发展后劲。而苏联的 R&D 体制从研发的投入到成果归属都实行单一的国有

---

①② 理查德·R. 纳尔森. 经济增长的源泉 [M]. 汤光华译. 北京:中国经济出版社,2001:64,93.

化，在这种体制下个人的创造力、主动性都得不到充分发挥，因此苏联R&D投入虽多，其实效率很低。三是美国创新体系还有一个特点，就是有风险资本的广泛介入，形成科技与金融结合的新格局。国家创新体系是否强健有力，是否能对经济发展起强有力的推动作用，还决定于许多非科技因素，例如体制因素、政策因素等。美国研发投入中的市场导向与发挥政府作用结合得比较好。同样面对军备竞赛和冷战，苏联R&D的军事化色彩很浓，军事R&D开支甚至占到75%，但苏联最大的问题是把军备竞赛与民用分割开了，也是两张皮，军备竞赛上的研发投入不能有效地用于商业和民用，不能有效转化为市场价值。而美国在一些领域军用与民用是相互促进的。此外，苏联的R&D体制是封闭式的，与国际交往受到种种限制，这也不利于技术创新，而开放的体系更有利于创新。值得指出的是，并非所有的自由企业都是在技术上具有创造力的，也不是所有的计划经济在技术上就停滞不前。长期而言，相比于计划经济，一个具有自由市场、自组织的社会更有可能取得技术上的进步。[1]

第三节 我国研发投入要从以政府为主转向以市场为主

我国要提高研发投入的绩效，必须从体制机制上做文章，必须深化我国科技体制改革，我国研发投入必须从以政府为主转向以市场为主。

一、建立主要由市场决定技术创新项目和经费分配、评价成果的机制

我国科技体制的一个重要特点就是研发投入上的行政主导和部门分割。这既有认识上的原因，我们长期以来，认为政府主导研发可以克服市场失灵，因为创新具有特殊性；也有体制上的原因，我国的科技体制受苏联的影响，并形成了路径依赖。通过社会化、市场化的中介组织承担研发的融资与分配，要通过资本市场来筹集研发费用。要通过深化改革健全技术创新市场导向机制。过去我国政府决定创新项目及分配经费是一个较普遍的现象，尤其是创

---

[1] 乔尔·莫基尔. 雅典娜的礼物：知识经济的历史起源[M]. 段异兵，唐乐译. 北京：科学出版社，2011：228.

新成果的评价在我国也由政府主导,我国最高的奖项不是来自协会、社会及民间,而是来自政府主导的评价。在我国现行的科研评价的体系中,只认有国徽(即盖政府的公章)的奖项。十八届三中全会提出评价成果也要由市场决定。这会涉及一些部门的利益,掌握成果的评价权也包含着利益。这些年来,由政府主导的技术创新评价水平并不限于技术和学术本身,而是来自政府的等级,政府级别越高,评价出成果的技术"含量"也越高,同样的一项成果,由不同级别组织评出来的"使用价值"也不一样。研发投入是一个复杂的经济活动,这与一般的投资有较大的差别,研发投入多少,投向哪个领域,研发投入总量占 GDP 的比重的变化是有规律的。问题是研发投入的结构及机制如何,实践证明,只有市场机制才能有效地确定研发投入的方向、数量及结构。鲍莫尔曾在他的《自由市场创新机制》中阐述了使市场导向成为经济发展动力的条件,主要包括产权和执行机制、高科技企业之间以技术创新为手段的竞争、技术创新活动的制度化、促进企业家创新的激励机制以及技术交易和贸易规则等。

二、遵循研发投入的规律,形成政府与市场的合理分工

研发投入是有规律的。一是政府要重点加大支持基础性、战略性、前沿性研究和重大关键共性技术攻关,其他科技创新活动在研发方向、资源配置和经费使用、项目评审以及成果评价和应用等各个环节要由市场来决定。充分激发各类主体参与创新活动的积极性,建立以企业为主体、产学研用协同创新机制,带动全社会增加研发投入,让科技创新在市场的"沃土"中不断结出累累硕果[1]。政府要大力减少和纠正用行政手段包揽、直接介入或干预科技创新活动的做法,把主要精力放在完善创新激励政策、营造公平公正的竞争环境上来,要完善和创新有利于科技发展的制度体系,发挥好"推手"作用。二是政府推手如何发挥?美国实施阿波罗计划的并不是一个一体化的大型承包商,而是由国家航空航天局协调的一系列独立的企业。[2] 所以我国技术创新不仅要实施国家科技重大专项、突破重大技术瓶颈,而且要加快新技术新产品新工艺研发应用,加强技术集成和商业模式创新。三是国家要有

---

[1] 李克强在国家科学技术奖励大会上的讲话,2014 年 1 月 10 日。
[2] 奥利弗·E·威廉姆森. 市场与层级制——分析与反托拉斯含义 [M]. 蔡晓月,孟俭译. 上海:上海财经大学出版社,2011:222.

明确的科技发展目标和战略定位。如《科学与国家利益》为美国科学政策确立了五个主要目标，(1) 保持在所有科学知识前沿的领先地位。(2) 增进基础研究与国家目标之间的联系。(3) 鼓励合作伙伴关系以推动对基础科学和工程学的投资以及有效地利用物力资源、人力资源和财力资源。(4) 造成21世纪的最优秀的科学家和工程师。(5) 提高全体美国人的科学和技术素养。这些对于我国政府制定相应的科学政策及如何有效地发挥政府在促进自主创新中的作用是有启发意义的。在《美国创新战略》里，非常清晰地把创新分成了三个层次：最底层是政府加大对美国创新基础，比如教育、研发等方面的投入；中间一层是让现有大企业之间透过竞争，不断地创新；最高的一个层次就是全社会加速在生物、纳米这些面向未来的大项目上的突破。四是政府研发政策对创新风险的影响最为重要。如果政府研发政策通过促进更长远战略形成、降低资本成本或减少企业对特定技术开发必须进行的投入量，有效地解决了降低技术创新风险的难题，那么政府的政策似乎就是极其成功的。[①] 站在实业家和企业的立场上，为创新行为提供一个适当的框架比直接干预行业的创新过程更为有效。美国采用的方法是让市场在没有政府干预的情况下运行，除非有明显的证据表明存着干扰竞争的市场失灵现象。

三、要建立有利于研发投入绩效提高的配套环境，其中教育和培训体系非常重要

教育和培训体系对于自主创新非常重要。它们为企业提供大量具备所需知识和能力的人。为什么美国和德国在19世纪与20世纪交替时期在技术创新上超过了英国和法国？一个重要的原因就是美国和德国的大学体系比英国和法国的大学体系更多地在教育上对产业需求做出了反应。美国经济在高等教育上的投资要远远超过英国，这种高等教育为经济组织的技术进步提高了潜在的基础。构建产学研相结合的创新体系必须建立在创新的教育体制基础上。可以讲，富于创新的教育体制是自主创新的微观基础。我国现行教育体制行政化特征明显。教育机构招多少学生、设置什么样的专业、开设什么课程等，均由教育主管部门审批。因此教育绩效低下，花费大量资源培育出来

---

① 柏林科学技术研究院. 文化 VS 技术创新——德美日创新经济的文化比较与策略建议 [M]. 吴金希等译. 北京：知识产权出版社，2006：306.

的人才偏离需求，而企业却招不到符合专业技能要求的人才。实践证明，体制改革的滞后不仅造成了教育资源的错配与浪费，而且使得创新驱动发展战略缺乏人才的支撑。我国这些年科技投入、教育投入增长也很强势，但是体制机制问题还是没有理顺。理顺我国创新体制的关键就是研发投入要从政府主导转变成市场主导。

第十四章　发展低碳经济的技术创新与制度创新

第一节　发展低碳经济的关键是技术与制度的协同创新

西班牙学者格里高利·乌恩鲁（Gregory C. Unruh，2000）对低碳技术难以扩散的原因进行了深刻分析，指出现行的主导技术是基于对化石能源系统的高度依赖，政治、经济和社会与之组成了一个"技术—制度综合体"，原有的技术、组织、工业、社会和制度会维护既定利益[1]。向脱离碳基础能源技术的转变时间进度和路径决定了气候破坏的大小，整个社会面临的挑战是在发生重大环境破坏前能促使变革早点到来。低碳技术的研发、应用和扩散改变了技术单纯推动经济增长的原理，降低了技术使用对资源环境的负面影响，能够对基于高碳技术的经济社会系统产生重大变革，是解决温室气体排放和全球气候变化问题的关键，是发展低碳经济的引擎。

在发展低碳经济的过程中，为什么需要技术与制度的协同创新？这主要有以下原因：

一、低碳技术的创新与使用必须要有相应的组织创新

在高碳"技术—制度综合体"的形成过程中，组织的创新非常重要。组织是对技术创新的回应：技术创新降低了生产成本，使大量生产成为可能，但同时产生了高额的交易成本，这时若完全在市场上交换，交易成本高将使技术创新所带来的好处不复存在，因而产生了组织。"技术—制度综合体"

---

[1] Unruh G C. Understanding carbon lock-in [J]. Energy Policy, 2000, 28 (12): 817-830.

的形成还取决于技术创新后的制度回应。技术创新一方面会调动人们对其资源重新配置的积极性,另一方面也会引起利益格局的变化以重新确定产权。这必然会导致制度回应。在创新系统中,技术创新是形成生产力的直接因素,但技术创新需要制度创新所建立的一系列诱导机制来支撑。在发展低碳经济的过程中,低碳新技术不会自动地转化为生产效率的提高,它的运用涉及生产、消费等不同环节,这些不同环节都牵涉到特定的集体困境。而要解决这些集体困境就需要组织上的创新。

二、低碳技术的创新需要相应的外在激励因素和制度环境

发展低碳经济实际上是用低碳的"技术—制度综合体"代替高碳的"技术—制度综合体"。碳锁定理论表明,发展低碳经济要一种系统性思维,仅有低碳技术是不够的。低碳技术取代已有技术是一种替代,这种替代还必须是一种强势替代。同时,要培养解除碳锁定的外生冲击力量。传统的高碳经济存在路径依赖,这需要相关技术的危机、政府规制、技术突破、消费偏好的改变、"缝隙"市场及科学发现(Cowan and Hulten,1996)等外生事件的冲击。由于20世纪70年代早期的石油禁运,造成汽油价格飞涨。美国的单位产出耗能由以前每年下降1%转为2.7%。为了应对1973年阿拉伯石油禁运的影响,美国1975年出台了首个共同平均能效标准。在此,值得强调的是要充分发挥政府在解除碳锁定的中作用,通过制度及政策的改变来打破路径依赖。

三、低碳技术的创新和扩散必须要解决低碳产业的高风险问题,而这需要相应的制度创新来降低低碳产业的高风险

低碳产业作为一个新兴的高风险产业,其发展面临着许多不确定性。而有效的制度创新能大大地减少发展低碳经济的不确定性。低碳产业的风险特征主要表现在以下方面:一是在生产与消费方面,作为新产业,产品供应商面对与传统产业竞争、面临巨大的不确定性投入及相关产业不配套问题;中间制造商面临缺乏最终需求引导的投入、缺乏风险分配市场等问题。市场需求方面也面临着不确定性。二是要素市场方面,科研要素市场研究投入不足等问题;人力资本面临投入不足、大学缺乏相应专业等问题;金融保险服务

面临缺乏风险投资支持等问题。三是制度和组织方面，行业协同和成熟度方面面临与产业相关联配套的产品不存在、因缺乏足够规模而导致成本无法分摊等问题；在公共政策与制度方面面临政策不配套、制度不完善等问题。

在从高碳发展向低碳发展的过程中，技术变革的限制不在于科学技术，科学技术往往比监管机构的进化的多，而是在于允许新技术方法扩散的组织的、社会的和制度的改变（格里高利·乌恩鲁）。所以，发展低碳经济路径的选择关键是由制度所决定的。换言之，解除碳锁定的关键是有利于低碳技术发展的制度安排和制度创新。转变的动力机制及主体的形成至关重要。例如，随着煤炭价格的上涨，电厂将会转向这些较新的发电技术，从而也会降低单位电力产出的温室气体排放。然而，在现有的规则之下，电厂采纳新技术的动机还不强，发电行业向任何一种新技术过渡都将非常缓慢。当制度安排和利益机制决定的低碳技术使用成本较高时，企业或社会还是趋于使用高碳技术。

四、创新低碳技术、解除碳锁定的过程是提高一个社会应对环境危害的社会能力和制度能力的过程

回应气候变化及发展低碳经济将推动和需要政府本身的创新，以及国家、市场和公民社会的关系的创新。[①] 面对气候变化及低碳发展等环境问题，是将这些问题纳入现存的社会经济制度的框架内，还是像许多绿色人士选择做的那样反对这些制度呢？制度具有延续性，并存在路径依赖，要完全废除现行制度，建立新的制度体系来应对气候变化和发展低碳经济是不可能的。但是现有制度又有不适应低碳发展的一面，我们需要改革和完善现有制度体系，调整部分规则和社会规范，建立有利于低碳发展的制度激励机制。

第二节 低碳技术与解除碳锁定的最优路径选择

一、解除碳锁定所需要的低碳技术

低碳技术从广义上讲是指所有能够降低人类活动碳排放的技术，从碳减

---

① 安东尼·吉登斯. 气候变化的政治 [M]. 曹荣湘译. 北京：社会科学文献出版社，2009：106.

排的控制流程看，低碳技术可分为三类：（1）从源头上实现零排放的清洁能源技术，如太阳能、风能、潮汐能、地热能、生物质能、核能等；（2）从生产过程中实现减排，其一是对传统化石能源进行高效、清洁和综合使用的节能减排技术，其二是对电力、交通、建筑、冶金、化工、制造等高能耗领域的节能减排技术；（3）从末端处理产生的温室气体，如碳捕获、碳利用和碳封存等技术。从技术角度来讲，要实现低碳增长，需要做到：大幅度提高能源利用效率；停止砍伐森林；尽快将现有的低碳技术投入使用。如风电、水电、地热发电和核电；大力投资于着眼中期的新技术。如更好的电池、增强光合作用、新一代生物燃料、核聚变等。[1]

我们需要多少低碳技术打破碳依赖？可以确定的是需要各种各样的能源资源来减少排放并打破对石油、天然气和煤炭的依赖。普林斯顿大学罗伯特·索科洛和斯蒂芬·帕卡拉在一篇发表于《科学》杂志的文章中，确认了15种能源"楔子"，它们互相关联，可以在未来的50年内让世界排放量趋于稳定。这些楔子包括诸如成功采用碳捕获和封存技术、核能、车辆用油更加经济、建筑隔热取得进展之类的技术。实现减排目标要求技术突破的支持，四项关键技术是解决方案的核心：能源效率、碳捕获和碳封存、新一代可再生能源（包括生物质能、风能和太阳能），以及核能。如，德国、英国、瑞典等国已经有能力将能源的使用效率提高到原先的四倍甚至更高的水平。

二、解除碳锁定的三条路径

乌恩鲁（2002）认为，在理论上存在三种递进式的政策路径，以逐渐对现有技术系统进行变革：（1）不改变现有系统，只处理排放（即末端治理）；（2）改造一定的部件或流程，而维持整体系统构架不变；（3）替换整个技术系统。

首先，我们在原有的系统基础设施上，采用附加技术解决外部负效应，这些通常集中在系统的产出终端。因此大多数的处理环境外部性的方法是采用"终端治理"（EOP）方法，从投入来看，这是一种主要治理方法。这种治理方法在主要的工业化国家占污染治理资金投入份额的75%。为什么大量

---

[1] 尼古拉斯·斯特恩. 地球安全愿景：治理气候变化，创造繁荣进步新时代 [M]. 武锡申译. 北京：社会科学文献出版社，2011：59.

资金投入到"终端治理"？这是因为我们对原有的系统基础设施投资大，所以考虑到收回投资，"终端治理"是成本最低的选择。

在解除碳锁定的过程中，若"终端治理"不能有效地解决问题，将考虑在不对整体系统框架做大的改动的条件下，在现有技术演化的路径下，尽可能少地调整系统中有问题的部分。这是一种局部的创新。这一方法也称为"连续性"方法，因为他们尽可能地保持新系统和原有系统的一致。与"终端治理"相比，这是对原有的系统基础设施的一种局部改进，也有利于减少碳排放。

最后的路径选择是完全的放弃或替代现有系统。这种选择也被称为"非连续性"方法，因为它们追求的是向全新高级系统的非连续的转变。是用低碳经济系统代替高碳经济系统。历史上出现过非连续系统变革的例子，如电报替代打信号通信，但是并不存在像现代电力和交通运输网络如此庞大复杂系统非连续性变革的例子。可想而知，若选择"非连续性"的治理路径，涉及面广，成本高，风险大。

世界银行的研究表明，讨论的每种能源模式都表明，仅仅通过节能和广泛应用现有技术无法将全球气温控制在 2℃ 以内。新技术起到很重要的作用，如碳捕获和碳封存、第二代生物燃料和太阳能光伏技术[①]。

三、战略"缝隙"管理是解除碳锁定的最优路径

就技术演进的自身逻辑来看，一般来讲，要对一个大的系统进行替代（如高碳的"技术—制度结合体"），从"缝隙"入手、从边际入手的渐进式战略是风险最小、成本最低的路径。对于解除"碳锁定"，乌恩鲁（2002）提出在现存的能源系统中采取从局部开始的渐进连续变革的方式，保护培育低碳技术的"缝隙市场"（niche market），解除碳锁定的最好方法是战略"缝隙"管理（strategic niche management，SNM）。新技术可以在"缝隙"中获得生存和发展的机会，并且可以减少主导技术强大竞争力的影响。经过战略"缝隙"管理，低碳技术可以逐步替代高碳技术。"缝隙"管理实质上是通过渐进替代的办法实现由高碳经济向低碳经济的转型。为什么乌恩鲁强调战略"缝隙"管理？

---

① 世界银行. 发展与气候变化 [M]. 北京：清华大学出版社，2010：16.

(一) 从技术和经济来看,整体替代的条件还不成熟

在目前的情况下,替换整个技术系统是不可行的,一是从技术层面来看,替换整个技术系统的新的技术系统还不成体系,并且还缺乏代替传统碳能源体系的主流设计。二是从经济和制度层面来看,我们即使有成体系的新的低碳能源系统也不能采用整体替换的路径。这是因为原有的投资(高碳的设备及技术等)有一个使用期的问题,我们能强制替换,但这会带来较大的经济损失,并且引起经济社会的重大混乱。因此,整体替换会面临很大的阻力。既然不能整体替换,那么就只能在不改变现有系统,只处理排放(即末端治理);或改造一定的部件或流程,而维持整体系统构架不变中做出选择了。在碳锁定的情况下,低碳技术"通过一种微小的改良使它成功地适应流行的范式。不过,这些适应性的改良却可以推动有望成为下一种范式核心的重要产业"[1]。

低碳技术变革面临着双重突破,一是技术突破;二是市场突破,并且两种突破是相互联系的。仅有单方面的突破是不够的。因此,在技术—制度结合体中发现替代技术开发的市场空间是非常重要的。一种战略是可以通过专注于专业化的"缝隙"领域避开技术锁定。一般来讲,发现创新往往容易出现在细分市场中,它们独特的属性塑造了自身的价值。比如,太阳能技术的商业化首先开始于低价值的细小市场,如电子手表和计算器。在这些专业化的缝隙市场中,新技术慢慢被培育,在报酬递增驱动下实现规模扩张(Unruh,1998),同时,技术本身得到改善,从而打败主流设计。再比如,燃气涡轮机通过专门化的生产领域的发展最终打败了蒸汽涡轮机。

(二) 战略"缝隙"管理可以减少阻力,从而降低发展低碳经济的成本

对于解除碳锁定来讲,"缝隙"市场成为很有吸引力的路径选择。因为这些市场潜在的市场销量不高,在位的主流设计生产者往往对这一市场没有兴趣,这就消除了技术—制度综合体带来部分阻力。利益阻力是转型的最大阻力。市场的扩大和规模效应有利于新技术的进一步发展,并创造出潜在的政策杠杆支点,从而有利于低碳发展。但是,"缝隙"市场存在的问题是需

---

[1] 卡萝塔·佩蕾丝. 技术革命与金融资本:泡沫与黄金时代的动力学 [M]. 田方萌译. 北京:中国人民大学出版社,2007:34.

要充足时间使市场条件发育成熟才能发挥作用,如果环境变化过程加快,快于缝隙市场的成长,那么这种方法对从高碳到低碳的转型就无效了。

(三) 可以把战略"缝隙"管理与低碳技术成长的周期结合起来

根据"脉冲式发展"理论,可以把低碳技术成长过程可分为"渐变期和剧变期"两种形态。这两种形态是交替出现的,剧变期是熊彼特式的创造性破坏,是低碳技术有重大突破的时期。每两次剧变期之间的时期则属于渐变期。在这两个期间,低碳技术对经济增长的作用是不一样的。在渐变期,能源技术对经济增长的作用是推动,即支持经济的增长。而在剧变期间,低碳技术对经济增长的作用变为拉动。在渐变期更要加强战略"缝隙"管理,为低碳技术剧变期的到来创造条件。

低碳技术的发展是一个渐进的过程。低碳实践或创新一开始只有很小的吸引力,但它们如果能够推动潮流,或者某种程度上被当作方向标,就会不可或缺了。

第三节 解除碳锁定的技术创新障碍

从系统的角度来看,低碳技术在发展和推广过程中仍面临着很多障碍,国际能源机构(IEA)对一些主要低碳技术的发展所面临的障碍进行了梳理(见表14-1)。发展中国家进行温室气体减排的潜力巨大,但由于自身技术研发能力薄弱,其利用和发展低碳技术的障碍更大。

表14-1 低碳技术发展障碍

领域	低碳技术	技术障碍		成本障碍		其他障碍
		研发	示范	扩大规模	经济激励	
能源	水电				**	**
	生物质发电	*	*	*	**	
	地热发电	*	*	*	**	
	风电		**	**	**	*
	太阳能光伏	*	**	**	**	
	聚光太阳能	*	**	**	**	
	海洋能		**	**	**	*

续表

领域	低碳技术	技术障碍 研发	技术障碍 示范	成本障碍 扩大规模	成本障碍 经济激励	其他障碍
能源	氢能	**	**	**	**	
	先进煤蒸汽循环	*	*	*	**	
	整体煤气化联合循环		**	**	**	
	核能（四代）	**	**	*	**	
交通	车辆燃料经济性改善				*	**
	混合动力汽车	*		**	*	
	电动汽车	**	*	**	**	
	乙醇燃料车辆				**	
	氢燃料车辆	**	**	**	**	
	生物质液化制取的生物柴油				**	
	谷类/淀粉和糖类制取乙醇				**	*
	纤维素制取乙醇	**	**	*	**	
建筑	区域供热供冷系统				*	**
	建筑物能源管理系统			*	*	**
	LED 照明	*	*	**	**	**
	地源热泵	*		*	*	**
	家用电器			*	*	
	建筑物保温技术	*				**
	太阳能供热和制冷		*	*	**	**
工业	热电联产技术				*	*
	电机系统					**
	蒸汽系统			*	**	
	基础材料生产工艺创新	**	**	*	*	
	燃料替代				**	
	原材料替代	**	**	*	*	
	二氧化碳捕获、利用与封存	**	**	*	**	
	工业能源中心			*	*	**

注：* 表示不太重要但仍有影响的障碍；** 表示很重要的障碍。
资料来源：转引自徐玖平、卢毅. 低碳经济引论. 科学出版社，2011：117.

目前低碳技术发展的问题主要有：

一、低碳技术实施的经济制约因素

从经济层面看,低碳技术发展面临三大问题,一是成本问题,由于碳提取过程的成本,现在碳捕获和固存根本无望与传统的煤炭生产技术形成竞争;太阳能目前成本过高。二是规模问题,如太阳能一旦建立起来,就具有较高的可信度、较低的维护成本、其使用寿命也有 30 年甚至更多。但至今它也只供应世界电力的 1%。三是补贴和激励措施太分散,难以收到令人满意的成效。对环境有害型产业的补贴必须取缔,但做到这一点还困难重重,推动能源节约的措施必须得到实施和鼓励。需要有补贴为低碳技术的发展提供一个平台,因为一切新技术产品实质上都要比化石燃料更昂贵。

在发展低碳经济的过程中,许多低碳技术具有经济可行性但并未充分实现。其原因主要是经济和制度层面的。实施这些低碳技术要求健全能效标准和准则等规章制度,同时实行财政激励、进行制度改革、建立融资机制、提高消费者意识,从而纠正市场失灵,有利于低碳技术的实施。其次,不少可再生能源技术具有经济可行性,但不具有财务可行性,因此要通过财政补贴来内化外部性,使其在成本上具备较之于化石燃料的竞争力。大规模采用这些低碳技术要求化石燃料价格能反映出全部的生产成本和外部性(世界银行,2010)。

制度的作用包括:限制行为,塑造偏好,目标和战略,甚至建构身份认同。制度是用以协调人类行为的法规和组织,还包括非正规的规范。它们对于发展低碳经济并且又公平的发展是不可或缺的。若制度运行良好,它们就能使人们互相合作,为他们自己、为他们所在的地区规划一个未来。如果说低碳技术是发展低碳经济的硬件,那么相关的制度安排就是发展低碳经济的软件。现在发展低碳经济的硬件和软件还不配套。低碳经济制度环境的功能就在于捕捉信号、平衡利益和实施解决方案。总的来讲,这类制度环境正在建立过程中,还不完善。

二、大多数低碳新技术的应用还不成熟

从经济和制度层面来看,当前最根本的问题是要使得清洁能源比化石燃料能源更具竞争力,这既可以通过公共部门提高补贴来实现,也可以通过技

术进步来实现。同时，也需要制度来支撑。

低碳新技术的应用不成熟主要表现在低碳技术之间缺乏互补性、系统性、还有一些关键技术尚没有过关，还需要时间。洁净煤（碳捕捉和固存，或者CCS）、风能、潮汐能或波能、生物燃料、太阳能、地热能、智能电网、地球工程技术如能够将部分太阳射线反射回去的挡热板，以及"气涤器"——可以从大气中吸取二氧化碳和其他温室气体的装置等都在发展和完善之中。最有可能结出硕果的技术是核能、碳捕获和固存、太阳能。气涤器是目前已知的唯一一种能够切实扭转全球变暖趋势的技术。这能否成为主导技术还需要努力及相关的技术进步。最先进的是光伏技术，它可以将阳光转换成电流，并能够直接联上电网。此外，低碳技术还存在一些技术难题，如太阳能如何才能转换成可以长时间保存并远距离运输的化学燃料。发明新的蓄电方法是一个影响面大大超出太阳能和其他间歇性可再生能源资源的问题[①]。低碳能源有许多种，有些是我们已知的，而且发展迅速；有些虽具有巨大潜力，但真正具有可能性要到一二十年以后，进一步的可能性还需要更长的时间来观察。

要想使太阳能取代廉价的石化能源，就必须在提高后者价格的同时降低前者的价格。[②]以发电为例，2007年全世界新建了180座大型火电站，其中100座在中国。从全世界看，40%的电力，25%的总能源来自煤炭。在能源部门内部，电力和运输造就了大部分温室气体——大约为60%，两者加起来占了世界温室气体总量的40%（占二氧化碳的百分比还有高许多）。能够以极低碳排放发电的现存技术有许多，其中包括水电、风电、太阳能发电、生物质能发电、核电、地源能发电、地热发电、波能发电、潮汐能发电以及针对烃基能源发电的碳捕捉和储存技术。所有这些都是有可能发挥重要作用，影响它们发展的是市场、研究和学习，以及价格、税收和管制的公共政策[③]。公共政策的作用将是十分关键的。要创立有利于低碳技术发展的制度环境是一个复杂的系统工程，它需要国与国之间的协调行动；它需要人们认识和观念上的转变；它涉及人们之间利益格局的调整；它需要清洁能源与化石燃料能源比较优势的变化等。所以大多数低碳新技术的应用还不成熟并不仅仅是

[①②] 安东尼·吉登斯. 气候变化的政治［M］. 曹荣湘译. 北京：社会科学文献出版社，2009：162，121.

[③] 尼古拉斯·斯特恩. 地球安全愿景：治理气候变化，创造繁荣进步新时代［M］. 武锡申译. 北京：社会科学文献出版社，2011：59–60.

技术层面的问题，它还涉及公共政策及制度层面的问题。

为了发展低碳技术和可再生能源，需要强有力的制度支撑。低碳技术应用的不成熟的原因是多方面的，但制度的缺失和政策的不配套是重要的原因。只有采取有效的制度和政策，我们才能把低碳技术应用于低碳经济中。为了使清洁能源比化石燃料能源更具竞争力，20世纪90年代，发达国家先后采取配额制、强制购买、有限竞标、绿色证书和特许经营等激励政策，取得良好效果。有利于清洁能源发展的制度安排还有：鼓励风力发展的"购电法"（德国、西班牙）；实施"非化石燃料公约"制度（英国）等。这些都为我国相应的制度安排提供了参考。

三、低碳技术发展与使用过程中存在矛盾与冲突

一些低碳技术扩大生产规模会产生较大负面效果，低碳技术的发展及使用受到自然和经济社会因素的制约。如扩大第一代生物燃料的生产规模将导致天然森林和草地大片流失，侵占生产粮食的耕地。依赖于非粮食作物的第二代生产燃料，可以使用贫瘠土地，因此可减少占用农业用地。但是第二代生物燃料还是可能会导致牧场和草原生态系统受到破坏，并且占用更多水资源（世界银行，2010）。

提高能效受到一些阻碍因素和市场失灵问题的困扰。风能、水能和地热能受到地理因素的限制；生物燃料因为必须与粮食和森林争夺水土资源而受到制约；对于核能，人们比较担心核武器扩散，核废料处理以及核反应堆安全等问题。这里最大的问题是核能与核武器制造之间的关联、核恐怖主义的可能性以及处理核废料的难度。环保主义者对核能的一些看法与作为低碳技术组成部分的核能发展是有矛盾的。在发电厂安装碳捕获和碳封存技术的市场可行性尚未得到证明，不仅成本高，而且某些国家可能因缺少封存地点而受到限制。对这些技术参数的敏感性分析表明，如果不大幅度提高能效、大规模应用可再生能源以及碳捕获和碳封存技术，就无法实现将二氧化碳当量维持在450ppm的目标。由于核能应用的限制就必须大大增加碳捕获和碳封存技术以及可再生能源的使用。但是，碳捕获和碳封存技术的有效性以及第二代生物燃料的研发还有很大的不确定性。根据目前已经掌握的低碳技术，要想采用一个灵活的技术组合，其选择的余地相当有限（世界银行，2010）。

许多制度是由政府制定的，如西方的民主体制在发展低碳经济上也有软

弱无力的一面。众所周知，有许多人反对通过价格、税收或者管制来改变他们的能源消费方式——其中包括（或者尤其是）交通方式。电力、制热和制冷的成本是个重大政治问题，许多政客因短期的竞选原因回避应对这样的问题。替代烃基能源驱动内燃机的技术已经存在，而且还会发明出更多。从这个角度看，发展低碳经济主要不是技术问题，而是一个制度问题。只有在碳价格处于某个需求层次，且得到政治上的支持之后，排放交易市场才能运转起来。从长期来看，发展低碳经济的制度安排和政策有利于整个社会甚至全人类，但是在短期内会有一部分群体因制度的改变和政策的调整而受损，这就需要我们来协调和补贴那些受损的群体，从而有利于低碳经济的建立与发展。所以解决低碳技术发展和使用中的矛盾与冲突关键要通过制度和政策来协调。

四、研发投资的回报率很高，但低碳技术投资不足

一方面是研发投资的回报率很高，多种测量方法显示研发投资的回报率在20%~50%，远远高于资本投资的回报率。但另一方面，由于受风险、市场及成本等因素的制约，能源相关的研发和应用的投资不足。从绝对数字来看，全球政府能源研发和应用预算自20世纪80年代早期开始下降，1980~2007年几乎下降了一半。能源预算在政府研发预算中的比例也大幅度下降的，从1985年的11%降到2007年的4%以下。目前无论是与预计的需求相比，还是与创新行业的投资相比，全球每年用于能源研发的公共和私人资金都相当有限。可再生能源方面的专利仍然只占全部专利的0.4%[1]。这说明进行低碳技术研发的风险很大，并且有很大的不确定性。这其中主要原因不是来得自技术层面，而是来自制度层面。我们现在的制度体系都是建立在化石燃料能源基础上的。原有制度可能会持续存在，因为在不完全信息的世界中，改变既有规则的代价是很高的而且耗时持久，变化的结果就无法得到完全的预测。既有利益、沉没成本和制度刚性的结果就是投资决策通常是路径依赖的：投资某个产业的最初决策可能会将未来的投资也导向这个产业，即便这不是对资源最有效的利用。[2] 所以发展低碳技术和低碳经济的关键是人类要

---

[1] 世界银行. 发展与气候变化 [M]. 北京：清华大学出版社，2010：16.
[2] 戴维·瓦尔德纳. 国家构建与后发展 [M]. 刘娟凤，包刚升译. 长春：吉林出版集团有限责任公司，2011：201.

把建立在化石燃料能源基础上的制度体系转变成建立在清洁能源基础上的制度体系。

当前我国低碳技术创新能力不足和低碳经济制度创新动力不足制约着我国低碳经济的发展。发展低碳经济就是一个解除碳锁定的过程。我国在解除碳锁定上面临以下主要障碍：一是我国一方面还处于较高碳密度的重化工业占主导的阶段，中国能源禀赋以高碳的煤为主，但另一方面中国未来低碳战略技术储备不足、自主创新能力仍然较为薄弱；二是一方面建设低碳社会要大规模淘汰吸纳众多劳动力的现有落后产能，这个过程会引致以就业为核心的一系列社会问题，带来巨大的社会成本，但另一方面将发展低碳所需要的巨额资金和众多技术需求从其他领域转移过来存在巨大的困难；三是社会主要利益相关者的基本能力普遍不足，意识、体制和社会机制的改善任务十分繁重。① 而要解决这些问题，我国必须要提高低碳技术创新能力，加大低碳经济制度创新。

第四节　发展低碳经济的技术创新和制度创新的双轮驱动

一、发展低碳经济要把技术创新与制度创新结合起来

在发展低碳经济的过程中，没有相应的组织和制度变革，低碳技术也难以发挥作用。制度是用以协调人类行为的法规和组织，还包括非正规的规范。它们对于发展低碳经济并且又公平的发展是不可或缺的。若制度运行良好，它们就能使人们互相合作，为他们自己、为他们所在的地区规划一个未来。如果说低碳技术是发展低碳经济的硬件，那么相关的制度安排就是发展低碳经济的软件。现在发展低碳经济的硬件和软件还不配套。创立低碳经济制度环境的目的就在于捕捉信号、平衡利益和实施解决方案。

如何把发展低碳经济的技术创新与制度创新结合起来？一是观念上的认识，低碳技术从来不会自行发生作用，它们的发展需要更大的政治、经济和社会框架来支撑，而这些框架还会支配技术如何发展、绩效如何。历史上的

---

① 联合国开发计划署. 中国人类发展报告：迈向低碳经济和社会的可持续未来 [M]. 北京：中国对外翻译出版公司，2010：5-6.

技术变革都是如此。技术与制度总是一种互动关系。所以，发展低碳经济路径的选择关键是由制度所决定的。换言之，解除碳锁定的关键是有利于低碳技术发展的制度安排和制度创新。二是在发展低碳经济的过程中，仅仅凭价格政策不足以确保能效和低碳技术的大规模研发和应用。根据不同部门和不同领域的情况，有针对性地采取相应的举措达到发展低碳经济的目的。这些举措包括能源强度目标、电器标准、建筑条例、工业绩效目标以及燃料效率标准。这些国家能效目标，不仅有利于降低能耗、减少排放，而且也有利于提高行业或企业的竞争力。

二、把降低在能源短缺面前的脆弱性所需的技术和减少碳排放所需的技术结合起来

如何克服低碳技术发展的障碍？新的技术突破可以减少人类对化石燃料能源的依赖。为了减少低碳技术发展的障碍，我们应该把降低在能源短缺面前的脆弱性所需的技术和减少碳排放所需的技术结合起来，这两者在许多方面是一样的。这些技术包括风能、潮汐能、太阳能、水力发电和热力发电。它们是减少能源短缺和发展低碳经济所共同需要的技术。把这两种目标结合起来可以大大地减少发展低碳经济的障碍。生活方式的改变在这两个领域似乎都是极端重要的，尤其是在我们将目标设定为约束能源浪费习惯的时候[①]。市场在协调这两大目标中可以发挥重要作用。承认市场的作用的一个重要意义就是将关注点从要求减少使用化石能源的政策转移到鼓励发展减少碳排放的技术。例如，碳储存技术可以减少温室气体却未必一定要减少化石能源的使用。

三、要把形成有利于低碳技术投资的环境条件与引进国外低碳技术结合起来

低碳技术是一种风险投资。风险投资有成功也有失败，更重要的是谁来投资。美国科学院对能源部的研发计划进行评估，其报告结论为：那些能源研发计划不仅值得实施，而且其中几个计划以后给社会带来的好处还将大于

---

① 安东尼·吉登斯. 气候变化的政治［M］. 曹荣湘译. 北京：社会科学文献出版社，2009：39.

政府在所有计划上的总投资。这也说明，低碳技术是值得投资的领域①。但是，对于私人投资者来讲，由于受技术、市场等因素的影响，对低碳技术投资的意愿不强。因此，政府要形成有利于低碳技术投资的环境和条件。促进或提供必要的研发有两条重要的途径。一是运用价格体系，即"市场"，通过适当的税收、补税和配额让私人主动资助和直接动手研发。二是由政府直接资助和控制研发，并同企业进行合作。

在发展低碳经济的技术创新过程中，要注重构建以企业为主体、市场为导向、产学研相结合的创新体系。在研发上，要注重加大企业和民间投资的力度。

如何引导低碳技术的投资？通过长期购电协议，制定透明的、有竞争力的、稳定的价格，能有效地吸引投资者对可再生能源投资。世界现行的两种可再生能源发电的强制性政策是，一是强制购电法，即要求以固定价格强制性购买可再生能源。二是可再生能源配额制标准，即要求特定地区电力公司的能源达到规定的可再生能源发电量最小配额或者最低装机容量。我们还可以通过其他激励措施鼓励可再生能源投资：通过补贴降低前期资金成本；通过投资退税或生产退税降低资金和运营成本；通过碳信用改善收益流；通过优惠贷款和担保提供财政支持等。

政府要把促进低碳技术发展与其他经济政策结合起来。如政府应在发展低碳技术并由此创造"千万个工作岗位"上实施大规模的支出。"美国进步中心"提出了一份全力刺激经济复苏的详细计划。这项计划包括了公共部门在内的五个主要领域的投资：促进建筑能源节约；扩大公共交通和货运；建设智能电网；建造风力田和太阳能设施；开发下一代生物燃料。

全世界要注重从总量上供给低碳技术，仅仅凭一国内的研发和力量来发展低碳技术是不够的。全世界要形成发展低碳技术的集体行动。若拥有低碳技术优势的发达国家向发展中国家更多地转移低碳技术，那么从世界来看，低碳技术不足的程度会大大地下降。但这种低碳技术转移还存在诸多障碍。发达国家企业在 CDM 项目中设置的技术转移障碍不利于发展中国家发展低碳经济。发达国家一方面强调发展中国家也要减排，但另一方面又在低碳技术

---

① 托马斯·思德纳. 环境与自然资源管理的政策工具 [M]. 张蔚文，黄祖辉译. 上海：上海三联书店，2005：484.

转移方面设置障碍。对于中国而言，大部分的减排核心技术需要进口。但是意识形态的偏见、制度障碍及技术壁垒大大限制了低碳技术在国与国之间的转移，从而不利于低碳经济目标的实现。

第十五章 共享经济

如何加快形成以开放、共享为特征的经济社会运行新模式是摆在理论工作者面前的新课题。我们从制度层面探讨共享经济中的三个问题，共享经济的实质是交易成本最小化；共享经济是一场重大的制度变革，我们把共享经济分为共享经济的运行特征与共享经济的制度特征，没有相应的制度变革共享经济就难以产生；发展共享经济的关键是制度供给。历史上我们面对新的经济形态，注重技术和产业层面的发展而忽视相应的制度变革和支撑，当前面对共享经济，我们必须注意制度变革的研究。

第一节 共享经济的实质

共享经济也叫分享经济。根据初步统计，2015年共享经济在全球的市场交易规模约为8100亿美元。2015年美国共享经济总量（3万多亿元，占美国GDP的3%）超过中国共享经济总量（1万多亿元），[①] 因此我国的共享经济还有很大的发展空间。

罗宾·蔡斯在《共享经济：重构未来商业新模式》一书中把共享经济定义为三要素，即产能过剩（闲置资源）+共享平台+人人参与。它鼓励资源在更多的使用者之间共享；鼓励产品生产者与消费者直接对接；鼓励组织和个人合作，以提升经济配置效率；鼓励人与人以互信的方式共处、生活。共享经济中企业估值增长非常快，优步（Uber）和爱彼迎（Airbnb）当前估值已经分别达到510亿美金和255亿美金。布茨曼把"共享经济"分成三大类别：即共享或租借某种产品的信息平台；二手交易市场；共享技能。共享经

---

① 陈静. 我国分享经济高速起步 [N]. 经济日报，2016-03-29（11）.

济的价值在于：释放增长潜能、改变需求结构、降低均衡利率。[①]

有人说，共享经济的本质是整合线下的闲散物品或服务者。这种观点只看到了事物表面，而没有看到事物的实质。历史上任何一种新的经济形态或商业模式的产生并能普及的关键在于能否通过制度/组织的创新使交易成本最小化。如企业的存在是为了节省交易成本，这是科斯当年的重大发现。企业这种组织之所以能替代市场是因为市场上的交易成本太高，当互联网出现以后又产生了去中介化（组织）和再中介化的问题。现在所谓的平台经济就是以互联网为依托的组织形式，没有平台经济就没有共享经济。它就类似于科斯当年所发现的企业，就像企业的存在是为了节省交易成本一样，共享经济的实质也是交易成本最小化。

还有人说，共享经济的核心是提高商品和服务的效用价值。这与上面的说法有类似之处。这种提高是通过共享来实现的。但是共享的前提是交易费用的降低。只有当互联网特别是移动互联网发展起来以后，共享经济才在各行各业得以产生。它会对生产、交换、分配及消费各领域产生深刻的影响。

一、共享经济的实质是交易成本的最小化

共享经济是如何使交易成本最小化的？科斯说过因为交易成本太高，许多潜在的交易无法产生。共享经济就是科斯所说的因为交易成本太高而没有产生的一类经济活动。因为互联网技术的发展而大大地降低了交易成本，从而使专车之类的共享经济得以产生。共享经济的本质在于降低交易成本，使原来不可交易的资源进入可交易的范围。有些资源虽然有供给也有需求，但是由于相互寻找、讨价还价、订立合同的成本太高，所以无法进入市场交易，只能闲置。而移动互联网的出现减小了交易费用，使得这些资源变为"可交易的"，从而产生庞大的共享经济规模。如科斯所说，交易费用的水平当然也受到技术因素的影响，一个例子是今天被广泛讨论的网络技术的发展对交易费用及产业组织的影响。交易费用中的大部分是搜集信息的费用。而自从网络事实上降低了获取信息的成本后，也就降低了交易费用。

共享经济的一个颠覆性影响是互联网及移动互联网的形成导致交易领域

[①] 彭文生. 共享经济是新的增长点 [N]. 证券日报，2015–09–12（A03）.

的革命，它降低信息不对称、减少交易成本。基于大数据下的信用记录加强了市场主体的信用约束，而社交网络的扩展有利于实现规模效应。这些变化导致企业的边界的变化和个人与组织关系的变化，互联网和云计算在局部上大幅降低了企业间的交易成本；消费者通过互联网和云计算的消费过程也创造出新的专业化价值，并带来个体经济的强势回归。[①] 互联网及互联移动减少了获取价格信息的成本，比较的成本，尤其重要的是使过去认为不能的潜在交易变成了可交易的，更重要的是它解决了从人格化交换到非人格化交换中的问题，使远距离的陌生人的交易成为可能，解决了信息不对称中的一些问题。共享经济既不是科斯传统意义上的市场，也不是传统意义上的企业，即出现了"科斯地板"下的新的商业模式。

共享经济是通过制度和经济组织形式的变化来降低交易成本。没有组织形式的变化，互联网及移动互联网的技术创新也难以产生共享经济的商业模式。其商业模式创新的逻辑是，一是消费者因为交易费用的下降从过去的"以买为主"转向现在的"以租为主"。二是组织形式上使一部分企业去中介化和再中介化。去中介化和再中介化实质上是把过去的个人与企业的雇佣关系转变为个人与共享平台的合约关系。这实际是用一种合约取代另一种合约，新的合约可以降低交易成本。这个过程表明互联网技术变化需要组织创新去实现新技术的潜力[②]。共享经济中的去中介化和再中介化就是通过组织创新去实现移动互联网技术的潜力。三是共享经济使一部分经济活动由"劳动者—企业—消费者"的传统商业模式转向"劳动者—共享平台—消费者"的共享模式。[③]互联网及移动互联网使马克斯的"自由人"联合体的构想在一定范围内得以实现，因此共享经济预示着人类经济社会关系的重大变革。

共享经济验证了奥斯特罗姆提出的观点：在有些情况下，社群对资源的使用和管理的交易成本比市场和国家下的交易成本还要低。这是因为社群在不断沟通和协调基础上所作的制度安排比外部强加（如政府）的制度更有效。互联网营造的无数个或大或小的公共空间为集体行动创造了更好的条件，并且互联网基础上的集体行动还不受时空的限制。

[①③] 彭文生. 共享经济是新的增长点 [N]. 证券日报，2015-09-12（A03）.
[②] 道格拉斯·C. 诺思. 经济史中的结构与变迁 [M]. 陈郁，罗华平等译. 上海：上海三联书店，1991：190.

二、共享经济是通过共享平台来匹配供求双方从而降低交易成本，实现资源的最佳配置

这些共享平台既有市场的功能但又超出了传统的市场，它突破了传统市场的时空限制，这是对传统市场经济配置资源理论的又一种拓展。如前所述，去中介化与再中介化的过程就是建立共享平台，这些共享经济平台公司并不直接拥有固定资产，而是利用移动设备、互联网支付等技术手段有效地将需求方和供给方进行最优匹配，通过撮合交易，获得佣金，从而达到双方收益的最大化。

市场交易可分为匿名市场交易与非匿名市场交易。价格机制是匿名市场交易成功的关键。比如，在股票市场上买卖股票不需要知道你是跟谁达成了交易。但是，在劳动力、器官移植等非匿名市场交易中，供求双方都需要了解对方详细的信息。这些交易在对象之间存在很强的单向或双向选择性，价格机制对他们来说不足以解决问题，为此需要非价格机制发挥作用。这就是现代经济学中兴起的匹配和市场设计。例如，可以设计中央匹配程序把医院对学生的排序和学生对医院的排序结合起来，这种机制就是 Gale–Shapley 机制，这种设计出来的机制可以弥补自发匹配的市场的不足，提高了市场运行的效率。

共享经济中的共享平台实际上是一种匹配程序，是供给与需求者之间的中央派位制度，它大大地降低了交易费用。而对于分享经济平台而言，规模效应明显。假如一个区域只有一两台车运营，肯定让用户体验大打折扣。所以，《认知盈余》一书中认为 PickupPal（类似于顺风车）创造了集合价值——用户越多，匹配的可能性就越大。可见，只有建立在一定体量的基数之上，通过信息交互、系统撮合，需求的匹配才能达成。互联网使潜在的交易变成现实的交易，潜在的需求变成现实的需求。经济学强调对专业化、分工的研究，而对交易的研究不够。信息不对称问题在一定程度上被移动互联网所解决，这也会引起经济学研究的变化。

共享经济中的共享平台的建立产生了以下影响：

（一）共享经济的匹配程序降低了成本和价格

思科的一份报告也指出，2020 年，物联网所节约的成本和产生的收入将达到 14.4 万亿美元。在美国绝大多数主要城市，爱彼迎上的公寓价格要比酒

店价格平均低 21%。共享经济在带来资源的节省的同时还能带来消费者剩余的增加和社会福利的增加。

与传统经济下的交易相比，共享经济因为共享平台上的供求双方直接交易大大降低了供给和需求双方的交易成本，这不仅体现在金钱成本上，还体现在时间成本上。共享平台的规模经济效应和范围效应大大降低了共享成本，从而降低共享价格（见图 15-1）。

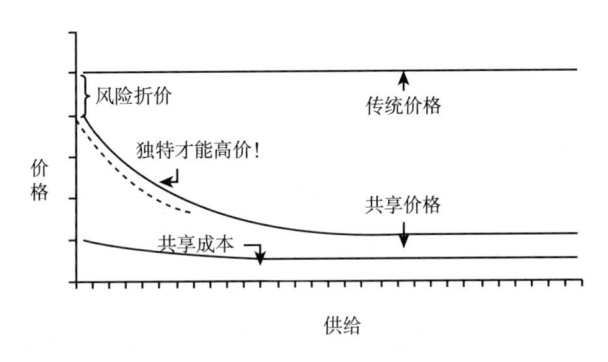

图 15-1　共享经济提供独特价值

资料来源：Piper Jaffray，中银国际证券。

（二）共享经济的匹配程序丰富了购物的意义或买卖双方的关系

共享经济的匹配程序不仅降低了交易的成本和价格，更重要的是丰富了购物的意义或买卖双方的关系。沃尔玛、亚马逊曾经是商业模式的代表。互联网正在毁掉沃尔玛，人们在互联网和移动互联网上对商品的比较比在沃尔玛对商品的比较更方便、范围更广；互联网购物者将会更看重购物的意义而不仅仅是购买商品。互联网带来的不仅是成本和价格的降低，更重要的是带来网络思维。网络思维正在渗透到经济、政治、文化、社会等一切领域。互联网思维不同于工业思维，前者是基于关系的思维，而后者是基于事物的思维。关系的思维使政治经济学所强调的人与人之间关系的研究得到了升华。这是流通领域的又一场革命，这又产生了进一步的分工，共享平台就是在买卖双方之间建立关系并分享资源的网络。

这场流通领域的革命首先表现为一种分工的细化，即强调元数据（关系）和出货（供应链）的分工；其次强调购物的意义。对比之下，通过爱彼迎来预订一个露营帐篷比住传统的模式化的酒店会带来更多的体验。这些是传统商业模式无法提供"意义"或是"关系"。这种"意义"使易集（Etsy）

的总交易额在 2012 年达到了近 9 亿美元。新的匹配程序、新的共享平台在不断地被创造出来，如 Etsy、Airbnb、Uber、Taskrabbit、Skillshare 都是新的匹配程序、新的共享平台。再次，共享经济也是国民消费模式的转变。日本作家三浦展在 2012 年即出版《第 4 消费时代：共享经济，让人变幸福的大趋势》一书中把近代区分为四个消费时代。国民消费模式体现了价值观转变：由注重国家到注重家庭，再到注重个人，最后到注重社会。

（三）共享经济是一场认知盈余的革命

共享经济的产生除了产能过剩这个前提外，另一个重要前提就是认知盈余。在克莱·舍基看来，认知盈余就是受过教育并拥有自由支配时间的人的自由时间的集合体，他们有丰富的知识背景，同时有强烈的分享欲望。认知盈余是人类社会所拥有的巨大的资源。随着共享经济的发展，人们还可以建设性地利用闲暇时间从事创造性活动而不仅仅是消费。克莱·舍基的核心观点是：人们的闲暇时间既可以用于内容消费，也可以进行内容分享和创造。分享和创造的价值远大于消费。这是消费领域的一场革命，科技的发展——互联网给了人们一个低成本参与全球性大项目的机会。如 Apache、Ushihidi、维基百科、Linux 等。

从深层次看，认知盈余是信息时代的剩余价值。信息时代的繁荣有赖于各种商业机构或非营利机构对这种剩余价值的引导和利用。认知盈余的本质是，如果把人当成一个有限社会资源的集合体（时间、智力资源），在传统媒介时代，这种资源在投入到谋生目的之外的剩余部分大多用于个人娱乐消耗，而在网络媒介时代，剩余资源通过群体协作和个人行为聚合汇集成公共性的社会资源，进而创造出丰富的文明成果。

从经济学上看，认知盈余价值的实现就是共同生产。传统经济学是把生产者与消费者分离开的，而奥斯特罗姆对标准经济理论的重要理论拓展就是共同生产的概念。共享平台就是"消费者—生产者"思想的体现。共同生产就是指一个消费者实际参与了生产的过程，只是他也支付一些成本给"常规生产者"与他合作生产产品。共同生产及共享经济可以减少"服务悖论"，即"服务根据专业的标准定义，服务做得越好，公民对服务越不满意"。[①] 当

---

① 埃莉诺·奥斯特罗姆. 公共资源的未来：超越市场失灵和政府管制 [M]. 郭冠清译. 北京：中国人民大学出版社，2015：27.

对生产过程的评估仅仅关注常规生产者的生产部分而忽略消费者——生产者生产的部分时，"服务悖论"将会出现。共享经济在一定程度上较好地解决了这个问题。而共享平台既有利于消费者分享，也有利于认知盈余价值的实现。

第二节 共享经济是一场重大的制度变革

共享经济与其他人类社会上的创新一样，能不能产生并不仅仅限于其技术层面或经济层面，我们把共享经济分为共享经济的运行特征和共享经济的制度特征。现在人们讨论共享经济运行层面的比较多，而对共享经济制度层面讨论比较少，尤其是对这两者的关系研究不够。共享经济的运行绩效与制度创新红利的结合推动共享经济的制度变革。制度能否适应共享经济运行层面的需要是共享经济形成的关键。

一、共享经济的运行特征

共享经济的运行特征不同于传统经济的地方表现在以下三个方面：

（一）共享经济通过信息网络和信任搭建共享平台

如前所述，共享平台是一种再中介化组织，它是由硬件（信息网络）和软件（信任）构成的并由第三方创建的市场平台。这个平台是社会资本关系的凝结。每一个人没必要是一个组织的成员，以个人的身份加入一个平台，在这个平台里把剩余的劳动力、剩余的生产工具的产能全部释放出来。分享经济具有"涌现"的特征。分享经济平台是结构资本的创新，其实也可定义为"社会资本"，共享平台的建立为社会资本的运行建立了框架。

建立这种共享平台的内在动力机制有：第一，信息技术和网络社会，包括开放数据、网络的普及。共享经济是移动互联网下的产物。这包括全民移动化、移动支付等技术创新。第二，人口增长以及城市人口比例的增加为共享资源和服务提供了更多机会。第三，供给者从闲置物品中获得了额外的收益，而消费者通过合理的价格满足了需求，消费者感觉有更大的主动权和透明度，这种共享、共赢是建立共享平台的内在动力。

（二）共享经济是暂时转移闲置资源的使用权

共享经济是整合线下的闲散物品或服务者，并基于陌生人且存在物品使用权暂时转移的一种商业模式，把闲置的资源提供给真正需要的人，并创造新的价值，并将成为未来世界经济增长的新动力。位于美国旧金山的网络公司爱彼迎通过网站在全球范围内帮助私人房东与顾客联系，使大量的闲散私人住房得到了有效利用。人类社会经历工业革命后，由分工专业化和技术进步所积累的闲置资产是巨大的，共享经济将把这巨大的闲置资产的潜力释放出来，并使巨大的闲置资产价值化、货币化，这一方面会引起生产、消费、分配及交换方式全方位的变化，另一方面减少了对资源、环境及生态的过度使用。

（三）共享经济以闲置资源的重复交易和高效利用为表现形式

共享经济分享的东西本身的规模和使用频次大，并且共享的东西产权边界相对清晰。共享经济是"一次购买，多次出租"的商业（模式）思维在互联网条件下的体现，不断出现的共享平台将建立一个完整的商业生态系统。共享经济通过重复交易和高效利用大大减少了人类资源的占用和环境的破坏。工业革命使人类使用的物质产品极大丰富，但那建立在私人所有制基础上的消费方式也带来了较大的闲置和浪费，尤其是对资源的过度使用和环境的破坏。如果地球上的60亿人都以工业革命时期的生活方式生活，那么地球这个生命支撑系统不久就会崩溃。[1] 所以人类必须改变工业革命带给我们的生活方式，真正实现可持续发展。共享经济无疑为人类解决工业革命带来的负面效应创造了一种新的形式。

共享经济为人类社会经济可持续发展创立了一种新的商业模式。共享的部分就是产能过剩的。以汽车为例，共享经济模式的最初使用者已使减少公路上的汽车数量成了现实。拼车公司大大减少尾气排放量。分享汽车模式让德国不来梅市每年减少了1600吨二氧化碳的排放。据测算若一辆汽车用于分享，那么将会减少8~9辆汽车的销售。据清华大学媒介调查实验室《2014年移动出行白皮书》调查显示，随着专车移动出行服务的快速发展，我国

---

[1] Ehrlich P R, Ehrlich A H. Extinction：The Causes and Consequences of the Disappearance of Species [M]. New York：Random House，1981：72-98.

2015年减少1000万辆私家车上路行驶①。一个专车对私家车的替代或减少效应是非常大的，其实私家车的利用率是比较低的，而作为共享经济的专车模式是对资源的一种高效利用。在许多领域，合作性消费是对过去独享式且低效消费的替代。合作性消费越多，人类对资源的利用率就越高，对环境的破坏就越少。

二、共享经济的制度特征

（一）共享经济是产权领域的一场变革

共享经济要求对产权、规制及制度的设定进行变革，它与传统经济对产权、规制及制度的设定的要求是不一样的。共享经济条件下产权变革主要表现在两个方面，一是交易成本越低，使使用权更重要。交易成本的下降，使产权的经济潜力得到更好的利用。在过去，由于我们必须要拥有一个物品才能够使用它。而在今天，所有权和使用权他们之间的关系就变得非常模糊了。每一个人所拥有物品多余的产能，都有可能在一个共同的平台上分享。我虽然没拥有这个产品的所有权，但是我可以有它的使用权，这就是典型的Uber模式。共享经济强调的两个核心理念就是"使用高于所有权"和"不使用即浪费"。二是接入所有权是共享经济的主要交易模式。通过对全球254家共同生产和协同消费服务的案例研究发现，共享经济交易模式主要分为接入所有权和转让所有权模式，前者占75.2%。共享经济交易模式主要集中在物流、交通、公共服务、旅行住宅及闲置耐用品等。

共享经济使产权观念向共享观念转变。在布茨曼看来，"合作式消费"在所有权方面的影响不亚于工业革命。在杰里米·里夫金看来，共享经济就是从产权观念向共享观念的转变。从资源配置角度看，私有产权制度并不是资源配置的最有效方式，私有产权尽管解决了激励问题、并能使外部性内在化，但从资源利用角度来看，私有产权并没有充分利用资源。建立在互联网基础上的新产权，即共享产权，即保留了私有产权的特性，但同时又能使更多的人共享这种资源。

为什么在共享经济中使用权更重要？这与零边际成本有关。由于移动互

---

① 清华大学媒介调查实验室.2014移动出行白皮书：规律计划出行成趋势［EB/OL］. https：//www.10has.china.COI/1.cn.2015-03-08.

联网和现代定位技术,路上所有私家车与所有出行的人的需求可以有效配置,而私家车的购买成本及各种使用费由每一位搭乘者分担,此时成本是最低的,这时谁拥有这辆车就不重要了。由此可以解释专车为什么可以替代私家车。租车比买车更划算。在专车发展的基础上,无人驾驶汽车的产生将使汽车领域的产权概念变得没有什么意义了。共享经济也证明了科斯定理的一个观点,在交易成本为零或者非常低的情况下,所有权并不影响资源配置,而只是影响收入分配。共享经济在对产权更灵活配置的背后,事实上是对经济、社会运行本质更深入的追索,即信用,通过对信用的管理和承诺,促进市场实现更多潜在交易。

(二) 共享经济是租赁合约取代买卖合约

在合约经济学看来,"共享"其实是私产制度下的一种合约安排。从合约选择的角度看,互联网技术的发展会导致租赁合约取代买卖合约。当交易费用为零,是采用租赁还是买卖合约对结果没有什么影响,都会得出相同的资源分配。

实现租赁合约和买卖合约都有寻找成本,对于租赁合约来讲,为防止资产出租后使用不当而大幅贬值,就必须有一个监管的问题,租赁涉及的额外监管成本由此而来。当租赁合约的交易费用比买卖合约的还要高,共享经济就难以产生。并不是所有产品都可以实现共享经济的。如,SnapGoods 和 Airbnb 都是较早产生的共享经济的公司,四年过后,标榜连电钻也有得租的 SnapGoods 关门了,而出租民宿的 Airbnb 却越做越大。为什么会有不同的结果?在克莱因等看来,生产商的某生产要素如果对此有生产商有特殊而难以分割的用途,这种生产要素宜拥有不宜租用,否则要准备面对卸责、勒索、敲诈等问题。因此,我们看到电钻所需的特殊投资不会比民宿高,租电钻理应比租民宿流行。但为什么结果相反呢?互联网技术对不同行业、产品交易费用的影响是不一样的。随着互联网技术发展,网上配对、验证、沟通、付款、评论等都大大减低了一般屋主租出房间给旅客的交易成本。另一方面,出租电钻的运输成本却未因互联网发展而下跌。这可以解释为什么 SnapGoods 关门而出租民宿的 Airbnb 却越做越大。

我们知道,优步向司机收取的 20% 佣金成为其主要的收入来源。为什么优步、爱彼迎等都采用佣金分成而传统的出租车却一直只收取固定租金呢?其实,佣金分成的监管费用比固定租金还要高,没有互联网,的士公司向的士司机收取佣金的费用就会很高。有了互联网，优步采用监管费较高的佣金分成比收取固定租金更划算。

（三）共享经济是从人格化交换到非人格化交换的转变

人格化交换就是在熟人圈里有限范围内的交换，它建立在互惠、重复交易以及非正式规范的基础上。人格化交换从本质上讲会将经济活动范围限制在熟人圈里，需要进行重复的面对面的交易。而非人格化交换则是更高级的交易形态，它能在陌生人之间交换，这要求发展经济和政治制度解决陌生人之间的交换问题，处罚那些不守信用的人，为合作行为提供激励机制。

共享经济的发展是从人格化交换到非人格化交换转变的历史。非人格化交换是现代市场经济的基础。在传统社会，人们之间就存在共享了，但不是共享经济。从共享到共享经济的转变是一种质的飞跃。实现这个转变的关键是要从纯粹的无偿共享、信息共享转变为以获得一定报酬为主要目的、基于陌生人且存在物品使用权暂时转移的"共享经济"。共享经济形成首先要解决陌生人之间的交易问题。而陌生人之间交易的关键是信任和信用问题，也就是非人格化交换问题。非人格化交换与交易成本的降低是一个问题的两个方面，人类历史上不断通过制度和组织创新及激励机制的建立不断扩大交易的范围，实现从人格化交换到非人格交换的转换，在这个过程中有的国家或地区成功了，而也有国家或地区难以实现从人格化交换到非人格交换的转换，而今天互联网的发展为人类解决这个问题创造了技术条件。

共享经济是如何解决非人格化交换中的信用问题的？在传统经济中，信用主要是通过组织、法治等制度安排来解决的。而在互联网时代，实时互联达到全天候的状态，能够准确记录你的身份和你所有的消费，"你是谁"变得越来越清晰。互联网使交易双方的成本发生了变化，个人在交易行为当中，如果有不当的行为，投入成本变得非常高昂。而受害者来搜索这个逃逸人的能力提高，它的成本会演变得非常低。这种成本变化就使我们从一个陌生人社会进入到一个准熟人社会，或者是一个熟人社会。信息基本对称和透明的。由此，基于互联网的共享从一个过去彼此亲朋好友之间的这样一种个人化的行为，变成普遍商业模式，变成一种经济形态。互联网的出现，改变了人与人之间的关系，使得与陌生人分享成为可能，这使得市场交换的潜力大大增加。从人格化交换到非人格化交换的转变一是提高了交易成本，二是生产成本的急剧降低，而生产成本的降低抵消交易成本的提高仍绰绰有余，这也成为现代经济急剧增长的原因。

三、共享经济是技术创新与制度创新有效结合所创造的新经济形态

从世界来看,美国的共享经济是发展得最快的。是不是互联网及互联移动产生以后就自然而然地产生共享经济呢?不一定。那些有制度优势的国家和制度适应性效率高的国家有利于共享经济的发展。如诺思所说,"全球经济"并不是同一水平的竞技场。发达国家在制度/组织框架方面有着重大优势,这一制度/组织框架能够获取整合分散知识所固有的潜在生产率,而分散知识是在一个专业化的世界中有效率的生产所必需的。[①]

共享经济的运行(技术)特征与制度特征的相互促进对共享经济的发展至关重要。有了互联网及移动互联网并不会自然而然地产生共享经济。在拉坦看来,对于技术创新与制度创新之间相互关系的明确理解一直是困惑我们的问题。[②] 这种困惑主要来自我们知道技术变迁与制度变迁具有同样的作用,但各自又有相对的独立性,如何让它们形成一个有机整体,并形成推动经济增长的现实力量还是一个难题。互联网技术的发展与制度/组织的关系表现在以下几个方面:

(一)互联网技术创新的同时需要相应的制度/组织创新

共享经济这种交易成本最小化从表面上看是互联网技术的结果,但实质上是制度/组织变化的结果。共享经济关键要去中介化和再中介化,没有这种组织上的变革,共享经济就难以形成。最优的制度就是交易费用最小化的制度。通过组织形式的创新还可以减少不利的制度环境对经济的影响。互联网技术只是降低与交换的效率有关的交易费用,但是有可能带来监督机会主义行为有关的交易费用的上升,而要降低这类交易费用就需要制度创新。互联网技术带来的交易费用的降低有可能被机会主义行为有关的交易费用的上升所抵销,从而使共享经济难以形成或发展。这可以解释为什么共享经济在美国等国发展较快的原因。这些国家成熟的市场经济体制和完善的法律制度为

---

① 道格拉斯·诺思. 理解经济变迁过程 [M]. 钟正生等译. 中国人民大学出版社,2008:147.
② V. W. 拉坦. 诱致性制度变迁理论 [A]. R. 科斯等. 财产权利与制度变迁——产权学派与新制度学派译文集 [M]. 刘守英等译. 上海:上海三联书店,上海人民出版社,1994:329.

共享经济的发展提供了制度基础。

(二) 互联网技术进步的内容和进程受到制度安排的影响

互联网带给我们的好处是多方面的，互联网也是一把"双刃剑"，你用得好，它就促进生产力的发展，用得不好就甚至阻碍生产力的发展。能不能用好就看制度安排能否跟上。制度创新和组织变迁的功能在于降低这些交易费用，这种制度创新和组织变迁的好处在于知识产权得到更好的界定和保护，使私人收益率等于社会收益率，降低创新成本，扩大市场规模。知识和技术存量规定了人们活动的上限，但它们本身并不能由潜在生产力转化为现实的生产力。互联网技术如果不与共享平台（Uber、Airbnb）这些组织方式与制度联系起来，就不可能产生共享经济。共享经济能发展到什么程度取决于制度的跟进和制度的适应性效率。好的制度能促进共享经济发展，而不好的制度不但不利于共享经济的发展，有时甚至起阻碍作用。制度优势将决定共享经济发展的速度和规模。

(三) 互联网技术的使用和推广需要制度和组织的协调配套

为什么工业革命产生在法治国家？其内在逻辑为：分工—交易—合约—承诺（信用）—法治。经济史的研究表明技术知识和组织知识的巨大进步是在工业革命中实现的，这些进步要依赖有利于资本积累和市场交易制度的逐步演变，影响演变的因素包括个人的公民自由、财产权利、法律对契约的有效保护、受约束的政府等。技术本身并不能说明一系列长期性变化，因为技术变化要促进经济社会的发展必须建立在最根本的组织变化基础上[1]。从实践上来讲，新的技术使用不仅需要想象力和推动力，而且还需要制度保障。

共享经济并不是有互联网技术就可以发展起来的。制度缺失或制度的不完善严重地制约了我国共享经济的发展。近十年网络的出现，使得音乐的传播越来越简单，但音乐版权的保护成为一个问题。音乐版权保护得好，网络与音乐发展就相互促进。而我国由于音乐版权保护不够，可以说，各种网络途径的音乐传播，给音乐人造成了很大伤害，导致大家都出复制而没有人创作了，这些问题现在在逐步解决，但与欧美国家相比我们在知识产权的保护

---

① 道格拉斯·C. 诺思. 经济史中的结构与变迁 [M]. 陈郁，罗华平等译. 上海：上海三联书店，1991：68.

上还是存在较大的差距。所以，新的技术产生，如果缺乏相应的制度支撑，这些技术不能促进经济的发展，有时甚至起反作用。互联网的技术没有制度保障是得不到的，好的技术必须与好的制度相适应才能得到有效的使用与扩散。如互联网金融在我国发展得似乎比美国还要快，我国互通网金融之所以发展得快是因为我国金融领域的管制（如利息、进入等）太多①，借助互联网可以打开一个缺口，在一定程度上现在互联网金融可以逃避政府的管制，但这种互联网金融能否持续发展？互联网金融本质上还是金融，如果金融不发达、制度有缺陷，互联网技术可以弥补吗？我国互联网金融发展中存在的问题已经证明制度比技术更重要。

共享经济的发展如果没有相应的制度支撑，会出现逆向选择和道德风险。有研究估计中国娱乐软件和企业应用软件盗版现象还比较严重。这种侵权有利的后果是非常严重的。整个中国的盗版行业摧毁了一个一年有1万亿产值的文化创意产业。知识产权保护不够和信用不足将是制约我国共享经济发展的两大制度障碍。例如，现在网上有30万个卖家在卖一模一样的鞋，价格不断的降低，其中一部分卖家开始卖假货，因为假鞋利润更高，卖正品行货的人，一看卖假货赚钱多，在利益驱使下，更多的卖家开始卖假货。还有像互联网金融、"饿了么"等出现的问题都表明共享经济在我国的发展缺乏的不是技术，而是缺乏制度及制度环境。没有制度保障，我们不仅不能利用这些技术，而且还会糟蹋这些技术。

第三节　共享经济形成的关键是制度供给

历史上的重大商业模式变革或重大技术创新的使用都需要相应的制度供给。互联网技术、产能过剩、对共享平台的需求等都是客观存在的，能不能把这些转变成共享经济，关键在制度供给。制度供给中要处理好以下关系：

一、要处理好共享经济运行和制度的关系

共享经济的制度安排能否适应共享经济的运行特征并保证其有效运行将

---

① 陈志武. 金融的逻辑2：通往自由之路［M］. 西安：西北大学出版社，2015：233.

很大程度上决定了共享经济的发展。共享经济既产生于传统经济,但又不同于传统经济。共享经济是对传统经济的替代、补充和竞争。这个过程不可避免地产生矛盾。如何处理好共享经济运行与制度的关系,要注意以下几点:

首先,在认知和观念上,共享经济作为一种新的商业模式运行的时间还不长,运行的特征及其规律还需要我们去认知,因此,适应共享经济的制度建立就显得相对滞后,这是正常的。这个时候政府对共享经济的态度和信念就非常重要。是按照共享经济本身的运行规律去建立相应的制度,还是用我们传统的思维方式和制度来套共享经济在很大程度上决定着共享经济的产生和发展。这是不同国家制度设计好坏的分水岭。

政府在发展共享经济及其规制过程中要有正确的理念。共享经济考验着政府规制的能力。面对共享经济的发展,我们一定要在"互联网+"的前提下发展共享经济,而不能在"+互联网"的前提下把互联网作为发展经济的一种工具,这个顺序不能颠倒。政府规制要防止试图将新兴的"互联网+"经济改造成为"+互联网"经济。如我国就有把专车再改造成出租车这种现象。这种规制是不利于共享经济发展的。我们的规制要有网络思维,要按共享经济发展的规律来规范共享经济。政府要以包容的态度对待共享经济的出现,而且要通过试错机制不断完善规制策略。[1]

其次,政治制度在处理共享经济的运行与制度的关系中发挥着重要的作用。莫基尔(2002)详细地描述了知识积累如何促进西方国家转变为现代经济体制。然而,如果没有鼓励知识积累和知识应用的制度,这种转变就不可能发生。不仅产权需要保护,现代化进程本身也需要防止利益将要受到损害的那些利益集团所做的抵抗。在这种条件下,政治制度决定了改革的支持者和反对者之间的博弈及均衡态势,从而影响技术革新和应用的能力。[2] 让共享经济的制度安排适应共享经济运行的需要是政治制度要解决的问题。

最后,按照共享经济的运行及特征建立和完善制度,而不是让共享经济去硬套现行的制度。除了共享文化及理念等非正式规则以外,这里重点探讨适应共享经济需求的正式制度供给。前面讨论的共享经济的制度特征很多反映了共享经济对制度的需求,这些制度需求是不同于传统经济对制度需求的。

---

[1] 彭岳. 共享经济的法律规制问题——以互联网专车为例 [J]. 行政法学研究, 2016 (1): 117-131.

[2] E. 赫尔普曼. 经济增长的秘密 [M]. 王世华, 吴筱译. 北京: 中国人民大学出版社, 2007: 102.

如使用权比所有权更重要;去组织化和再组织化;非人格化交换的制度安排等。能不能满足共享经济对制度的需求,关键取决于制度供给。我国现行制度安排还难以满足共享经济对制度的需求,这种矛盾制约着我国共享经济的发展。对这种制度供求之间的矛盾、表现形式及深层次原因要进行分析。为什么会产生共享经济的制度供给难以满足制度需求?一是不区别传统经济与共享经济而形成的管制上的路径依赖;二是利益集团阻碍共享经济的产生;三是制度的适应性效率。

二、要处理好政府规制、法律与共享经济发展的关系

共享经济是全世界共同面临的一种新的经济形态。如何建立共享监管规则和适应共享经济的法律制度是一个新课题。

在发展共享经济的过程中,政府规制涉及以下问题。首先,如何规制共享经济的风险。共享经济也会带来新的风险。这些新产生的共享平台有可能与现有行业制度发生冲突或存在法律监管空白,包括规避税收、信息共享的数据安全、机会主义行为等。现在的问题是,如何在这些共享平台企业的创新服务与强调安全质量的法规之间取得平衡?这里不能单纯地强调政府的规制,而是要引入市场的理念,应该鼓励企业通过引入现有的信用系统及相应激励约束机制减少安全隐忧。其次,共享经济的发展面临监管的不确定性和现有企业破坏竞争,主要的根源是共享经济活动在应用于现有法律和规范时存在模糊边界。如优步在世界各地都面临"监管斗争"和监管博弈。对此,当前发展共享经济最大的障碍是政策不确定性,法规如何与共享经济相适应是世界各国都共同面临的问题。尽管现有的法律制度会与共享经济的发展存在冲突,政府理性的做法是修改或完善现有规则,要使共享经济的发展不存在门槛。

从深层次看,现代社会的政治经济体系是建立在私人所有制基础上的,这与共享经济存在冲突。共享经济要发展,现行的法律法规需要调整,对产权的概念也要更新。法律在决定市场的运行和范围方面发挥了根本作用。科斯说,在市场上交易的不是物质产品,而是权利约束,执行特定行为的权利。交易什么,交易多少,依赖于个体和组织所拥有的权利和义务,而这是由法律制度确立的。法律制度将对经济体制的运行产生深刻的影响,并且可能在某些方面可以说是控制了它。比如说,个人与共享平台的关系,如果个人不

能自由地接入平台，还有许多审批程序，那么共享经济就难以产生和发展。共享经济作为一种新的经济形态，需要法律制度来保障。但是法律适应创新是一个不断认知的过程。在创新、竞争和监管政策之间还有许多问题需要探讨，如何解决其固有的不确定性，以及如何设计一整套法律制度去激励创新都是比较难的问题。[1] 面对共享经济的发展，法律制度不一定起促进作用，但是可以尽量做到不要起阻碍作用。日本政府逐渐意识到爱彼迎的必要性，其最大的支持莫过于"旅馆业法"的改革，普通民宅可以直接"有偿"租借给其他人。现在世界上大多数国家依然沿用已有的一些法律法规来看待共享经济。问题是，如何根据共享经济发展的需要来修改或完善法律成为各国共同面临的问题。

三、要协调好传统经济与共享经济之间的利益关系

专车发展的真正难题在于如何协调保护持牌出租车司机的利益和鼓励专车这种商业模式创新之间的冲突。产业革命时代是合作式生产，而共享经济则是合作式消费。发展共享经济平衡利益矛盾的最好办法是协调各方利益，建立相应的缓冲机制和协调机制。如对家庭酒店业监管须考虑多个主体的利益。旧金山计划将房屋共享出租的年累计时间限制在120天内，这是为了保护传统的酒店业。例如，2015年我国交通运输部草拟《网络预约出租汽车经营服务管理暂行办法（征求意见稿）》存在影响网络预约出租车发展的现象，对网络约租车信息服务平台的强制性地域分割不利于共享平台的做大做强；将平台和驾驶员之间的法律关系界定为劳动关系不利于去中介化再中介化的组织创新；不当的数量管制限制了网络预约出租车的发展；低估了平台的信息审核能力从而为政府的不当管制提供了依据。在国外，优步等共享平台虽然也遇到很大阻力，但在新旧经济的利益博弈中有透明的法治与公开的协调机制，这个过程因为利益博弈而缓慢但却坚定地朝有利于共享经济发展的方向推进。而在中国，这一切更加艰难，除了既得利益、旧的管理体制的原因，更深层次的是思想层面的束缚。如莫吉尔提出名为"卡德威尔"定律所指出的：当新的技术进步可能会影响利益集团时他们会阻碍有利于新兴产业和技

---

[1] Awrey D. Complexity, Innovation and the Regulation of Modern Financial Markets [J]. Harvard Business Law Review, 2012, 2 (2): 235-294.

术的政策的通过。如何抵御利益集团对技术创新及应用的不利影响？关键就看各个部门是否存在竞争。①

四、制度供给要适应制度需求，要提高制度适应性效率

所谓制度的适应性效率就是指国家能否面对外部条件或环境的变化对新的经济或问题作出相应的制度反应。任何新的经济形态的出现都需要相应的制度变革来适应。在历史上，面对大西洋贸易，有的国家（如英国）产生了工业革命，而有的国家（如西班牙）则没有产生革命，根本的原因在于前者的制度适应性效率高。同样，只有那些具有适应性效率体制的国家能把潜在的共享经济转变成现实的共享经济。哪个国家应对这些变化能及时进行制度供给，那么这些国家就能提供共享经济发展的制度环境。共享经济更多地表现为由于互联网的出现加上制度创新的适应，将会对人类社会经济产生深刻的影响。具有适应性效率的制度结构才能有利于共享经济的产生。原来有利于产生创新的制度安排不一定能面对所有的创新，这就需要制度的适应性效率，能面对外部不确定性的环境作出相应的反应，这种反应不一定都正确，但至少为试错提供了机会。当新的经济或创新形态本身的规律还不清楚的时候，政府不要随意地制定规则，这有可能把创新扼杀掉。

制度供给在发展共享经济中发挥着重要作用。谁先发展共享经济谁就有先发优势。共享经济在2014年之后进入了快速扩张期，共享经济平台效应与马太效应的叠加，导致的结果就是先知先觉者可以获得丰厚的红利，共享经济是一个具有先发优势特点的产业，谁先进入谁先可以获得先发优势。这可以解释为什么滴滴与优步在中国的博弈那么激烈。这种商业模式不仅影响一国的贸易，而且影响国际贸易。共享经济这种商业模式的革命已经超出了国界。

发展共享经济的互联网及互联移动技术并不是问题，关键的问题是，制度结构能对共享经济进行适应，并能根据共享经济的需要进行制度变革或创新。这涉及要取消旧的制度或创立新的制度。还涉及创立制度的主体及程序等。共享经济是一种新的商业模式、新的经济形态，它要有与此相应的制度安排和制度适应性效率。

---

① 陈志武等. 量化历史研究（第一辑）[M]. 杭州：浙江大学出版社，2014：87-88.

作为一种新的经济形态，从大的方面来看，共享经济是人口数量、知识存量与经济制度的相互作用的结果。[①] 发展共享经济我国有人口优势，据工信部统计，我国移动电话用户总数为 12.9 亿户，其中移动宽带用户数达 6.4 亿户。与共享经济发展相关的互联网技术也不是大的问题。对于中国来讲，发展共享经济不差人、不差知识，也不差市场，现在最大的问题是，我国发展共享经济的制度供给还存在问题（包括政府规制、政策及制度适应性效率等），这些制度供给上的不足或不能适应共享经济发展的需要，不仅对已经存在的共享经济发展不利，也不利于新的共享经济的形成。总之，能否满足共享经济对制度的需求是共享经济能否成功的关键。

[①] 道格拉斯·诺思. 理解经济变迁过程 [M]. 钟正生等译. 北京：中国人民大学出版社，2008.

参 考 文 献

［1］埃莉诺·奥斯特罗姆．公共事物的治理之道［M］．余逊达，陈旭东译．上海：上海三联书店，2000.

［2］巴泽尔．产权的经济分析［M］．费方域，段毅才译．上海：上海三联书店，上海人民出版社，1997.

［3］戴维·瓦尔德纳．国家建构与后发展［M］．刘娟凤，包刚升译．长春：吉林出版集团有限责任公司，2011.

［4］道格拉斯·C. 诺思，约翰·约瑟夫·瓦利斯，巴里·R. 温格斯特．暴力与社会秩序——诠释有文字记载的人类历史的一个概念性框架［M］．杭行，王亮译．上海：格致出版社，上海三联书店，上海人民出版社，2013.

［5］道格拉斯·C. 诺思．制度、制度变迁与经济绩效［M］．杭行译．上海：格致出版社，2014.

［6］道格拉斯·C. 诺思，罗伯斯·托马斯．西方世界的兴起［M］．厉以平，蔡磊译．北京：华夏出版社，2017.

［7］道格拉斯·C. 诺思．经济史中的结构与变迁［M］．上海：上海三联书店，上海人民出版社．陈郁，罗华平等译，1991.

［8］德隆·阿西莫格鲁，詹姆斯·A. 罗宾逊．国家为什么会失败［M］．李增刚译．长沙：湖南科学技术出版社，2015.

［9］罗纳德·哈里·科斯，王宁．变革中国——市场经济的中国之路［M］．徐尧，李哲民译．北京：中信出版社，2013.

［10］曼瑟·奥尔森．权力与繁荣［M］．苏长和，嵇飞译．上海：上海人民出版社，2005.

［11］米尔顿·弗里德曼，罗丝·弗里德曼．自由选择［M］．张琦译．北京：机械工业出版社，2013.

［12］乔尔·莫基尔．富裕的杠杆：技术革新与经济进步［M］．陈小白译．北京：华夏出版社，2008.

[13] 威廉·M. 兰德斯, 理查德·A. 波斯纳. 侵权法的经济结构 [M]. 王强, 杨媛译. 北京: 北京大学出版社, 2005.

[14] 赫尔南多·德·索托. 资本的秘密 [M]. 王晓冬译. 南京: 江苏人民出版社, 2001.

[15] 赫尔南多·德·索托. 另一条道路 [M]. 于海生译. 北京: 华夏出版社, 2007.

[16] 蔡阳. 我国省际人口迁移与区域经济发展关系研究 [D]. 天津财经大学, 2014.

[17] 曹芳芳, 程杰, 武拉平, 李先德. 劳动力流动推进了中国产业升级吗?——来自地级市的经验证据 [J]. 产业经济研究, 2020 (1): 57-70, 127.

[18] 陈诗一, 徐颜玉. 从要素市场化看供给侧改革的中长期实践路径——基于随机前沿模型增长核算的分析 [J]. 经济理论与经济管理, 2017 (11): 19-27.

[19] 成力为, 李翘楚. 企业研发投入结构特征与经济增长模式——基于中国与主要国家企业研发数据的比较 [J]. 科学学研究, 2017, 35 (5): 700-708.

[20] 程令国, 张晔, 刘志彪. 农地确权促进了中国农村土地的流转吗? [J]. 管理世界, 2016 (1): 88-98.

[21] 崔民选. 2007 中国能源发展报告 [M]. 北京: 社会科学文献出版社, 2007.

[22] 达龙·阿西莫格鲁. 制度视角下的中国未来经济增长 [J]. 比较, 2014 (5): 58-66.

[23] 丹尼尔·H. 科尔. 污染与财产权: 环境保护的所有权制度比较研究 [M]. 严厚福, 王社坤译. 北京: 北京大学出版社, 2009.

[24] 邓建平, 曾勇. 政治关联能改善民营企业的经营绩效吗 [J]. 中国工业经济, 2009 (2): 98-108.

[25] 邓晰隆, 陈娟, 叶进. 农村生产要素市场化程度测度方法及实证研究——以四川省苍溪县为例 [J]. 农村经济, 2008 (9): 50-54.

[26] 杜小敏, 陈建宝. 人口迁移与流动对我国各地区经济影响的实证分析 [J]. 人口研究, 2010, 34 (3): 77-88.

[27] 樊纲, 王小鲁, 马光荣. 中国市场化进程对经济增长的贡献 [J].

经济研究, 2011, 46 (9): 4-16.

[28] 樊纲, 王小鲁, 张立文, 朱恒鹏. 中国各地区市场化相对进程报告 [J]. 经济研究, 2003 (3): 9-18, 89.

[29] 谷树忠. 自然资源资产价值及其评估 [N]. 中国经济时报, 2015-11-27 (14).

[30] 顾振华, 沈瑶. 知识产权保护、技术创新与技术转移——基于全球价值链分工的视角 [J]. 国际贸易问题, 2015 (3): 86-97, 176.

[31] 郭庆旺, 赵志耘. 财政学 [M]. 北京: 人民大学出版社, 2002.

[32] 郭文杰, 李泽红. 劳动力流动、服务业增长与经济结构转换——基于中国省际面板数据的实证研究 [J]. 数量经济技术经济研究, 2009, 26 (11): 51-62.

[33] 韩磊. 改革开放以来要素市场化改革政策演进、制度阻力及未来走向 [J]. 经济体制改革, 2020 (2): 17-23.

[34] 韩玉雄, 李怀祖. 关于中国知识产权保护水平的定量分析 [J]. 科学学研究, 2005 (3): 377-382.

[35] 洪银兴. 实现要素市场化配置的改革 [J]. 经济学家, 2020 (2): 5-14.

[36] 洪银兴. 完善产权制度和要素市场化配置机制研究 [J]. 中国工业经济, 2018 (6): 5-14.

[37] 黄庆华, 刘建徽. 我国水资源定价的内在机理及其配置效率 [J]. 改革, 2014 (3): 16-22.

[38] 加里·D. 利贝卡普. 产权的缔约分析 [M]. 陈宇东等译. 北京: 中国社会科学出版社, 2001.

[39] 江小涓. 中国进入服务经济时代 [N]. 北京日报, 2018-08-27.

[40] 姜旭, 卢新海, 龚梦琪. 土地出让市场化、产业结构优化与城市绿色全要素生产率——基于湖北省的实证研究 [J]. 中国土地科学, 2019, 33 (5): 50-59.

[41] 孔东民, 刘莎莎, 王亚男. 市场竞争、产权与政府补贴 [J]. 经济研究, 2013, 48 (2): 55-67.

[42] 兰迪·T. 西蒙斯. 政府为什么会失败 [M]. 张媛译. 北京: 新华出版社, 2017.

[43] 黎文靖, 郑曼妮. 实质性创新还是策略性创新?——宏观产业政

策对微观企业创新的影响 [J]. 经济研究, 2016, 51 (4): 60-73.

[44] 李平, 宫旭红, 齐丹丹. 中国最优知识产权保护区间研究——基于自主研发及国际技术引进的视角 [J]. 南开经济研究, 2013 (3): 123-138.

[45] 李蕊, 巩师恩. 开放条件下知识产权保护与我国技术创新——基于 1997-2010 年省级面板数据的实证研究 [J]. 研究与发展管理, 2013, 25 (3): 1-9.

[46] 理查德·A. 波斯纳. 法律的经济分析 [M]. 蒋兆康译. 北京: 中国大百科全书出版社, 1997.

[47] 刘凯. 正视"无创新致富"现象 [EB/OL]. http://news.hexun.com/2016-05-30/184130423.html, 2016-05-30.

[48] 刘翔峰, 刘强. 要素市场化配置改革研究 [J]. 宏观经济研究, 2019 (12): 34-47, 166.

[49] 刘新争. 比较优势、劳动力流动与产业转移 [J]. 经济学家, 2012 (2): 45-50.

[50] 刘志成. 要素市场化配置的主要障碍与改革对策 [J]. 经济纵横, 2019 (3): 93-101.

[51] 柳光强. 税收优惠、财政补贴政策的激励效应分析——基于信息不对称理论视角的实证研究 [J]. 管理世界, 2016 (10): 62-71.

[52] 卢现祥. 对我国产能过剩的制度经济学思考 [J]. 福建论坛 (人文社会科学版), 2014 (8): 37-43.

[53] 卢现祥. 供给侧结构性改革: 从资源重新配置追赶型经济转向创新驱动型经济 [J]. 人文杂志, 2017 (1): 1-13.

[54] 卢现祥. 论产权制度、要素市场与高质量发展 [J]. 经济纵横, 2020 (1): 65-73, 2

[55] 卢现祥. 为什么三农问题还是问题? [J]. 湖北社会科学, 2020 (2): 65-73.

[56] 卢现祥. 寻租阻碍中国自主创新——基于制度视角的分析 [J]. 学术界, 2016 (1): 23-41, 322-323.

[57] 鲁晓东, 连玉君. 中国工业企业全要素生产率估计: 1999-2007 [J]. 经济学 (季刊), 2012 (2): 541-558.

[58] 陆铭, 常晨, 王丹利. 制度与城市: 土地产权保护传统有利于新城建设效率的证据 [J]. 经济研究, 2018, 53 (6): 171-185.

[59] 陆铭. 大国大城：当代中国的统一、发展与平衡 [M]. 上海：上海人民出版社，2017.

[60] 罗党论，唐清泉. 中国民营上市公司制度环境与绩效问题研究 [J]. 经济研究，2009，44（2）：106-118.

[61] 吕健. 市场化与中国金融业全要素生产率——基于省域数据的空间计量分析 [J]. 中国软科学，2013（2）：64-80.

[62] 吕敏，张亚斌. 中国知识产权实际保护强度度量——一种改进方法 [J]. 科技进步与对策，2013，30（20）：113-118.

[63] 毛其淋，许家云. 政府补贴、异质性与企业风险承担 [J]. 经济学（季刊），2016，15（4）：1533-1562.

[64] 毛其淋，许家云. 政府补贴对企业新产品创新的影响——基于补贴强度"适度区间"的视角 [J]. 中国工业经济，2015（6）：94-107.

[65] 彭衡. 我国知识产权保护、FDI与技术创新 [J]. 技术经济与管理研究，2019（6）：41-45.

[66] 彭连清. 区际劳动力流动对东部地区经济增长贡献的实证分析 [J]. 宏观经济研究，2008（12）：46-49，56.

[67] 钱龙，叶俊焘. 要素市场化如何影响城乡收入差距——基于省级面板数据的实证分析 [J]. 中国农业大学学报，2017，22（7）：210-220.

[68] 钱颖一. 现代经济学与中国经济 [M]. 北京：中信出版社，2017.

[69] 钱颖一. 中国教育高"均值"低"方差"影响发展后劲 [EB/OL]. http：//edu.people.com.cn/n/2014/1215/c1053-26205095.html. 2014-12-14.

[70] 荣晨. 土地要素市场化改革：进展、障碍、建议 [J]. 宏观经济管理，2019（8）：25-31，38.

[71] 邵敏，包群. 政府补贴与企业生产率——基于我国工业企业的经验分析 [J]. 中国工业经济，2012（7）：70-82.

[72] 宋凌云，王贤彬. 政府补贴与产业结构变动 [J]. 中国工业经济，2013（4）：94-106.

[73] 孙嘉舸，王满. 竞争战略、地区要素市场化水平与费用粘性 [J]. 财经问题研究，2019（1）：105-113.

[74] 唐清泉，罗党论. 政府补贴动机及其效果的实证研究——来自中国上市公司的经验证据 [J]. 金融研究，2007（6）：149-163.

[75] 陶然, 苏福兵, 陆曦, 朱昱铭. 经济增长能够带来晋升吗？——对晋升锦标竞赛理论的逻辑挑战与省级实证重估 [J]. 管理世界, 2010 (12): 13-26.

[76] 王华. 更严厉的知识产权保护制度有利于技术创新吗？[J]. 经济研究, 2011, 46 (S2): 124-135.

[77] 王小鲁. 城市化与土地制度改革 [EB/OL]. https://opinion.caixin.com/2018-12-06/101356101.html. 2018-12-06.

[78] 王小鲁. 什么是目前中国经济的当务之急 [EB/OL]. http://finance.ifeng.com/a/20160706/14569538_0.shtml. 2016-07-06.

[79] 王小鲁. 长期过度投资造成供给侧的无效扩张 [J]. 中国总会计师, 2017 (2): 9.

[80] 王阳. 劳动力要素市场化配置改革与经济发展效率——以劳动力要素城乡配置变化为例 [J]. 经济纵横, 2020 (7): 67-76.

[81] 韦森. 中国经济高速增长原因再反思 [J]. 探索与争鸣, 2015 (1): 58-63.

[82] 魏建. 产权的选择性保护与中国的长期经济增长 [J]. 政法论坛, 2010, 28 (1): 19-26.

[83] 吴敬琏. 供给侧改革的根本是改革 [EB/OL]. http://www.chinavalue.net/Finance/Blog/2016-6-20/1274652.aspx. 2016-06-20.

[84] 武鹏, 余泳泽, 季凯文. 市场化、政府介入与中国高技术产业R&D全要素生产率增长 [J]. 产业经济研究, 2010 (3): 62-69.

[85] 徐朝阳, 白艳, 王辂. 要素市场化改革与供需结构错配 [J]. 经济研究, 2020, 55 (2): 20-35.

[86] 鄢杰. 我国市场化进程测度指标体系构建 [J]. 统计与决策, 2007 (23): 69-71.

[87] 杨瑞龙, 陈宇峰. 2005年度克拉克奖得主埃斯莫格卢的生平与学术成就 [J]. 经济学动态, 2005 (7): 71-77.

[88] 杨洋, 魏江, 罗来军. 谁在利用政府补贴进行创新——所有制和要素市场扭曲的联合调节效应 [J]. 管理世界, 2015 (1): 75-86, 98.

[89] 杨勇, 李忠民. 供给侧结构性改革背景下的要素市场化与工业全要素生产率——基于31个地区的实证分析 [J]. 经济问题探索, 2017 (2): 31-38.

[90] 姚利民, 饶艳. 中国知识产权保护的水平测量和地区差异 [J]. 国际贸易问题, 2009 (1): 114-120.

[91] 余明桂, 范蕊, 钟慧洁. 中国产业政策与企业技术创新 [J]. 中国工业经济, 2016 (12): 5-22.

[92] 张洪辉. 上市公司的财政补贴:"雪中送炭"还是"锦上添花"? [J]. 经济评论, 2015 (3): 134-146.

[93] 张琳, 黎小明, 刘冰洁, 钱金芳. 土地要素市场化配置能否促进工业结构优化?——基于微观土地交易数据的分析 [J]. 中国土地科学, 2018, 32 (6): 23-31.

[94] 张同斌, 高铁梅. 财税政策激励、高新技术产业发展与产业结构调整 [J]. 经济研究, 2012, 47 (5): 58-70.

[95] 张晓冬, 李斌, 卢娟. 进口国制度质量、知识产权保护与中国创意产品出口 [J]. 产业经济研究, 2019 (4): 61-74.

[96] 赵璨, 王竹泉, 杨德明等. 企业迎合行为与政府补贴绩效研究——基于企业不同盈利状况的分析 [J]. 中国工业经济, 2015 (7): 130-145.

[97] 中国人民大学"完善要素市场化配置实施路径和政策举措"课题组, 陈彦斌, 王兆瑞, 于泽等. 要素市场化配置的共性问题与改革总体思路 [J]. 改革, 2020 (7): 5-16.

[98] 周宏, 胡亚权. 知识产权保护对我国人均 GDP 增长率影响的地区差异性研究——基于 1997-2006 年省际面板数据 [J]. 统计研究, 2010, 27 (5): 48-52.

[99] 周雪光. "关系产权":产权制度的一个社会学解释 [J]. 社会学研究, 2005 (2): 1-31, 243.

[100] 周亚虹, 蒲余路, 陈诗一, 方芳. 政府扶持与新型产业发展——以新能源为例 [J]. 经济研究, 2015, 50 (6): 147-161.

[101] Acemoglu D, Johnson S. Unbundling institutions [J]. Journal of Political Economy, 2005, 113 (5): 949-995.

[102] Acemoglu D, Robinson J A. The Narrow Corridor: States, Societies and the Fate of Liberty [M]. London: Penguin Press, 2019.

[103] Acemoglu D, Verdier A T. Property rights, corruption and the allocation of talent: A general equilibrium approach [J]. Economic Journal, 1998, 108 (450): 1381-1403.

[104] Aghion P, Dewatripont M, Du L, et al. Industrial Policy and Competition [J]. American Economic Journal: Macroeconomics, 2015, 7 (4): 1 – 32.

[105] Allen F, Qian J, Qian M. Law, finance, and economic growth in China [J]. Journal of Financial Economics, 2005, 77 (1): 57 – 116.

[106] Anderson T L, Leal D R. Free Market Environmentalism for the Next Generation [M]. New York: Palgrave Macmillan, 2015.

[107] Arezki R, Frederick V D P, Toscani F. The shifting natural wealth of nations: the role of market orientation [J]. Journal of Development Economics, 2019, 138 (5): 228 – 245.

[108] Awokuse T O, Yin H. Do Stronger Intellectual Property Rights Protection Induce More Bilateral Trade? Evidence from China's Imports [J]. World Development, 2010, 38 (8): 1094 – 1104.

[109] Ballester M, Garcia-Ayuso M, Livnat J. The economic value of the R&D intangible asset [J]. European Accounting Review, 2003, 12 (4): 605 – 633.

[110] Bates R H. Essays on the Political Economy of Rural Africa [M]. Berkeley: University of California Press, 1987.

[111] Battese G E, Coelli T J. A model for technical inefficiency effects in a stochastic frontier production function for panel data [J]. Empirical Economics, 1995, 20 (2): 325 – 332.

[112] Bernini C, Cerqua A, Pellegrini G. Public subsidies, TFP and efficiency: A tale of complex relationships [J]. Research Policy, 2017, 46 (4): 751 – 767.

[113] Bondarev A. Does stronger intellectual property rights protection foster structural change? Effects of heterogeneity in innovations [J]. Structural Change and Economic Dynamics, 2018, 9 (46): 26 – 42.

[114] Calabresi G, Melamed A D. Property rules, liability rules, and inalienability: One view of the cathedral [J]. Harvard Law Review, 1972, 85 (6): 1089 – 1128.

[115] Chin J C, Grossman G M. Intellectual Property Rights and North-South Trade [R]. NBER Working Paper, 1988.

[116] Clague C K, et al. Contract-intensive money: Contract enforcement, property rights, and economic performance [J]. Journal of Economic Growth,

1999, 4 (2): 185 - 211.

[117] Coase R H. The Lighthouse in Economics [J]. Journal of Law & Economics, 1974, 17 (2): 357 - 376.

[118] Dagum C. A New approach to the decomposition of the Gini income inequality ratio [J]. Empirical Economics, 1997, 22 (4): 515 - 531.

[119] Demsetz H. Towards a theory of property rights [J]. The American Economic Review, 1967, 57 (2): 61 - 70.

[120] Durnev A, Errunza V R, Molchanov A. Property rights protection, corporate transparency, and growth [J]. Journal of International Business Studies, 2009, 40 (9): 1533 - 1562.

[121] Ellickson R C. Of Coase and cattle: dispute resolution among neighbors in Shasta country [J]. Stanford Law Review, 1986, 38 (3): 624 - 687.

[122] Fuchs D A. The environmental desirability of government intervention [M]. Berlin: Springer Netherlands, 2003.

[123] Ginarte J C, Park W G. Determinants of patent rights: A cross-national study [J]. Research Policy, 1997, 26 (3): 283 - 301.

[124] Glass A J, Saggi K. Intellectual property rights and foreign direct investment [J]. Journal of International Economics, 2002, 56 (2): 387 - 410.

[125] Hardin G. The tragedy of the commons [J]. Science, 1969, 162 (3859): 1243 - 1248.

[126] Havrylyshyn O, Rooden R V. Recovery and Growth in Transition Economies 1990 - 97: A Stylized Regression Analysis [R]. IMF Working Papers, 1998, No. 98141.

[127] Hsieh C, Klenow P J. Misallocation and Manufacturing TFP in China and India [J]. Quarterly Journal of Economics, 2009, 124 (4): 1403 - 1448.

[128] Johnson S, et al. Property rights and finance [J]. American Economic Review, 2002, 92 (5): 1335 - 1356.

[129] Kanwar S, Evenson R. On the strength of intellectual property protection that nations provide [J]. Journal of Development Economics, 2009, 90 (1): 50 - 56.

[130] Kim Y K, et al. Appropriate intellectual property protection and economic growth in countries at different levels of development [J]. Research Policy,

2012, 41 (2): 358 –375.

[131] Kumbhakar S C, Lovell C A K. Stochastic Frontier Analysis [M]. Cambridge UK: Cambridge University Press, 2000.

[132] Leblang D. Propertyrights, democracy and economic growth [J]. Political Research Quarterly, 1996, 49 (1): 5 –26.

[133] Lesser W. The effects of trips-mandated intellectual property rights on economic activities in developing countries [R]. Prepared under WIPO Special Service Agreements, 2001.

[134] Li H, Zhou L. Political turnover and economic performance: The incentive role of personnel control in China [J]. Journal of Public Economics, 2005 (89): 1743 –1762.

[135] Maskus K E. Intellectual property rights and economic development [J]. Case Western Reserve Journal of International Law, 2000, 32 (3): 471 –506.

[136] Merges R P. Contracting into liability rules: Intellectual property rights and collective rights organizations [J]. California Law Review, 1996, 84 (5): 1293 –1393.

[137] North D, Weingast B. Constitutions and commitment: The evolution of institutional governing public choice in seventeenth-century England [J]. Journal of Economic History, 1989, 49 (4): 803 –832.

[138] Nunnenkamp P, Spatz J. Intellectual Property Rights and Foreign Direct Investment: The Role of Industry and Host-Country Characteristics [R]. Kiel Working Papers, 2003, No. 1167.

[139] Ostergard, R. L. The measurement of intellectual property rights protection [J]. Journal of International Business Studies, 2000, 31 (2): 349 –360.

[140] Parello C P. A North-South model of intellectual property rights protection and skill accumulation [J]. Journal of Development Economics, 2008, 85 (1): 253 –281.

[141] Rapaczynski A. The roles of the state and the market in establishing property rights [J]. Journal of Economic Perspectives, 1996, 10 (2): 87 –103.

[142] Rapp R T, Rozek R P. Benefits and costs of intellectual property protection in developing countries [J]. Journal of World Trade, 1990, 24 (5): 75 –102.

[143] Razin A, Yuen C W. Factor Mobility and Growth: Two Convergence

Hypotheses. Review of Development Economics [J]. 1997, 1 (2): 171-190.

[144] Schultz T. Distortions to agricultural incentives [M]. Bloomington: Indiana University Press, 1978.

[145] Sherwood R M. Intellectual property systems and investment stimulation: The rating of systems in eighteen developing countries [J]. Idea, 1997, 37 (2): 261-370.

[146] Smith P J. Are weak patent rights a barrier to U.S. exports [J]. Journal of International Economics, 1999, 48 (1): 151-177.

[147] Sweet C M, Maggio D. Do stronger intellectual property rights increase innovation [J]. World Development, 2015 (66): 665-677.

[148] Theo, Eicher, and, Cecilia, & García-Pealosa. Endogenous strength of intellectual property rights: Implications for economic development and growth-ScienceDirect [J]. European Economic Review, 2008, 52 (2): 237-258.

[149] Trebilcock M J, Veel P. Property rights and development: the contingent case for formalization [J]. University of Pennsylvania Journal of International Law, 2008, 30 (2): 397-481.

[150] Umbeck J. Might makes rights: A theory of the formation and initial distribution of property rights [J]. Economic Inquiry, 1981, 20 (2): 38-59.

[151] Zhao M. Conducting R&D in countries with weak intellectual property rights protection [J]. Management Science, 2006, 52 (8): 1185-1199.